はじめに

　前回の「保育園における働き方改革と保育業務の実態」調査結果において、保育士配置基準の見直しが、今後の保育士の働き方の課題解決にむけて、大きな意味を持つと考える現場の保育士が多いことが分かり、今回、「配置基準の見直し～見直すことでこんな風に変わっていける～」調査を実施しました。

　平成30年の保育所保育指針の改定において、特に低年齢児（乳児）の保育の重要性が強く打ち出され、こども基本法第三条五項に定められる通り、社会からの保育に対する期待は大きくなっています。また、令和5年4月にこども家庭庁の創立、12月にはこども大綱が示され、保育現場としても変革を求められています。

　一方で、保育士配置の最低基準は昭和23年に定められて以降、その改正は一部にとどまっています。76年ぶりに見直された4・5歳児の配置基準改正も、保育現場の考えとは大きくかけ離れているものです。

　現状の配置基準では、保護者支援や発達、医療的な配慮を必要とする子どもの受け入れなど、その業務の多様化、高度化に応じているとは言い難い状況です。また、近年保育現場で話題となる「不適切保育」ですが、その要因の一つとしては、やはり人手不足や多忙な業務などが考えられます。

　今回の調査は、現場で感じている職員不足の実態を明らかにし、保育の質を担保しうる理想の配置基準を知ることで、前回調査の課題である「ノンコンタクトタイム」「産休育休」「介護休暇」「不適切保育」などの問題が改善方向に進む、その足掛かりになることを願っております。

　なお、今回の調査実施にあたっては、450か所を超える会員園から回答をいただきました。また、報告作成に向けて行ったヒアリング調査では都内11園に協力をいただくなど、貴重なご意見をお聞かせいただきました。そして調査結果からは、社会から求められる期待に対して、日々保育に奮闘する保育者の皆様の様子を伺うことができ、改めて皆さまに敬意を表すとともに、本調査にご協力いただいた会員園の皆さまに、深く感謝申し上げます。

　本報告書が保育業界全体の質の向上や保育士のライフワークバランス実現など、配置基準の見直しの一助として、活用いただければ幸いです。

東京都社会福祉協議会保育部会
調査研究委員会委員長　　**竹内　純**

目次

はじめに

第1章　調査結果

1　本調査の目的 ……………………………………………………………………… 3

2　本調査の方法 ……………………………………………………………………… 3

3　本調査の結果と考察 ……………………………………………………………… 5

　3-1　保育士（正規職員）の平均勤続年数 ………………………………………… 5

　3-2（1）　園児・職員の実数について（園児）………………………………………… 7

　3-2（2）　園児・職員の実数について（職員）………………………………………… 8

　3-2（3）　園児・職員の実数について（対子ども比）……………………………… 10

　3-3　最低基準以上に職員が配置されているか ………………………………… 13

　3-4（1）　区市町村独自の増配置 …………………………………………………… 14

　3-4（2）　区市町村独自の増配置がある場合の保育士数（合計）……………… 15

　3-4（3）　区市町村独自の増配置がある場合の保育士数（正規）……………… 17

　3-4（4）　区市町村独自の増配置がある場合の保育士数（正規職員以外）…… 19

　3-5（1）　自園独自の増配置 ………………………………………………………… 20

　3-5（2）　自園独自の増配置がある場合の園児・職員数　―0歳児― ………… 21

　3-5（3）　自園独自の増配置がある場合の園児・職員数　―1歳児― ………… 23

　3-5（4）　自園独自の増配置がある場合の園児・職員数　―2歳児― ………… 25

　3-5（5）　自園独自の増配置がある場合の園児・職員数　―3歳児― ………… 27

　3-5（6）　自園独自の増配置がある場合の園児・職員数　―4歳児― ………… 29

　3-5（7）　自園独自の増配置がある場合の園児・職員数　―5歳児― ………… 31

　3-6　所在地区における保育士配置基準 ………………………………………… 34

　3-6（1）所在地区における保育士配置基準（0歳児）…………………………… 34

　3-6（2）所在地区における保育士配置基準（1歳児）…………………………… 35

　3-6（3）所在地区における保育士配置基準（2歳児）…………………………… 37

　3-6（4）所在地区における保育士配置基準（3歳児）…………………………… 38

　3-6（5）所在地区における保育士配置基準（4・5歳児）……………………… 40

　3-7　日々の保育を進める中で、今後特に重視したいこと（乳児保育）……… 42

　3-8　日々の保育を進める中で、近年、増加した業務（乳児保育）…………… 44

　3-9　日々の保育を進める中で、職員不足を感じる場面（乳児保育）………… 46

　3-10　配置基準が改善された際には、どのような場面に時間をかけたいと考えるか（乳児保育）……… 48

　3-11　日々の保育を進める中で、今後特に重視したいこと（幼児保育）…… 50

　3-12　日々の保育を進める中で、近年、増加した業務（幼児保育）………… 52

　3-13　日々の保育を進める中で、職員不足を感じる場面（幼児保育）……… 54

　3-14　配置基準が改善された際には、どのような場面に時間をかけたいと考えるか（幼児保育）……… 56

　3-15　障害児加配保育士について …………………………………………………… 59

3-15（1）障害児加配の対象園児がいる場合の園児数 ………………………………………………… 59

3-15（2）障害児加配の対象園児がいる場合の職員数（正規）………………………………………… 61

3-15（3）障害児加配の対象園児がいる場合の職員数（正規以外）…………………………………… 63

3-15（4）障害児認定を受けていないが実際に加配が必要な状況にある対象園児がいる場合の園児数 … 65

3-15（5）障害児認定を受けていないが実際に加配が必要な状況にある対象園児がいる場合の
職員数（正規）……………………………………………………………………………………… 67

3-15（6）障害児認定を受けていないが実際に加配が必要な状況にある対象園児がいる場合の
職員数（正規以外）………………………………………………………………………………… 69

3-16（1）医療的ケア児がいる場合の対象園児数（合計）……………………………………………… 71

3-16（2）医療的ケア児がいる場合の対象園児の年齢 …………………………………………………… 73

3-17　勤務先で産休・育休・介護休業を取得している人数 ……………………………………………… 73

3-18　勤務先で定められている産休をはじめとする短時間勤務制度は活用できているか ……………… 75

3-19　現在職場で短時間勤務制度を利用している人数 …………………………………………………… 76

3-20　現在、保護者とのコミュニケーションは十分に取れていると感じるか ………………………… 78

3-21　配置基準を改善することで、保護者対応において良いと思うこと ……………………………… 80

3-22　保護者対応において１人あたり、一日平均どのくらい時間がかかるか ………………………… 82

3-23　保護者対応において業務にかけている時間 ………………………………………………………… 83

3-24　業務に適切な時間を確保できているか ……………………………………………………………… 84

3-24（1）　業務に適切な時間を確保できているか（合計）……………………………………………… 84

3-24（2）　業務に適切な時間を確保できているか（研修受講）………………………………………… 85

3-24（3）　業務に適切な時間を確保できているか（会議）……………………………………………… 86

3-24（4）　業務に適切な時間を確保できているか（事務・記録）…………………………………… 87

3-24（5）　業務に適切な時間を確保できているか（保育・行事の準備）…………………………… 89

3-24（6）　業務に適切な時間を確保できているか（保護者対応）…………………………………… 90

3-24（7）　業務に適切な時間を確保できているか（休憩）…………………………………………… 91

3-24（8）　業務に適切な時間を確保できているか（掃除・消毒）…………………………………… 93

3-25　業務の中でどの時間を最も充実させたいと考えるか ……………………………………………… 94

3-26　理想の保育士配置基準 ………………………………………………………………………………… 97

3-26（1）　理想の保育士配置基準（０歳児）…………………………………………………………… 97

3-26（2）　理想の保育士配置基準（１歳児）…………………………………………………………… 98

3-26（3）　理想の保育士配置基準（２歳児）…………………………………………………………… 99

3-26（4）　理想の保育士配置基準（３歳児）…………………………………………………………… 101

3-26（5）　理想の保育士配置基準（４・５歳児）……………………………………………………… 103

3-27　配置基準が改善された場合、保育園として、また職員としてどのようなメリットがあると
考えるか ……………………………………………………………………………………………… 104

3-28　配置基準に関して思うこと・課題等 ……………………………………………………………… 108

第２章　ヒアリング調査

1　ヒアリング調査のあらまし ……………………………………………………………………………… 117

2　ヒアリング調査報告 ………………………………………………………… 118

第3章　座談会—保育園のライフワークバランスについて— ………………… 155

第4章　まとめ

　1　委員会からのまとめ・提言 …………………………………………………… 171
　2　助言者のコメント ……………………………………………………………… 173

第5章　資料編

　1　「配置基準の見直し〜見直すことで、こんな風に変わっていける！〜」調査票 … 181
　2　「配置基準の見直し〜見直すことで、こんな風に変わっていける！〜」調査
　　　Web回答フォーム …………………………………………………………… 192
　3　「配置基準の見直し〜見直すことで、こんな風に変わっていける！〜」調査
　　　問21・問22　自由記述回答一覧 ………………………………………… 204
　4　ヒアリング調査項目 …………………………………………………………… 240
　5　東京都社会福祉協議会保育部会　調査研究委員会　委員名簿 ………………… 242

第1章

「配置基準の見直し〜見直すことで、こんな風に変わっていける！〜」調査結果

1 本調査の目的

2 本調査の方法

3 本調査の結果と考察

第1章　調査結果

1　本調査の目的

　わが国では50年以上にわたって「児童福祉施設最低基準」が変わっていない。そんな中、令和2年度から4年度にかけて東社協保育部会調査研究委員会が行った「保育園における働き方改革と保育業務の実態」調査を通して、長時間保育など多様化する現在の保育環境に、配置基準が合致していないという課題が見えてきた。

　そこで今回、職員配置に関する現状の課題を浮き彫りにし、職員配置の見直しに関する提言に結び付けることを目的として、アンケート調査を行った。

2　本調査の方法

（1）　調査名

　「配置基準の見直し〜見直すことで、こんな風に変わっていける！〜」調査

（2）　調査時期

　令和5年5月〜6月

（3）　調査対象

　東社協保育部会会員園1,507か所（令和5年4月28日時点）

（4）　調査方法

　①調査票の送付：質問票を郵送にて送付
　②回答方法：Web回答及び返信用封筒による文書回答
　　※「基本属性（回答園の概要）」のみ回答者を園長・管理職に限定した。

（5）　回答状況

　対象の1,507か所のうち、457か所から回答を得た（回収率30.3％）。
　そのうち、所在地別、運営主体別、職員増配置の有無、回答者別を、以下の表2-1〜2-4に示す（各表・図において無回答は除くため、n≠回答総数）。
　なお、所在地別については、23区内を「23区」、市、町、村をまとめて「市町村部」とした。
　運営主体別については、公設公営の保育園を「公立」、公設民営の保育園を「公設民営」、社会福祉法人運営の保育園を「社会福祉法人」、株式会社やNPO法人など社会福祉法人以外が経営する保育園を「株式会社〜その他」とした。
　職員増配置の有無については、以下の4パターンとした。
「パターンA」：「区市町村独自の増配置　あり　×　自園独自の増配置　なし」

「パターンB」：「区市町村独自の増配置　なし　×　自園独自の増配置　あり」
「パターンC」：「区市町村独自の増配置　あり　×　自園独自の増配置　あり」
「パターンD」：「区市町村独自の増配置　なし　×　自園独自の増配置　なし」
　　回答者別については、「園長」「主任保育士」「副主任」のほか、「リーダー」「担任（乳児）」「担任（幼児）」「フリー」「その他」とした。

表 2-1　所在地別

	回答数	%
全体	450	100.0%
23 区	286	63.6%
市町村部	164	36.4%

表 2-2　運営主体別

	回答数	%
全体	447	100%
公立	125	28.0%
公設民営	23	5.1%
社会福祉法人	270	60.4%
株式会社	10	2.2%
ＮＰＯ	3	0.7%
一般社団法人	2	0.4%
一般財団法人	1	0.2%
公益財団法人	1	0.2%
学校法人	5	1.1%
宗教法人	2	0.4%
個人立	3	0.7%
その他	2	0.4%

表 2-3　職員増配置の有無

	回答数	%
全体	394	100.0%
パターンA（あり×なし）	110	27.9%
パターンB（なし×あり）	74	18.8%
パターンC（あり×あり）	134	34.0%
パターンD（なし×なし）	76	19.3%

表 2-4　回答者別

	回答数	%
全体	445	100%
園長	307	69.0%
主任保育士	66	14.8%
副主任	13	2.9%
リーダー	12	2.7%
担任（乳児）	10	2.2%
担任（幼児）	8	1.8%
フリー	7	1.6%

3 本調査の結果と考察
3-1 保育士（正規職員）の平均勤続年数

表 3-1-1 保育士（正規職員）の平均勤続年数（全体傾向）

		回答数	%
	全体	241	100.0
0	3年未満	4	1.7
3	3〜6年未満	17	7.1
6	6〜9年未満	46	19.1
9	9〜12年未満	53	22.0
12	12〜15年未満	49	20.3
15	15〜18年未満	41	17.0
18	18年以上	31	12.9

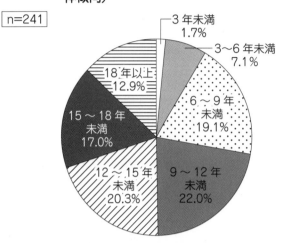

図 3-1-1 保育士（正規職員）の平均勤続年数（全体傾向）

　表 3-1-1、及び図 3-1-1 に示す通り、回答のあった 241 の保育園のうち、現在、勤務する正規の保育士の平均勤続数で最も多かったのは「9〜12年未満」であり、53件（22.0％）であった。次いで、「12〜15年未満」が49件（20.3％）、「6〜9年未満」が46件（19.1％）、「15〜18年未満」が41件（17.0％）、「18年以上」が31件（12.9％）であった。このように正規の保育士の平均勤続年数は6年以上が91.3％と大半を占めた。特に、12年以上の勤務者が50.2％と半数を超えている。

　次に、園の特性に基づき、平均勤続年数の実態を集計すると、以下のような傾向が見られた。

　まず、所在地別では、表 3-1-2 に示す通り、「23区」で平均勤続数が最も多かったのは「6〜9年未満」で、30件（20.7％）であった。次いで、「15〜18年未満」が27件（18.6％）、「18年以上」が26件（17.9％）、「9〜12年未満」が25件（17.2％）、「12〜15年未満」が22件（15.2％）であった。一方、「市町村部」で最も多かったのは「9〜12年未満」であり、28件（29.2％）であった。次いで、「12〜15年未満」が27件（28.1％）、「6〜9年未満」が16件（16.7％）、「15〜18年未満」が14件（14.6％）であり、他は10％に満たない状況であった。このように、所在地別に見ると「23区」は6年以上が91.2％と大半を占めるが、6年以上の勤務は大きな差はなく、中堅・ベテランが平均的に配置されている傾向が見られた。一方、「市町村部」は6〜15年未満が57.3％を占め、他は「23区」に比べ、若干、少ない傾向が見られた。特に「18年以上」のベテランは5件（5.2％）と、「23区」に比べ、かなり少ない傾向が見られた。

　運営主体別では、表 3-1-3 に示す通り、「公立」で平均勤続数が最も多かったのは「18年以上」で、23件（37.7％）であった。次いで、「15〜18年未満」が22件（36.1％）であり、15年以上が73.8％を占めていた。「公設民営」は回答数が少なく、平均勤続数で最も多かったのは「12〜15年未満」であり、4件（36.4％）であった。「社会福祉法人」で最も多かったのは「9〜12年未満」であり、44件（28.4％）であった。次いで、「6〜9

年未満」が 38 件（24.5％）、「12 〜 15 年未満」が 32 件（20.6％）と、6 〜 15 年未満が 73.5％ を占めていた。ただ「3 〜 6 年未満」が 15 件（9.7％）、「15 〜 18 年未満」も 18 件（11.6％）あり、「公立」と比べ、平均勤続年数の幅が広い傾向が見られた。「株式会社〜その他」も「公設民営」同様、回答数は少なく、最も多かったのは「6 〜 9 年未満」であり、5 件（35.7％）であった。このように、「株式会社〜その他」は「公立」「公設民営」「社会福祉法人」に比べ、平均勤続年数が最も多い層は低くなっていた。

　最後に、職員増配置の有無については、表 3-1-4 に示す通り、「パターンC」つまり、自治体・園双方で増配置がある園では「6 〜 9 年未満」が最も多く 22 件（26.2％）であったが、9 〜 15 年未満についても大差ない傾向が見られた。一方、「パターンA」つまり、自治体に増配置があるが、自園で増配置していない園では「18 年以上」が最も多く 17 件（28.3％）、次いで「15 〜 18 年未満」が 16 件（26.7％）とベテランの比率が高い傾向が見られた。また「パターンB」つまり、自治体には増配置はないが、園独自に増配置している園では、「9 〜 12 年未満」が最も多く 22 件（44.0％）と半数近くの回答があった。このように、職員増配置の有無が必ずしも平均勤続年数の増につながっていない傾向も見られた。

表 3-1-2　保育士（正規職員）の平均勤続年数（所在地別）

		回答数 N	回答数 %	3年未満		3〜6年未満		6〜9年未満		9〜12年未満		12〜15年未満		15〜18年未満		18年以上	
	全体	241	100.0	4	1.7	17	7.1	46	19.1	53	22.0	49	20.3	41	17.0	31	12.9
貴園の所在	23区	145	100.0	3	2.1	12	8.3	30	20.7	25	17.2	22	15.2	27	18.6	26	17.9
	市町村部	96	100.0	1	1.0	5	5.2	16	16.7	28	29.2	27	28.1	14	14.6	5	5.2

表 3-1-3　保育士（正規職員）の平均勤続年数（運営主体別）

		回答数 N	回答数 %	3年未満		3〜6年未満		6〜9年未満		9〜12年未満		12〜15年未満		15〜18年未満		18年以上	
	全体	241	100.0	4	1.7	17	7.1	46	19.1	53	22.0	49	20.3	41	17.0	31	12.9
運営主体	公立	61	100.0	1	1.6	0	0.0	1	1.6	4	6.6	10	16.4	22	36.1	23	37.7
	公設民営	11	100.0	1	9.1	1	9.1	2	18.2	2	18.2	4	36.4	0	0.0	1	9.1
	社会福祉法人	155	100.0	2	1.3	15	9.7	38	24.5	44	28.4	32	20.6	18	11.6	6	3.9
	株式会社〜その他	14	100.0	0	0.0	1	7.1	5	35.7	3	21.4	3	21.4	1	7.1	1	7.1

表 3-1-4　保育士（正規職員）の平均勤続年数（職員増配置の有無別）

		回答数 N	回答数 %	3年未満		3〜6年未満		6〜9年未満		9〜12年未満		12〜15年未満		15〜18年未満		18年以上	
	全体	241	100.0	4	1.7	17	7.1	46	19.1	53	22.0	49	20.3	41	17.0	31	12.9
増配置	パターンA　あり×なし	60	100.0	0	0.0	2	3.3	8	13.3	6	10.0	11	18.3	16	26.7	17	28.3
	パターンB　なし×あり	50	100.0	0	0.0	2	4.0	9	18.0	22	44.0	10	20.0	4	8.0	3	6.0
	パターンC　あり×あり	84	100.0	1	1.2	9	10.7	22	26.2	16	19.0	21	25.0	9	10.7	6	7.1
	パターンD　なし×なし	47	100.0	3	6.4	4	8.5	7	14.9	9	19.1	7	14.9	12	25.5	5	10.6

3-2(1) 園児・職員の実数について（園児）

表 3-2(1)-1　園児の実数（全体傾向）

		回答数	%
	全体	436	100.0
1	30人未満	8	1.8
30	30～60人未満	39	8.9
60	60～90人未満	120	27.5
90	90～120人未満	162	37.2
120	120～150人未満	83	19.0
150	150人以上	24	5.5

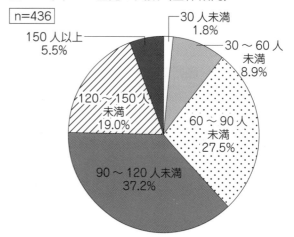

図 3-2(1)-1　園児の実数（全体傾向）

　表 3-2(1)-1 および図 3-2(1)-1 に示す通り全体傾向として「園児の実数」について 436 件の回答があった。最も多かったのが「90～120人未満」で162件の回答（37.2%）、続いて「60～90人未満」が120件（27.5%）、「120～150人未満」が83件（19.0%）、「30～60人未満」39件（8.9%）「150人以上」24件（5.5%）、「30人未満」8件（1.8%）であった。「園児の実数」については「60～120人未満」が大半以上であることがわかる。

　続いて所在地別では、表 3-1(1)-2 に示す通り、「23区」で園児の実数が最も多かったのは「90～120人未満」104件（38.7%）、続いて「60～90人未満」が81件（30.1%）その他は10%台または、5%以下である。

　一方、「市町村部」で最も多かったのは「90～120人未満」57件（35.4%）、続いて「120～150人未満」41件（25.5%）、「60～90人未満」が35件（21.7%）であった。23区では「60～120人未満」が半数以上であるが、市町村では「60～150人未満」が80%以上と多い。

　運営主体別では、表 3-2(1)-3 に示す通り、「公立」で園児の実数が最も多かったのは「90～120人未満」53件（44.5%）であった。次いで、「60～90人未満」が35件（29.4%）であり、「120～150人未満」が16.0%であった。ここでも「60～150人未満」が多いことがわかる。

　「公設民営」は回答数が少なく、園児の実数で最も多かったのは「90～120人未満」が13件（59.1%）であった。続いて「120～150人未満」が7件（31.8%）であった。「社会福祉法人」で最も多かったのは「90～120人未満」であり、90件（34.4%）であった。次いで、「60～90人未満」が70件（26.7%）、「120～150人未満」が53件（20.2%）であった。公立、公設民営と異なり社会福祉法人の園児実数は「60～120人未満」が多い。

　「株式会社～その他」も「公設民営」同様、回答数は少なく、最も多かったのは「60～90人未満」が9件（37.5%）であり、次いで「30～60人未満」5件（20.8%）であった。このように、「株式会社～その他」は「公立」「公設民営」「社会福祉法人」に比べ園児の実数が「30～90人未満」が多いことがわかる。

表 3-2(1)-2　園児の実数（所在地別）

		回答数		30人未満		30〜60人未満		60〜90人未満		90〜120人未満		120〜150人未満		150人以上	
		N	%												
	全体	436	100.0	8	1.8	39	8.9	120	27.5	162	37.2	83	19.0	24	5.5
貴園の所在	23区	269	100.0	4	1.5	28	10.4	81	30.1	104	38.7	41	15.2	11	4.1
	市町村部	161	100.0	4	2.5	11	6.8	35	21.7	57	35.4	41	25.5	13	8.1

表 3-2(1)-3　園児の実数（運営主体別）

		回答数		30人未満		30〜60人未満		60〜90人未満		90〜120人未満		120〜150人未満		150人以上	
		N	%												
	全体	436	100.0	8	1.8	39	8.9	120	27.5	162	37.2	83	19.0	24	5.5
	公立	119	100.0	2	1.7	8	6.7	35	29.4	53	44.5	19	16.0	2	1.7
運営主体	公設民営	22	100.0	0	0.0	1	4.5	1	4.5	13	59.1	7	31.8	0	0.0
	社会福祉法人	262	100.0	3	1.1	25	9.5	70	26.7	90	34.4	53	20.2	21	8.0
	株式会社〜その他	24	100.0	3	12.5	5	20.8	9	37.5	4	16.7	2	8.3	1	4.2

3-2(2)　園児・職員の実数について（職員）

表 3-2(2)-1　保育士の実数（全体傾向）

		回答数	%
	全体	422	100.0
1	10人未満	41	9.7
10	10〜15人未満	131	31.0
15	15〜20人未満	169	40.0
20	20〜25人未満	58	13.7
25	25人以上	23	5.5

図 3-2(2)-1　保育士の実数（全体傾向）

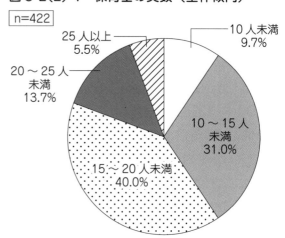

　続いて表 3-2(2)-1 の「保育士の実数」については全体傾向としては、「15〜20人未満」が 169 件（40.0%）、「10〜15人未満」が 131 件（31.0%）、「20〜25人未満」が 58 件（13.7%）と、9 割が保育士の実数が 10 人以上であることがわかる。

　表 3-2(2)-2 の所在地別でみると全体的には「15〜20人未満」が 169 件（40.0%）と最も多く、次いで「10〜15人未満」が 131 件（31.0%）「20〜25人未満」が 58 件（13.7%）である。「10人未満」については 41 件（9.7%）と全体の回答の 1 割にも満たしていない。

　23 区では「15〜20人未満」が 102 件（39.2%）「10〜15人未満」79 件（30.4%）と大半を占めている。続いて「20〜25人未満」が 40 件（15.4%）、「10人未満」21 件（8.1%）「25人以上」は 18 件（6.9%）である。

　市町村部も同様で「15〜20人未満」が 65 件（41.4%）「10〜15人未満」49 件（31.2%）と大半を占めている。続いて「10人未満」20 件（12.7%）「20〜25人未満」が 18 件（11.5%）「25人以上」は 5 件（3.2%）である。

　運営主体別では、表 3-2(2)-3 に示す通り回答のあった 422 件のうち、「公立」は 116 件、

第1章 調査結果

「公設民営」23件、「社会福祉法人」253件、「株式会社～その他」22件と社会福祉法人の回答が最も多い結果であった。公立は「15～20人未満」が40件（34.5％）、「10～15人未満」40件（34.5％）と大半を占めている。

「公設民営」23件と回答数は少ないが、「15～20人未満」が13件（56.5％）と最も高い。回答数の多い「社会福祉法人」253件中も同様に「15～20人未満」が最も多い。「株式会社～その他」については22件の回答中「10～15人未満」が11件（50％）「10人未満」についても8件「36.4％」と、本調査での回答において「公立」「公設民営」「社会福祉法人」と比較すると、保育士の実数が少ない傾向にあった。

表 3-2(2)-2 保育士の実数（所在地別）

		回答数 N	%	10人未満		10～15人未満		15～20人未満		20～25人未満		25人以上	
	全体	422	100.0	41	9.7	131	31.0	169	40.0	58	13.7	23	5.5
貴園の所在	23区	260	100.0	21	8.1	79	30.4	102	39.2	40	15.4	18	6.9
	市町村部	157	100.0	20	12.7	49	31.2	65	41.4	18	11.5	5	3.2

表 3-2(2)-3 保育士の実数（運営主体別）

		回答数 N	%	10人未満		10～15人未満		15～20人未満		20～25人未満		25人以上	
	全体	422	100.0	41	9.7	131	31.0	169	40.0	58	13.7	23	5.5
	公立	116	100.0	4	3.4	40	34.5	40	34.5	21	18.1	11	9.5
運営主体	公設民営	23	100.0	0	0.0	4	17.4	13	56.5	6	26.1	0	0.0
	社会福祉法人	253	100.0	29	11.5	73	28.9	109	43.1	31	12.3	11	4.3
	株式会社～その他	22	100.0	8	36.4	11	50.0	2	9.1	0	0.0	1	4.5

表 3-2(2)-4 補助職員の実数（全体傾向）

		回答数	%
	全体	404	100.0
0	0人	23	5.7
1	1～3人未満	60	14.9
3	3～6人未満	139	34.4
6	6～9人未満	98	24.3
9	9～12人未満	43	10.6
12	12～15人未満	17	4.2
15	15人以上	24	5.9

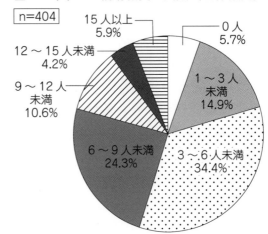

図 3-2(2)-4 補助職員の実数（全体傾向）

「補助職員の実数」については表3-2(2)-4、図3-2(2)-4に示す通り、全体傾向としては、404件の回答中「3～6人未満」が139件（34.4％）、「6～9人未満」が98件（24.3％）、「1～3人未満」が60件（14.9％）である。中には「0人」という回答も23件（5.7％）ある。

表3-2(2)-5の所在地別でみると全体的には「3～6人未満」が139件（34.4％）と最も多く、次いで「6～9人未満」が98件（24.3％）、「1～3人未満」が60件（14.9％）である。

23区では「3～6人未満」が97件（39.4％）、「6～9人未満」53件（21.5％）が多かっ

た。「0 人」という回答は 16 件（6.5%）であった。

市町村部は「6 〜 9 人未満」が 45 件（29.2%）と多く、続いて「3 〜 6 人未満」が 40 件（26.0%）であった。「0 人」という回答が 7 件（4.5%）であった。

23 区、市町村部ともに、補助職員の実数は「3 〜 9 人未満」が多かった。

運営主体別では、表 3-2(2)-6 に示す通り回答のあった 404 件のうち、「公立」は 109 件、「公設民営」20 件、「社会福祉法人」246 件、「株式会社〜その他」22 件と、社会福祉法人の回答が最も多かった。

公立は「3 〜 6 人未満」が 40 件（36.7%）、「公設民営」は「3 〜 6 人未満」が 9 件（45.0%）、回答数の多い「社会福祉法人」は「3 〜 6 人未満」が 78 件（31.7%）、「株式会社〜その他」についても 8 件（36.4%）と、いずれも補助職員の実数については、「3 〜 6 人未満」が多い傾向にある。

表 3-2(2)-5　補助職員の実数（所在地別）

		回答数 N	%	0人		1〜3人未満		3〜6人未満		6〜9人未満		9〜12人未満		12〜15人未満		15人以上	
	全体	404	100.0	23	5.7	60	14.9	139	34.4	98	24.3	43	10.6	17	4.2	24	5.9
貴園の所在	23区	246	100.0	16	6.5	45	18.3	97	39.4	53	21.5	17	6.9	10	4.1	8	3.3
	市町村部	154	100.0	7	4.5	14	9.1	40	26.0	45	29.2	26	16.9	7	4.5	15	9.7

表 3-2(2)-6　補助職員の実数（運営主体別）

		回答数 N	%	0人		1〜3人未満		3〜6人未満		6〜9人未満		9〜12人未満		12〜15人未満		15人以上	
	全体	404	100.0	23	5.7	60	14.9	139	34.4	98	24.3	43	10.6	17	4.2	24	5.9
運営主体	公立	109	100.0	11	10.1	21	19.3	40	36.7	18	16.5	7	6.4	8	7.3	4	3.7
	公設民営	20	100.0	1	5.0	3	15.0	9	45.0	4	20.0	2	10.0	0	0.0	1	5.0
	社会福祉法人	246	100.0	10	4.1	29	11.8	78	31.7	70	28.5	33	13.4	8	3.3	18	7.3
	株式会社〜その他	22	100.0	1	4.5	6	27.3	8	36.4	6	27.3	1	4.5	0	0.0	0	0.0

3-2(3)　園児・職員の実数について（対子ども比）

本設問への回答数が最も多かったのは 2 歳児の 418 園、次いで 1 歳児の 415 園、3 歳児と 4 歳児は共に 404 園、5 歳児は 403 園であった。0 歳児は最も回答が少なく 361 園であった。

年齢別で回答を見ると、まず 0 歳児について、表 3-2(3)-1 及び図 3-2(3)-1 に示す通り、回答のあった 361 の保育園のうち、最も多かったのは職員 1 人に対して「3 人未満」の 200 件（55.4%）であった。次いで、「3 〜 6 人未満」が 160 件（44.3%）、「6 人以上」が 1 件（0.3%）であった。平均値は 2.38 人となった。

次に 1 歳児では、表 3-2(3)-2 及び図 3-2(3)-2 に示す通り、回答のあった 415 の保育園のうち、最も多かったのは職員 1 人に対して「3 〜 6 人未満」の 352 件（84.8%）であった。次いで、「3 人未満」が 44 件（10.6%）、「6 人以上」が 19 件（4.6%）であった。平均値は 3.94 人であった。

2 歳児では表 3-2(3)-3 及び図 3-2(3)-3 に示す通り、回答のあった 418 の保育園のうち、最も多かったのは職員 1 人に対して「3 〜 6 人未満」の 258 件（61.7%）であった。次いで、「6 人以上」が 141 件（33.7%）、「3 人未満」が 19 件（4.5%）であった。平均値は 4.78 人であった。

3 歳児について、表 3-2(3)-4 及び図 3-2(3)-4 に示す通り、回答のあった 404 の保育

園のうち、最も多かったのは職員1人に対して「5～10人未満」の210件（52.0%）であった。次いで、「10人以上」が151件（37.4%）、「5人未満」が43件（10.6%）であった。平均値は9.31人であった。

次に4歳児の対子ども比について、表3-2(3)-5及び図3-2(3)-5に示す通り、回答のあった404の保育園のうち、最も多かったのは職員1人に対して「10人以上」の215件（53.2%）であった。次いで、「5～10人未満」が162件（40.1%）、「5人未満」が27件（6.7%）であった。平均値は12.36人であった。

最後に5歳児の対子ども比について、表3-2(3)-6及び図3-2(3)-6示す通り、回答のあった403の保育園のうち、最も多かったのは職員1人に対して「10人以上」の241件（59.8%）であった。次いで、「5～10人未満」が135件（33.5%）、「5人未満」が27件（6.7%）であった。平均値は13.14人となった。

表3-2(3)-1　園児の実数－0歳児－（全体傾向）

		回答数	%
	全体	361	100.0
0	3人未満	200	55.4
3	3～6人未満	160	44.3
6	6人以上	1	0.3
	平均値		2.38
	中央値		2.30
	標準偏差		0.76
	最小値		0.33
	最大値		9.00

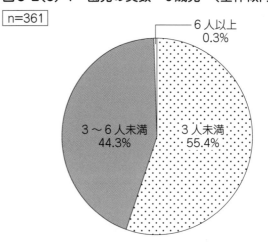

図3-2(3)-1　園児の実数－0歳児－（全体傾向）

表3-2(3)-2　園児の実数－1歳児－（全体傾向）

		回答数	%
	全体	415	100.0
0	3人未満	44	10.6
3	3～6人未満	352	84.8
6	6人以上	19	4.6
	平均値		3.94
	中央値		4.00
	標準偏差		1.22
	最小値		0.25
	最大値		16.00

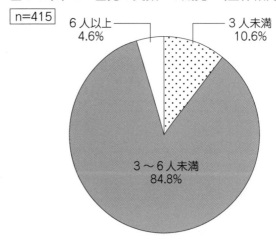

図3-2(3)-2　園児の実数－1歳児－（全体傾向）

表 3-2(3)-3　園児の実数－2歳児－（全体傾向）

		回答数	%
	全体	418	100.0
0	3人未満	19	4.5
3	3～6人未満	258	61.7
6	6人以上	141	33.7
	平均値		4.78
	中央値		5.00
	標準偏差		1.33
	最小値		0.20
	最大値		16.00

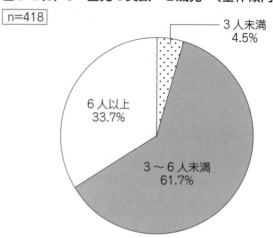

図 3-2(3)-3　園児の実数－2歳児－（全体傾向）

表 3-2(3)-4　園児の実数－3歳児－（全体傾向）

		回答数	%
	全体	404	100.0
0	5人未満	43	10.6
5	5～10人未満	210	52.0
10	10人以上	151	37.4
	平均値		9.31
	中央値		8.00
	標準偏差		4.88
	最小値		0.10
	最大値		24.00

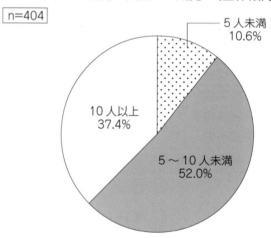

図 3-2(3)-4　園児の実数－3歳児－（全体傾向）

表 3-2(3)-5　園児の実数－4歳児－（全体傾向）

		回答数	%
	全体	404	100.0
0	5人未満	27	6.7
5	5～10人未満	162	40.1
10	10人以上	215	53.2
	平均値		12.36
	中央値		10.00
	標準偏差		7.80
	最小値		0.10
	最大値		30.00

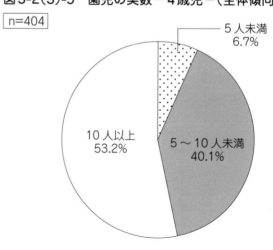

図 3-2(3)-5　園児の実数－4歳児－（全体傾向）

表 3-2(3)-6　園児の実数－5歳児－（全体傾向）

		回答数	%
	全体	403	100.0
0	5人未満	27	6.7
5	5～10人未満	135	33.5
10	10人以上	241	59.8
	平均値		13.14
	中央値		11.00
	標準偏差		7.87
	最小値		0.10
	最大値		32.00

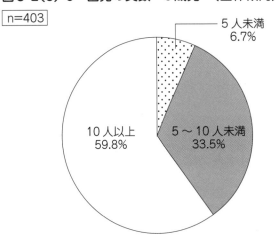

図 3-2(3)-6　園児の実数－5歳児－（全体傾向）

3-3　最低基準以上に職員が配置されているか

表 3-3-1　最低基準以上に職員が配置されているか（全体傾向）

		回答数	%
	全体	402	100.0
1	はい	386	96.0
2	いいえ	16	4.0

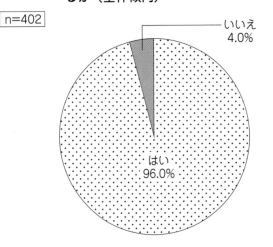

図 3-3-1　最低基準以上に職員が配置されているか（全体傾向）

　表 3-3-1、及び図 3-3-1 に示す通り、回答のあった 402 の保育園のうち、職員が最低基準以上に職員が配置されているかに「はい」と答えたのは 386 件（96.0%）で、「いいえ」と答えたのは 16 件（4.0%）であった。

　運営主体別では、表 3-3-2 に示す通り、「公設民営」「株式会社～その他」は回答数が少なく、職員が最低基準以上に職員が配置されているかに「はい」と答えたのは、22 件（100%）と 25 件（100%）で共に 100%であった。次いで、「社会福祉法人」が 220 件（96.1%）であった。「公立」が 111 件（94.1%）であり、「いいえ」と回答した割合が最も高くなっている。

表 3-3-2　最低基準以上に職員が配置されているか（運営主体別）

		回答数		はい		いいえ	
		N	%				
全体		402	100.0	386	96.0	16	4.0
運営主体	公立	118	100.0	111	94.1	7	5.9
	公設民営	22	100.0	22	100.0	0	0.0
	社会福祉法人	229	100.0	220	96.1	9	3.9
	株式会社〜その他	25	100.0	25	100.0	0	0.0

3-4(1)　区市町村独自の増配置

表 3-4(1)-1　区市町村独自の増配置（全体傾向）

		回答数	%
	全体	404	100.0
1	なし	157	38.9
2	あり	247	61.1

図 3-4(1)-1　区市町村独自の増配置（全体傾向）

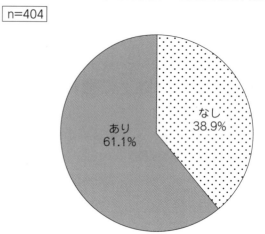

　表 3-4(1)-1 及び図 3-4(1)-1 に示す通り、回答のあった 404 の保育園のうち、現在、区市町村独自の増配置「あり」とするのが 247 件（61.1％）であり半数を超えている。「なし」は 157 件（38.9％）であった。

　次に所在地別では、表 3-4(1)-2 に示す通り、「23 区」では、267 の回答のうち、180 件（67.4％）が「あり」と回答し、87 件（32.6％）が「なし」であった。また、市町村部では、132 の回答のうち 67 件（50.8％）が「なし」と回答し、「あり」は 65 件（49.2％）と大きな差はなかった。

　運営主体別では、表 3-4(1)-3 に示す通り、「公立」と回答の 117 のうち 96 件（82.1％）が「あり」、21 件（17.9％）が「なし」であった。「公設民営」の回答の 23 のうち 15 件（65.2％）で「なし」とし、8 件（34.8％）が「あり」であった。「社会福祉法人」は回答が 231 で最も多いが、「あり」126 件（54.5％）と、「なし」105 件（45.5％）で、その差は大きくなかった。「株式会社〜その他」は回答の 25 のうち、13 件（52.0％）が「あり」、12 件（48.0％）が「なし」であった。

表 3-4(1)-2　区市町村独自の増配置（所在地別）

		回答数		なし		あり	
		N	%				
全体		404	100.0	157	38.9	247	61.1
貴園の所在	23区	267	100.0	87	32.6	180	67.4
	市町村部	132	100.0	67	50.8	65	49.2

表 3-4(1)-3　区市町村独自の増配置（運営主体別）

		回答数 N	%	なし		あり	
	全体	404	100.0	157	38.9	247	61.1
運営主体	公立	117	100.0	21	17.9	96	82.1
	公設民営	23	100.0	15	65.2	8	34.8
	社会福祉法人	231	100.0	105	45.5	126	54.5
	株式会社〜その他	25	100.0	13	52.0	12	48.0

3-4(2)　区市町村独自の増配置がある場合の保育士数（合計）

表 3-4(2)-1　区市町村独自の増配置がある場合の保育士数（合計）（全体傾向）

		回答数	%
	全体	238	100.0
0	1名	48	20.2
2	2名	26	10.9
3	3名	21	8.8
4	4名	15	6.3
5	5〜10名未満	20	8.4
10	10〜15名未満	11	4.6
15	15〜20名未満	17	7.1
20	20〜30名未満	51	21.4
30	30名以上	29	12.2

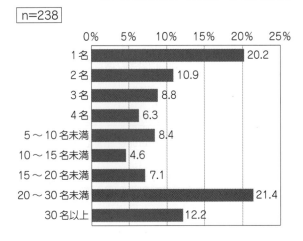

図 3-4(2)-1　区市町村独自の増配置がある場合の保育士数（合計）（全体傾向）

　表 3-4(2)-1、及び図 3-4(2)-1 に示す通り、回答のあった 238 の保育園のうち、増配置がある場合の保育士数で最も多かったのは「20〜30名未満」であり、51 件（21.4%）であった。次いで、「1名」が 48 件（20.2%）であった。「30名以上」が 29 件（12.1%）、「2名」が 26 件（10.9%）、「3名」が 21 件（8.8%）、「5〜10名未満」が 20 件（8.4%）となっている。その他「15〜20名未満」が 17 件（7.1%）で、「4名」が 15 件（6.3%）、「10〜15名未満」の 11 件（4.6%）が最小となっている。

　次に、表 3-4(2)-2 に示すとおり、所在地別では「23区」の回答数が 172 件、その中で、増配置がある場合の保育士数（合計）が最も多かったのは「20〜30名未満」36 件（20.9%）であり、次いで「15〜20名以上」が 15 件（8.7%）となっている。「3名」と「5〜10名未満」が 14 件（8.1%）、「10〜15名未満」が 10 件（5.8%）で「4名」が 8 件（4.7%）であった。一方、「市町村部」の回答数が 64 件のうち、最も多かったのは、「20〜30名未満」であり、15 件（23.4%）であった。次いで、「1名」が 13 件（20.3%）、「30名以上」が 9 件（14.1%）、「4名」が 7 件（10.9%）、「2名」と「5〜10名未満」が 7 件（9.4%）となり、「20〜30名未満」が 2 件（3.1%）と「10〜15名未満」が 1 件（1.6%）となっている。

　運営主体別では、表 3-4(2)-3 に示す通り、「公立」で 91 件の回答のうち最も多かったのは「20〜30名未満」で、20 件（22.0%）であった。次いで、「1名」が 18 件（19.8%）であり、「30名以上」が 16 件（17.6%）、「3名」の 10 件（11.0%）で、その他は 10%

以下となっている。「社会福祉法人」の回答数は 123 件で、最も多かったのは「20 ～ 30 名未満」で 25 件（20.3%）であった。次いで、「1 名」が 23 件（18.7%）で、「2 名」が 15 件（12.2%）であった。「5 ～ 10 名未満」と「30 名以上」が 13 件（10.6%）であり、その他は 10% 以下となっている。「公設民営」と「株式会社～その他」の回答数はそれぞれ 10 件と少なく、最も多かったのは「公設民営」で「20 ～ 30 名未満」の 3 件（30.0%）であるが、他も差はない。「株式会社～その他」では「1 名」が 5 件（50.0%）と半数を占めていた。

　最後に、職員増配置の有無については、表 3-4(2)-4 に示す通り、最も多くは「20 ～ 30 名未満」とする、「パターン A」の自治体に増配置があるが、自園で増配置していない園が 23 件（23.0%）と、「パターン B」の自治体には増配置はないが、園独自に増配置している園は、回答数が少ないが、半数の 5 件（55.6%）を占めている。「パターン C」つまり、自治体・園双方で増配置がある園では「1 名」が最も多く 26 件（21.8%）であった。

表 3-4(2)-2　区市町村独自の増配置がある場合の保育士数（合計）（所在地別）

		回答数		1名		2名		3名		4名		5〜10名未満		10〜15名未満		15〜20名未満		20〜30名未満		30名以上	
		N	%																		
	全体	238	100.0	48	20.2	26	10.9	21	8.8	15	6.3	20	8.4	11	4.6	17	7.1	51	21.4	29	12.2
貴園の所在	23区	172	100.0	35	20.3	20	11.6	14	8.1	8	4.7	14	8.1	10	5.8	15	8.7	36	20.9	20	11.6
	市町村部	64	100.0	13	20.3	6	9.4	5	7.8	7	10.9	6	9.4	1	1.6	2	3.1	15	23.4	9	14.1

表 3-4(2)-3　区市町村独自の増配置がある場合の保育士数（合計）（運営主体別）

		回答数		1名		2名		3名		4名		5〜10名未満		10〜15名未満		15〜20名未満		20〜30名未満		30名以上	
		N	%																		
	全体	238	100.0	48	20.2	26	10.9	21	8.8	15	6.3	20	8.4	11	4.6	17	7.1	51	21.4	29	12.2
運営主体	公立	91	100.0	18	19.8	9	9.9	10	11.0	4	4.4	4	4.4	4	4.4	6	6.6	20	22.0	16	17.6
	公設民営	10	100.0	2	20.0	1	10.0	0	0.0	2	20.0	1	10.0	1	10.0	0	0.0	3	30.0	0	0.0
	社会福祉法人	123	100.0	23	18.7	15	12.2	9	7.3	8	6.5	13	10.6	6	4.9	11	8.9	25	20.3	13	10.6
	株式会社～その他	10	100.0	5	50.0	1	10.0	0	0.0	1	10.0	1	10.0	0	0.0	0	0.0	2	20.0	0	0.0

表 3-4(2)-4　区市町村独自の増配置がある場合の保育士数（合計）（職員増配置の有無）

		回答数		1名		2名		3名		4名		5〜10名未満		10〜15名未満		15〜20名未満		20〜30名未満		30名以上	
		N	%																		
	全体	238	100.0	48	20.2	26	10.9	21	8.8	15	6.3	20	8.4	11	4.6	17	7.1	51	21.4	29	12.2
増配置	パターンA　あり×なし	100	100.0	18	18.0	5	5.0	12	12.0	9	9.0	10	10.0	7	7.0	5	5.0	23	23.0	11	11.0
	パターンB　なし×あり	9	100.0	2	22.2	0	0.0	0	0.0	0	0.0	0	0.0	1	11.1	1	11.1	5	55.6	0	0.0
	パターンC　あり×あり	119	100.0	26	21.8	21	17.6	9	7.6	5	4.2	10	8.4	3	2.5	8	6.7	22	18.5	15	12.6
	パターンD　なし×なし	7	100.0	2	28.6	0	0.0	0	0.0	0	0.0	0	0.0	0	0.0	2	28.6	1	14.3	2	28.6

3-4(3) 区市町村独自の増配置がある場合の保育士数（正規）

表 3-4(3)-1 区市町村独自の増配置がある場合の保育士数（正規）（全体傾向）

		回答数	%
	全体	218	100.0
0	0名	16	7.3
1	1名	37	17.0
2	2名	25	11.5
3	3名	12	5.5
4	4名	7	3.2
5	5〜10名未満	13	6.0
10	10〜15名未満	31	14.2
15	15〜20名未満	31	14.2
20	20〜30名未満	40	18.3
30	30名以上	6	2.8

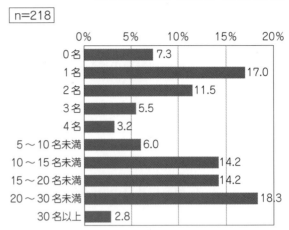

図 3-4(3)-1 区市町村独自の増配置がある場合の保育士数（正規）（全体傾向）

　表3-4(3)-1、及び図3-4(3)-1に示す通り、回答のあった218の保育園のうち、区市町村独自の増配置がある場合の保育士数（正規）で最も多かったのは「20〜30名未満」であり、40件（18.3%）であった。次いで、「1名」が37件（17.0%）、「10〜15名未満」及び「15〜20名未満」が31件（14.2%）、「2名」が25件（11.5%）、「0名」が16件（7.3%）であった。

　次に、園の特性に基づき、区市町村独自の増配置がある場合の保育士数（正規）の実態を集計すると、以下のような傾向が見られた。

　まず、所在地別では、表3-4(3)-2に示す通り、「23区」で最も多かったのは「20〜30名未満」で、31件（19.4%）であった。次いで、「1名」が26件（16.3%）、「10〜15名未満」及び「15〜20名未満」が22件（13.8%）、「2名」が17件（10.6%）、「0名」が13件（8.1%）であった。一方、「市町村部」で最も多かったのは「1名」であり、11件（19.3%）であった。次いで、「10〜15名未満」及び「15〜20名未満」及び「20〜30名未満」が9件（15.8%）、「2名」が8件（14.0%）、「5〜10名未満」が4件（7.0%）であった。

　運営主体別では、表3-4(3)-3に示す通り、「公立」で最も多かったのは「15〜20名未満」で、16件（18.6%）であった。次いで、「20〜30名未満」が15件（17.4%）、「1名」が13件（15.1%）であった。「公設民営」は回答数が少なく、最も多かったのは「5〜10名未満」及び「20〜30名未満」が2件（25.0%）であった。「社会福祉法人」で最も多かったのは「1名」であり、21件（18.8%）であった。次いで、「20〜30名未満」が20件（17.9%）、「10〜15名未満」が18件（16.1%）であった。

　「株式会社〜その他」も「公設民営」同様、回答数は少なく、最も多かったのは「0名」であり、3件（33.3%）であった。次いで「20〜30名未満」が2件（22.2%）であった。最後に、職員増配置の有無については、表3-4(3)-4に示す通り、「パターンC」つまり、自治体・園双方で増配置がある園では、「1名」が最も多く26件（23.9%）であった。次いで「20〜30名未満」が25件（22.9%）、「2名」が15件（13.8%）であった。一方、「パ

ターンＡ」つまり、自治体の増配置があるが、自園で増配置していない園では「10 ～ 15
名未満」が最も多く 16 件（17.2%）、次いで「15 ～ 20 名未満」が 15 件（16.1%）、「20
～ 30 名未満」が 14 件（15.1%）であった。また「パターンＢ」つまり、自治体の増配置
はないが、園独自で増配置している園では、「10 ～ 15 名未満」が最も多く 3 件（50.0%）
であった。

表 3-4(3)-2　区市町村独自の増配置がある場合の保育士数（正規）（所在地別）

		回答数		0名		1名		2名		3名		4名		5～10名未満		10～15名未満		15～20名未満		20～30名未満		30名以上	
		N	%																				
	全体	218	100.0	16	7.3	37	17.0	25	11.5	12	5.5	7	3.2	13	6.0	31	14.2	31	14.2	40	18.3	6	2.8
貴園の所在	23区	160	100.0	13	8.1	26	16.3	17	10.6	9	5.6	5	3.1	9	5.6	22	13.8	22	13.8	31	19.4	6	3.8
	市町村部	57	100.0	3	5.3	11	19.3	8	14.0	2	3.5	2	3.5	4	7.0	9	15.8	9	15.8	9	15.8	0	0.0

表 3-4(3)-3　区市町村独自の増配置がある場合の保育士数（正規）（運営主体別）

		回答数		0名		1名		2名		3名		4名		5～10名未満		10～15名未満		15～20名未満		20～30名未満		30名以上	
		N	%																				
	全体	218	100.0	16	7.3	37	17.0	25	11.5	12	5.5	7	3.2	13	6.0	31	14.2	31	14.2	40	18.3	6	2.8
運営主体	公立	86	100.0	10	11.6	13	15.1	7	8.1	5	5.8	1	1.2	3	3.5	11	12.8	16	18.6	15	17.4	5	5.8
	公設民営	8	100.0	0	0.0	1	12.5	1	12.5	0	0.0	1	12.5	2	25.0	1	12.5	0	0.0	2	25.0	0	0.0
	社会福祉法人	112	100.0	3	2.7	21	18.8	16	14.3	6	5.4	5	4.5	7	6.3	18	16.1	15	13.4	20	17.9	1	0.9
	株式会社～その他	9	100.0	3	33.3	2	22.2	1	11.1	0	0.0	0	0.0	0	0.0	1	11.1	0	0.0	2	22.2	0	0.0

表 3-4(3)-4　区市町村独自の増配置がある場合の保育士数（正規）（職員増配置の有無）

		回答数		0名		1名		2名		3名		4名		5～10名未満		10～15名未満		15～20名未満		20～30名未満		30名以上	
		N	%																				
	全体	218	100.0	16	7.3	37	17.0	25	11.5	12	5.5	7	3.2	13	6.0	31	14.2	31	14.2	40	18.3	6	2.8
増配置	パターンA　あり×なし	93	100.0	8	8.6	11	11.8	10	10.8	5	5.4	4	4.3	7	7.5	16	17.2	15	16.1	14	15.1	3	3.2
	パターンB　なし×あり	6	100.0	1	16.7	0	0.0	0	0.0	0	0.0	0	0.0	0	0.0	3	50.0	1	16.7	1	16.7	0	0.0
	パターンC　あり×あり	109	100.0	5	4.6	26	23.9	15	13.8	7	6.4	2	1.8	5	4.6	10	9.2	12	11.0	25	22.9	2	1.8
	パターンD　なし×なし	7	100.0	2	28.6	0	0.0	0	0.0	0	0.0	0	0.0	0	0.0	2	28.6	3	42.9	0	0.0	0	0.0

3-4(4) 区市町村独自の増配置がある場合の保育士数（正規職員以外）

表 3-4(4)-1 区市町村独自の増配置がある場合の保育士数（正規職員以外）（全体傾向）

		回答数	%
	全体	210	100.0
0	0名	18	8.6
1	1名	62	29.5
2	2名	23	11.0
3	3名	20	9.5
4	4名	15	7.1
5	5〜10名未満	44	21.0
10	10〜15名未満	14	6.7
15	15〜20名未満	5	2.4
20	20〜30名未満	7	3.3
30	30名以上	2	1.0

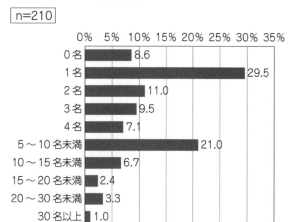

図 3-4(4)-1 区市町村独自の増配置がある場合の保育士数（正規職員以外）（全体傾向）

表 3-4(4)-1、及び図 3-4(4)-1 に示す通り、回答のあった 210 の保育園のうち、区市町村独自の増配置がある場合の保育士数（正規職員以外）で最も多かったのは「1 名」であり、62 件（29.5%）であった。次いで、「5〜10 名未満」が 44 件（21.0%）、「2 名」が 23 件（11.0%）、「3 名」が 20 件（9.5%）、「0 名」が 18 件（8.6%）であった。

次に、園の特性に基づき、区市町村独自の増配置がある場合の保育士数（正規職員以外）の実態を集計すると、以下のような傾向が見られた。

まず、所在地別では、表 3-4(4)-2 に示す通り、「23 区」で最も多かったのは「1 名」で、44 件（29.7%）であった。次いで、「5〜10 名未満」が 29 件（19.6%）、「2 名」が 19 件（12.8%）、「4 名」が 14 件（9.5%）であった。一方、「市町村部」で最も多かったのは「1 名」であり、17 件（28.3%）であった。次いで、「5〜10 名未満」が 15 件（25.0%）、「10〜15 名未満」が 6 件（10.0%）、であった。他は 10% に満たない状況であった。

運営主体別では、表 3-4(4)-3 に示す通り、「公立」で最も多かったのは「1 名」で、22 件（27.5%）であった。次いで、「4 名」が 12 件（15.0%）、「2 名」が 11 件（13.8%）、「5〜10 名」が 8 件（10.0%）であった。「公設民営」は回答数が少なく、最も多かったのは「1 名」及び「5〜10 名未満」であり、3 件（37.5%）であった。「社会福祉法人」で最も多かったのは「5〜10 名未満」であり、32 件（29.4%）であった。次いで、「1 名」が 31 件（28.4%）、「0 名」及び「2 名」が 11 件（10.1%）であった。

「株式会社〜その他」も「公設民営」同様、回答数は少なく、最も多かったのは「1 名」であり、4 件（44.4%）であった。

最後に、職員増配置の有無については、表 3-4(4)-4 に示す通り、「パターンＣ」つまり、自治体・園双方で増配置がある園では「1 名」が最も多く 37 件（37.4%）、次いで「5〜10 名未満」が 24 件（24.2%）であった。一方、「パターンＡ」つまり、自治体の増配置があるが、自園で増配置していない園では「1 名」が最も多く 21 件（23.1%）、次いで「5〜10 名未満」が 14 件（15.4%）であった。また「パターンＢ」つまり、自治体の増配置は

ないが、園独自に増配置している園では、「5～10名未満」が最も多く4件（40.0%）であった。

表 3-4(4)-2　区市町村独自の増配置がある場合の保育士数（正規職員以外）（所在地別）

		回答数 N	%	0名		1名		2名		3名		4名		5～10名未満		10～15名未満		15～20名未満		20～30名未満		30名以上	
	全体	210	100.0	18	8.6	62	29.5	23	11.0	20	9.5	15	7.1	44	21.0	14	6.7	5	2.4	7	3.3	2	1.0
貴園の所在	23区	148	100.0	13	8.8	44	29.7	19	12.8	14	9.5	14	9.5	29	19.6	8	5.4	2	1.4	3	2.0	2	1.4
	市町村部	60	100.0	5	8.3	17	28.3	4	6.7	5	8.3	1	1.7	15	25.0	6	10.0	3	5.0	4	6.7	0	0.0

表 3-4(4)-3　区市町村独自の増配置がある場合の保育士数（正規職員以外）（運営主体別）

		回答数 N	%	0名		1名		2名		3名		4名		5～10名未満		10～15名未満		15～20名未満		20～30名未満		30名以上	
	全体	210	100.0	18	8.6	62	29.5	23	11.0	20	9.5	15	7.1	44	21.0	14	6.7	5	2.4	7	3.3	2	1.0
運営主体	公立	80	100.0	6	7.5	22	27.5	11	13.8	6	7.5	12	15.0	8	10.0	7	8.8	3	3.8	3	3.8	2	2.5
	公設民営	8	100.0	0	0.0	3	37.5	1	12.5	1	12.5	0	0.0	3	37.5	0	0.0	0	0.0	0	0.0	0	0.0
	社会福祉法人	109	100.0	11	10.1	31	28.4	11	10.1	9	8.3	2	1.8	32	29.4	7	6.4	2	1.8	4	3.7	0	0.0
	株式会社～その他	9	100.0	1	11.1	4	44.4	0	0.0	3	33.3	1	11.1	0	0.0	0	0.0	0	0.0	0	0.0	0	0.0

表 3-4(4)-4　区市町村独自の増配置がある場合の保育士数（正規職員以外）（職員増配置の有無）

		回答数 N	%	0名		1名		2名		3名		4名		5～10名未満		10～15名未満		15～20名未満		20～30名未満		30名以上	
	全体	210	100.0	18	8.6	62	29.5	23	11.0	20	9.5	15	7.1	44	21.0	14	6.7	5	2.4	7	3.3	2	1.0
増配置	パターンA　あり×なし	91	100.0	9	9.9	21	23.1	11	12.1	13	14.3	10	11.0	14	15.4	6	6.6	3	3.3	2	2.2	2	2.2
	パターンB　なし×あり	10	100.0	2	20.0	2	20.0	1	10.0	0	0.0	0	0.0	4	40.0	1	10.0	0	0.0	0	0.0	0	0.0
	パターンC　あり×あり	99	100.0	5	5.1	37	37.4	11	11.1	6	6.1	4	4.0	24	24.2	6	6.1	2	2.0	4	4.0	0	0.0
	パターンD　なし×なし	8	100.0	2	25.0	2	25.0	0	0.0	1	12.5	1	12.5	0	0.0	1	12.5	0	0.0	1	12.5	0	0.0

3-5(1)　自園独自の増配置

表 3-5(1)-1　自園独自の増配置（全体傾向）

		回答数	%
	全体	396	100.0
1	なし	187	47.2
2	あり	209	52.8

図 3-5(1)-1　自園独自の増配置（全体傾向）

n=396

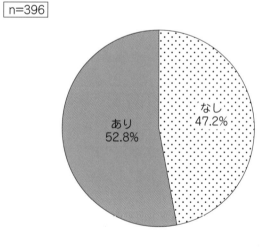

　表3-5(1)-1、及び図3-5(1)-1に示す通り、回答のあった396の保育園のうち、自園独自の増配置「なし」は187件（47.2%）、「あり」が209件（52.8%）であった。「あり」が「なし」を若干上回っている。

第1章 調査結果

　所在地別では表3-5(1)-2に示す通り「23区」では自園独自の増配置「なし」は141件（53.8％）、「あり」が121件（46.2％）であった。「なし」が「あり」を若干上回っており、全体傾向の結果と比べ、逆転した結果となる。一方「市町村部」では自園独自の増配置「なし」は42件（32.6％）、「あり」が87件（67.4％）と、「あり」が「なし」を大きく上回った結果となる。このように「市町村部」においては自園独自の増配置を行っている園が2倍近くある結果となった。

　運営主体別では、表3-5(1)-3に示す通り、「公立」では「なし」が95件（81.9％）、「あり」は21件（18.1％）と、「なし」が約8割を占める結果となった。次に「公設民営」では「なし」が10件（47.6％）、「あり」が11件（52.4％）と、ほぼ半分に分かれる結果となった。「社会福祉法人」では「なし」71件（31.1％）、「あり」157件（68.9％）と、「あり」が大幅に多かった。「株式会社～その他」「なし」6件（26.1％）「あり」17件（73.9％）であり、こちらも「あり」が大幅に多い結果となった。

表3-5(1)-2　自園独自の増配置（所在地別）

		回答数		なし		あり	
		N	%				
	全体	396	100.0	187	47.2	209	52.8
貴園の所在	23区	262	100.0	141	53.8	121	46.2
	市町村部	129	100.0	42	32.6	87	67.4

表3-5(1)-3　自園独自の増配置（運営主体別）

		回答数		なし		あり	
		N	%				
	全体	396	100.0	187	47.2	209	52.8
運営主体	公立	116	100.0	95	81.9	21	18.1
	公設民営	21	100.0	10	47.6	11	52.4
	社会福祉法人	228	100.0	71	31.1	157	68.9
	株式会社～その他	23	100.0	6	26.1	17	73.9

3-5(2)　自園独自の増配置がある場合の園児・職員数　―0歳児―

　自園独自の増配置がある場合の園児数―0歳児―をみると、表3-5(2)-1及び図3-5(2)-1に示す通り、回答のあった105の保育園のうち、「5～10名未満」が58件（55.2％）と約半数を占めた。次いで「10～15名」未満が30件（28.6％）、「5名未満」が14件（13.3％）、「15～20名未満」が3件（2.9％）であった。

　職員数（合計）については表3-5(2)-2及び図3-5(2)-2に示す通り、回答のあった64件のうち、「4名」が20件（31.3％）と最も多く、次いで「3名」が18件（28.1％）、「5名以上」が16件（25.0％）、「1名」が9件（14.1％）、「2名」が1件（1.6％）であった。

　職員数（正規）でみると、表3-5(2)-3及び図3-5(2)-3に示す通り、回答のあった103件のうち、「3名」が最も多く39件（37.9％）、次いで「4名」が21件（20.4％）、「2名」が17件（16.5％）、「5名以上」が15件（14.6％）、「0名」が9件（8.7％）、「1名」が2件（1.9％）であった。

　職員数（正規職員以外）でみると、表3-5(2)-4、及び図3-5(2)-4に示す通り、回答のあった86件のうち、「1名」が最も多く47件（54.7％）、次いで「0名」が18件（20.9％）、「2名」が12件（14.0％）、「3名」が7件（8.1％）、「4名」と「5名以上」はいずれも1件（1.2％）

であった。

　このように、自園独自の増配置がある場合の0歳児クラスにおいては、「5～10名未満」の園児数に対して、正規職員が「3名以上」、正規以外の職員が「1名」、職員全体としては「4名」という回答が多かった。

表 3-5(2)-1　自園独自の増配置がある場合の園児数　―0歳児―

		回答数	%
	全体	105	100.0
0	5名未満	14	13.3
5	5～10名未満	58	55.2
10	10～15名未満	30	28.6
15	15～20名未満	3	2.9
20	20～25名未満	0	0.0
25	25～30名未満	0	0.0
30	30～40名未満	0	0.0
40	40名以上	0	0.0

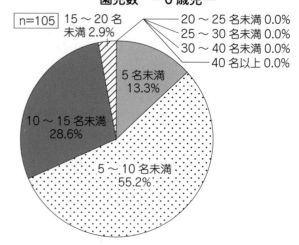

図 3-5(2)-1　自園独自の増配置がある場合の園児数　―0歳児―

表 3-5(2)-2　自園独自の増配置がある場合の職員数（合計）　―0歳児―

		回答数	%
	全体	64	100.0
0	1名	9	14.1
2	2名	1	1.6
3	3名	18	28.1
4	4名	20	31.3
5	5名以上	16	25.0

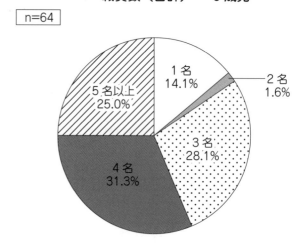

図 3-5(2)-2　自園独自の増配置がある場合の職員数（合計）　―0歳児―

表 3-5(2)-3　自園独自の増配置がある場合の職員数（正規）　―0歳児―

		回答数	%
	全体	103	100.0
0	0名	9	8.7
1	1名	2	1.9
2	2名	17	16.5
3	3名	39	37.9
4	4名	21	20.4
5	5名以上	15	14.6

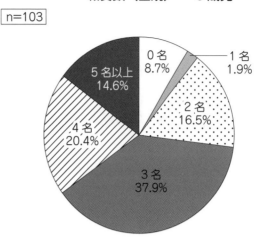

図 3-5(2)-3　自園独自の増配置がある場合の職員数（正規）　―0歳児―

表 3-5(2)-4　自園独自の増配置がある場合の職員数（正規職員以外）　―0歳児―

		回答数	%
	全体	86	100.0
0	0名	18	20.9
1	1名	47	54.7
2	2名	12	14.0
3	3名	7	8.1
4	4名	1	1.2
5	5名以上	1	1.2

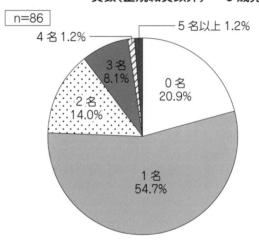

図 3-5(2)-4　自園独自の増配置がある場合の職員数（正規職員以外）　―0歳児―

3-5(3)　自園独自の増配置がある場合の園児・職員数　―1歳児―

　自園独自の増配置がある場合の園児数―1歳児―をみると、表 3-5(3)-1 及び図 3-5(3)-1 に示す通り、回答のあった 150 の保育園のうち、「10～15名未満」「15～20名未満」がいずれも 49 件（32.7％）で、合計 65.4％を占めた。次いで「20～25名未満」が 32 件（21.3％）、「5～10名未満」が 7 件（4.7％）、「5名未満」「25～30名未満」がそれぞれ 5 件（3.3％）、「30～40名未満」が 3 件（2.0％）であった。

　職員数（合計）については表 3-5(3)-2 及び図 3-5(3)-2 に示す通り、回答のあった 85 件のうち、「5名以上」が 30 件（35.3％）と最も多く、次いで「4名」が 29 件（34.1％）、「3名」が 20 件（23.5％）、「1名」「2名」がいずれも 3 件（3.5％）であった。

　職員数（正規）でみると、表 3-5(3)-3 及び図 3-5(3)-3 に示す通り、回答のあった 143 件のうち、「3名」が 45 件（31.5％）と最も多く、次いで「4名」が 35 件（24.5％）、「2名」が 30 件（21.0％）、「5名以上」が 27 件（18.9％）、「1名」が 4 件（2.8％）、「0名」が 2 件（1.4％）であった。

職員数（正規職員以外）でみると、表 3-5(3)-4 及び図 3-5(3)-4 に示す通り、回答のあった 135 件のうち、「1 名」が最も多く 69 件（51.1％）、次いで「2 名」が 38 件（28.1％）、「0 名」が 13 件（9.6％）、「3 名」が 12 件（8.9％）、「4 名」が 2 件（1.5％）、「5 名以上」が 1 件（0.7％）であった。

このように、自園独自の増配置がある場合の 1 歳児クラスにおいては、「10～15 名未満」「15～20 名未満」の園児数に対して、正規職員が「3 名以上」、正規以外の職員が「1 名」、職員全体としては「5 名以上」という回答が多かった。

表 3-5(3)-1　自園独自の増配置がある場合の園児数　—1 歳児—

		回答数	％
	全体	150	100.0
0	5 名未満	5	3.3
5	5～10 名未満	7	4.7
10	10～15 名未満	49	32.7
15	15～20 名未満	49	32.7
20	20～25 名未満	32	21.3
25	25～30 名未満	5	3.3
30	30～40 名未満	3	2.0
40	40 名以上	0	0.0

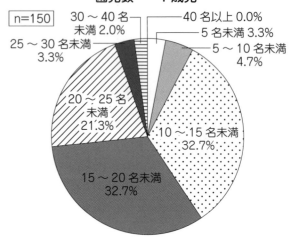

図 3-5(3)-1　自園独自の増配置がある場合の園児数　—1 歳児—

表 3-5(3)-2　自園独自の増配置がある場合の職員数（合計）　—1 歳児—

		回答数	％
	全体	85	100.0
0	1 名	3	3.5
2	2 名	3	3.5
3	3 名	20	23.5
4	4 名	29	34.1
5	5 名以上	30	35.3

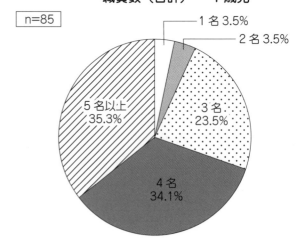

図 3-5(3)-2　自園独自の増配置がある場合の職員数（合計）　—1 歳児—

表 3-5(3)-3　自園独自の増配置がある場合の職員数（正規）―1歳児―

		回答数	%
	全体	143	100.0
0	0名	2	1.4
1	1名	4	2.8
2	2名	30	21.0
3	3名	45	31.5
4	4名	35	24.5
5	5名以上	27	18.9

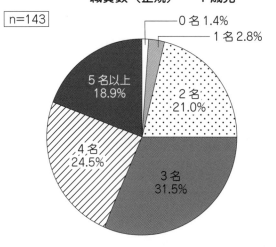

図 3-5(3)-3　自園独自の増配置がある場合の職員数（正規）―1歳児―

表 3-5(3)-4　自園独自の増配置がある場合の職員数（正規職員以外）―1歳児―

		回答数	%
	全体	135	100.0
0	0名	13	9.6
1	1名	69	51.1
2	2名	38	28.1
3	3名	12	8.9
4	4名	2	1.5
5	5名以上	1	0.7

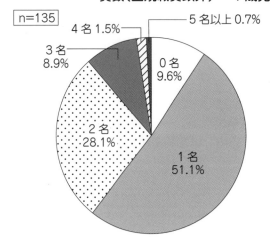

図 3-5(3)-4　自園独自の増配置がある場合の職員数（正規職員以外）―1歳児―

3-5(4)　自園独自の増配置がある場合の園児・職員数　―2歳児―

　自園独自の増配置がある場合の園児数―2歳児―をみると、表3-5(4)-1及び図3-5(4)-1に示す通り、回答のあった141の保育園のうち、「20～25未満」が45件（31.9%）と最も多く、次いで「15～20名未満」が40件（28.4%）、「10～15名未満」が35件（24.8%）、「5名未満」が8件（5.7%）、「5～10名未満」と「30～40名未満」がいずれも5件（3.5%）、「25～30名未満」が3件（2.1%）であった。

　職員数（合計）については表3-5(4)-2及び図3-5(4)-2に示す通り、回答のあった81件のうち、「3名」が28件（34.6%）と最も多く、次いで「5名以上」が26件（32.1%）、「4名」が19件（23.5%）、「1名」が5件（6.2%）、「2名」が3件（3.7%）であった。

　職員数（正規）でみると、表3-5(4)-3及び図3-5(4)-3に示す通り、回答のあった135件のうち、「3名」が50件（37.0%）と最も多く、次いで「2名」が33件（24.4%）、「4名」が27件（20.0%）、「5名以上」が14件（10.4%）、「1名」が6件（4.4%）、「0名」が5件（3.7%）であった。

職員数（正規職員以外）でみると、表 3-5(4)-4 及び図 3-5(4)-4 に示す通り、回答のあった 124 件のうち、「1 名」が最も多く 74 件（59.7％）、次いで「2 名」が 29 件（23.4％）、「0 名」と「3 名」がいずれも 10 件（8.1％）、「4 名」が 1 件（0.8％）であった。
　このように、自園独自の増配置がある場合の 2 歳児クラスにおいては、「20 ～ 25 名未満」の園児数に対して、正規職員が「3 名以上」、正規以外の職員が「1 名」、職員全体としては「3 名」という回答が多かった。

表 3-5(4)-1　自園独自の増配置がある場合の園児数　―2 歳児―

		回答数	％
	全体	141	100.0
0	5 名未満	8	5.7
5	5 ～ 10 名未満	5	3.5
10	10 ～ 15 名未満	35	24.8
15	15 ～ 20 名未満	40	28.4
20	20 ～ 25 名未満	45	31.9
25	25 ～ 30 名未満	3	2.1
30	30 ～ 40 名未満	5	3.5
40	40 名以上	0	0.0

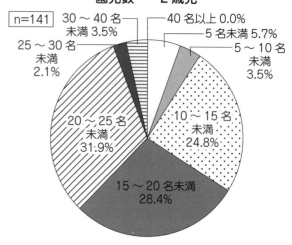

図 3-5(4)-1　自園独自の増配置がある場合の園児数　―2 歳児―

表 3-5(4)-2　自園独自の増配置がある場合の職員数（合計）　―2 歳児―

		回答数	％
	全体	81	100.0
0	1 名	5	6.2
2	2 名	3	3.7
3	3 名	28	34.6
4	4 名	19	23.5
5	5 名以上	26	32.1

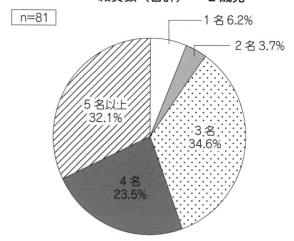

図 3-5(4)-2　自園独自の増配置がある場合の職員数（合計）　―2 歳児―

表 3-5(4)-3　自園独自の増配置がある場合の職員数（正規）—2歳児—

		回答数	%
	全体	135	100.0
0	0名	5	3.7
1	1名	6	4.4
2	2名	33	24.4
3	3名	50	37.0
4	4名	27	20.0
5	5名以上	14	10.4

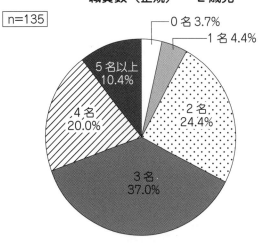

図 3-5(4)-3　自園独自の増配置がある場合の職員数（正規）—2歳児—

表 3-5(4)-4　自園独自の増配置がある場合の職員数（正規職員以外）—2歳児—

		回答数	%
	全体	124	100.0
0	0名	10	8.1
1	1名	74	59.7
2	2名	29	23.4
3	3名	10	8.1
4	4名	1	0.8
5	5名以上	0	0.0

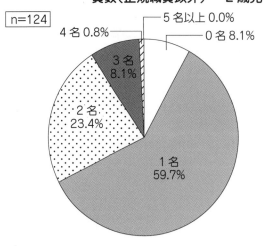

図 3-5(4)-4　自園独自の増配置がある場合の職員数（正規職員以外）—2歳児—

3-5(5)　自園独自の増配置がある場合の園児・職員数　—3歳児—

　自園独自の増配置がある場合の園児数—3歳児—をみると、表 3-5(5)-1 及び図 3-5(5)-1 に示す通り、回答のあった 146 の保育園のうち、「20～25名未満」が 51 件（34.9％）と最も多く、次いで「15～20名未満」が 41 件（28.1％）、「10～15名未満」が 18 件（12.3％）、「5名未満」が 12 件（8.2％）、「25～30名未満」が 10 件（6.8％）、「30～40名未満」が 9 名（6.2％）、「5～10名未満」が 5 件（3.4％）であった。

　職員数（合計）については表 3-5(5)-2 及び図 3-5(5)-2 に示す通り、回答のあった 84 件のうち、「2名」が 30 件（35.7％）と最も多く、次いで「3名」が 28 件（33.3％）、「4名」が 11 件（13.1％）、「1名」が 10 件（11.9％）、「5名以上」が 5 件（6.0％）であった。

　職員数（正規）でみると、表 3-5(5)-3 及び図 3-5(5)-3 に示す通り、回答のあった 141 件のうち、「2名」が 78 件（55.3％）と最も多く、次いで「3名」が 25 件（17.7％）、「1名」が 24 件（17.0％）、「4名」が 7 件（5.0％）、「0名」が 6 件（4.3％）、「5名以上」が 1 件（0.7％）であった。

職員数（正規職員以外）でみると、表 3-5(5)-4 及び図 3-5(5)-4 に示す通り、回答のあった 114 件のうち、「1 名」が最も多く 81 件（71.1％）、次いで「2 名」が 16 件（14.0％）、「0 名」が 13 件（11.4％）、「3 名」が 4 件（3.5％）であった。
　このように、自園独自の増配置がある場合の 3 歳児クラスにおいては、「20～25 名未満」の園児数に対して、正規職員が「2 名」、正規以外の職員が「1 名」、職員全体としては「2 名」という回答が多かった。

表 3-5(5)-1　自園独自の増配置がある場合の園児数　―3 歳児―

		回答数	％
	全体	146	100.0
0	5 名未満	12	8.2
5	5～10 名未満	5	3.4
10	10～15 名未満	18	12.3
15	15～20 名未満	41	28.1
20	20～25 名未満	51	34.9
25	25～30 名未満	10	6.8
30	30～40 名未満	9	6.2
40	40 名以上	0	0.0

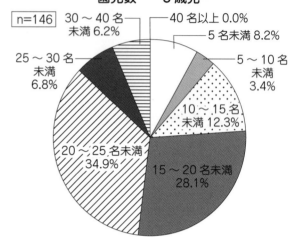

図 3-5(5)-1　自園独自の増配置がある場合の園児数　―3 歳児―

表 3-5(5)-2　自園独自の増配置がある場合の職員数（合計）　―3 歳児―

		回答数	％
	全体	84	100.0
0	1 名	10	11.9
2	2 名	30	35.7
3	3 名	28	33.3
4	4 名	11	13.1
5	5 名以上	5	6.0

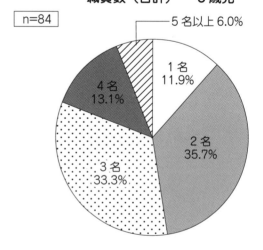

図 3-5(5)-2　自園独自の増配置がある場合の職員数（合計）　―3 歳児―

表 3-5(5)-3　自園独自の増配置がある場合の職員数（正規）―3歳児―

		回答数	%
	全体	141	100.0
0	0名	6	4.3
1	1名	24	17.0
2	2名	78	55.3
3	3名	25	17.7
4	4名	7	5.0
5	5名以上	1	0.7

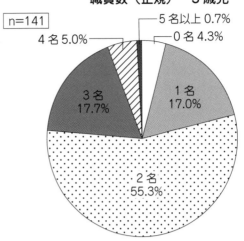

図 3-5(5)-3　自園独自の増配置がある場合の職員数（正規）―3歳児―

表 3-5(5)-4　自園独自の増配置がある場合の職員数（正規職員以外）―3歳児―

		回答数	%
	全体	114	100.0
0	0名	13	11.4
1	1名	81	71.1
2	2名	16	14.0
3	3名	4	3.5
4	4名	0	0.0
5	5名以上	0	0.0

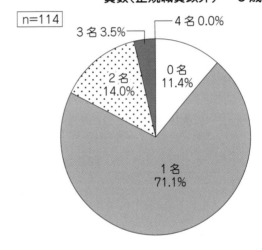

図 3-5(5)-4　自園独自の増配置がある場合の職員数（正規職員以外）―3歳児―

3-5(6)　自園独自の増配置がある場合の園児・職員数　―4歳児―

　自園独自の増配置がある場合の園児数―4歳児―をみると、表 3-5(6)-1 及び図 3-5(6)-1 に示す通り、回答のあった 116 の保育園のうち、「20～25未満」が 47件（40.5％）と最も多く、次いで「15～20名未満」が 27件（23.3％）、「25～30名未満」が 13件（11.2％）、「10～15名未満」が 12件（10.3％）、「5名未満」が 9件（7.8％）、「30～40名未満」が 8件（6.9％）であった。

　職員数（合計）については表 3-5(6)-2 及び図 3-5(6)-2 に示す通り、回答のあった 67件のうち、「2名」が 37件（55.2％）と最も多く、次いで「3名」が 18件（26.9％）、「1名」が 7件（10.4％）、「5名以上」が 3件（4.5％）、「4名」が 2件（3.0％）であった。

　職員数（正規）でみると、表 3-5(6)-3 及び図 3-5(6)-3 に示す通り、回答のあった 113件のうち、「2名」が 64件（56.6％）と最も多く、次いで「1名」が 29件（25.7％）、「3名」が 12件（10.6％）、「0名」が 5件（4.4％）、「4名」が 3件（2.7％）であった。

職員数（正規職員以外）でみると、表3-5(6)-4及び図3-5(6)-4に示す通り、回答のあった82件のうち、「1名」が最も多く46件（56.1％）、次いで「0名」が16件（19.5％）、「2名」が14件（17.1％）、「3名」が4件（4.9％）、「4名」が2件（2.4％）であった。

このように、自園独自の増配置がある場合の4歳児クラスにおいては、「20～25名未満」の園児数に対して、正規職員が「2名」、正規以外の職員が「1名」、職員全体としては「2名」という回答が多かった。

表3-5(6)-1　自園独自の増配置がある場合の園児数　―4歳児―

		回答数	％
	全体	116	100.0
0	5名未満	9	7.8
5	5～10名未満	0	0.0
10	10～15名未満	12	10.3
15	15～20名未満	27	23.3
20	20～25名未満	47	40.5
25	25～30名未満	13	11.2
30	30～40名未満	8	6.9
40	40名以上	0	0.0

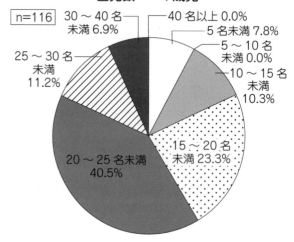

図3-5(6)-1　自園独自の増配置がある場合の園児数　―4歳児―

表3-5(6)-2　自園独自の増配置がある場合の職員数（合計）　―4歳児―

		回答数	％
	全体	67	100.0
0	1名	7	10.4
2	2名	37	55.2
3	3名	18	26.9
4	4名	2	3.0
5	5名以上	3	4.5

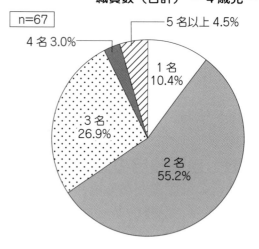

図3-5(6)-2　自園独自の増配置がある場合の職員数（合計）　―4歳児―

表 3-5(6)-3　自園独自の増配置がある場合の職員数（正規）―4歳児―

		回答数	%
	全体	113	100.0
0	0名	5	4.4
1	1名	29	25.7
2	2名	64	56.6
3	3名	12	10.6
4	4名	3	2.7
5	5名以上	0	0.0

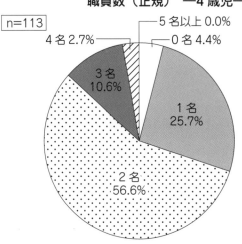

図 3-5(6)-3　自園独自の増配置がある場合の職員数（正規）―4歳児―

表 3-5(6)-4　自園独自の増配置がある場合の職員数（正規職員以外）―4歳児―

		回答数	%
	全体	82	100.0
0	0名	16	19.5
1	1名	46	56.1
2	2名	14	17.1
3	3名	4	4.9
4	4名	2	2.4
5	5名以上	0	0.0

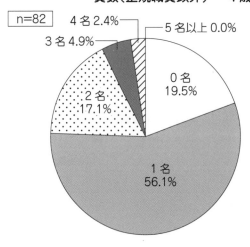

図 3-5(6)-4　自園独自の増配置がある場合の職員数（正規職員以外）―4歳児―

3-5(7)　自園独自の増配置がある場合の園児・職員数　―5歳児―

　自園独自の増配置がある場合の園児数―5歳児―をみると、表3-5(7)-1及び図3-5(7)-1に示す通り、回答のあった104の保育園のうち、「20～25名未満」が29件（27.9%）と最も多く、次いで「15～20名未満」が24件（23.1%）、「25～30名未満」と「30～40名未満」がいずれも15件（24.8%）、「10～15名未満」が9件（8.7%）「5名未満」が8件（7.7%）、「5～10名未満」と「40名以上」がいずれも2件（1.9%）であった。

　職員数（合計）については表3-5(7)-2及び図3-5(7)-2に示す通り、回答のあった54件のうち、「2名」が35件（64.8%）と最も多く、次いで「1名」と「3名」がいずれも8件（14.8%）、「4名」が2件（3.7%）、「5名以上」が1件（1.9%）であった。

　職員数（正規）でみると、表3-5(7)-3及び図3-5(7)-3に示す通り、回答のあった100件のうち、「2名」が62件（62.0%）と最も多く、次いで「1名」が20件（20.0%）、「3名」が10件（10.0%）、「0名」が7件（7.0%）、「4名」が1件（1.0%）であった。

　職員数（正規職員以外）でみると、表3-5(7)-4及び図3-5(7)-4に示す通り、回答のあっ

た65件のうち、「1名」が最も多く38件（58.5%）、次いで「0名」が17件（26.2%）、「2名」が7件（10.8%）、「3名」が3件（4.6%）であった。

このように、自園独自の増配置がある場合の5歳児クラスにおいては、「20～25名未満」の園児数に対して、正規職員が「2名」、正規以外の職員が「1名」、職員全体としては「2名」という回答が多かった。

表 3-5(7)-1　自園独自の増配置がある場合の園児数　—5歳児—

		回答数	%
	全体	104	100.0
0	5名未満	8	7.7
5	5～10名未満	2	1.9
10	10～15名未満	9	8.7
15	15～20名未満	24	23.1
20	20～25名未満	29	27.9
25	25～30名未満	15	14.4
30	30～40名未満	15	14.4
40	40名以上	2	1.9

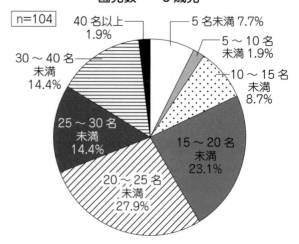

図 3-5(7)-1　自園独自の増配置がある場合の園児数　—5歳児—

表 3-5(7)-2　自園独自の増配置がある場合の職員数（合計）　—5歳児—

		回答数	%
	全体	54	100.0
0	1名	8	14.8
2	2名	35	64.8
3	3名	8	14.8
4	4名	2	3.7
5	5名以上	1	1.9

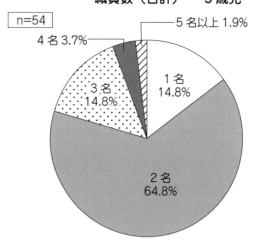

図 3-5(7)-2　自園独自の増配置がある場合の職員数（合計）　—5歳児—

表 3-5(7)-3　自園独自の増配置がある場合の職員数（正規）　—5歳児—

		回答数	%
	全体	100	100.0
0	0名	7	7.0
1	1名	20	20.0
2	2名	62	62.0
3	3名	10	10.0
4	4名	1	1.0
5	5名以上	0	0.0

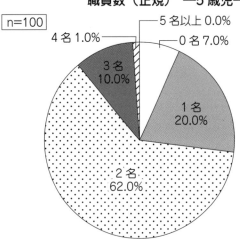

図 3-5(7)-3　自園独自の増配置がある場合の職員数（正規）　—5歳児—

表 3-5(7)-4　自園独自の増配置がある場合の職員数（正規職員以外）　—5歳児—

		回答数	%
	全体	65	100.0
0	0名	17	26.2
1	1名	38	58.5
2	2名	7	10.8
3	3名	3	4.6
4	4名	0	0.0
5	5名以上	0	0.0

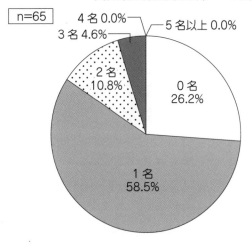

図 3-5(7)-4　自園独自の増配置がある場合の職員数（正規職員以外）　—5歳児—

3-6　所在地区における保育士配置基準
3-6(1)　所在地区における保育士配置基準（0歳児）

表 3-6(1)-1　所在地区における保育士配置基準（0歳児）（全体傾向）

		回答数	%
	全体	436	100.0
0	1人	1	0.2
2	2人	5	1.1
3	3人	427	97.9
4	4人	0	0.0
5	5人	1	0.2
6	6人	0	0.0
7	7人	0	0.0
8	8人	0	0.0
9	9人	2	0.5
10	10人以上	0	0.0

図 3-6(1)-1　所在地区における保育士配置基準（0歳児）（全体傾向）

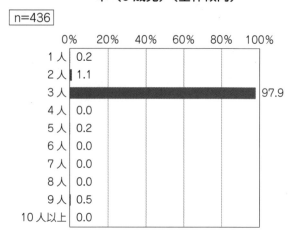

　表 3-6(1)-1、及び図 3-6(1)-1 に示す通り、回答のあった 436 の保育園のうち、0歳児で保育士一人に対する配置基準で最も多かったのは「3人」であり、427件（97.9%）であった。次いでかなり少数だが、「2人」が5件（1.1%）、「9人」が2件（0.5%）、「1人」と「5人」がそれぞれ1件（0.2%）となっている。このように0歳児の配置基準は3対1になっている園が大半を占めている。

　次に、園の特性に基づき、所在地区における保育士の配置基準の集計を見ると、次のような傾向がみられた。

　まず、所在地別では、表 3-6(1)-2 に示す通り、「23区」で最も多かったのは「3人」で、262件（97.8%）であった。「2人」が4件（1.5%）、「5人」「9人」が1件（0.4%）。「市町村部」では「3人」が160件（98.2%）、「1人」「2人」「9人」がそれぞれ1件（0.6%）となっている。「23区」と「市町村部」では集計の大差はなかった。

　運営主体別では、表 3-6(1)-3 に示す通り、「公立」で「3人」が、112件（98.2%）であった。「2人」「9人」が1件（0.9%）であった。「公設民営」は最も多かったのは「3人」であり、21件（91.3%）、「2人」「5人」が1件（4.3%）。「社会福祉法人」で「3人」258件（98.1%）。「2人」が3件（1.1%）、「1人」「9人」が1件（0.4%）となった。「株式会社〜その他」も「3人」28件（100%）であった。このように、運営主体による大きな差はみられない。

　最後に、職員増配置の有無については、表 3-6(1)-4 に示す通り、「3人」がどのパターンも90%以上を占めている。

表 3-6(1)-2　所在地区における保育士配置基準（0歳児）（所在地別）

		回答数 N	%	1人		2人		3人		4人		5人		6人		7人		8人		9人		10人以上	
	全体	436	100.0	1	0.2	5	1.1	427	97.9	0	0.0	1	0.2	0	0.0	0	0.0	0	0.0	2	0.5	0	0.0
貴園の所在	23区	268	100.0	0	0.0	4	1.5	262	97.8	0	0.0	1	0.4	0	0.0	0	0.0	0	0.0	1	0.4	0	0.0
	市町村部	163	100.0	1	0.6	1	0.6	160	98.2	0	0.0	0	0.0	0	0.0	0	0.0	0	0.0	1	0.6	0	0.0

表 3-6(1)-3　所在地区における保育士配置基準（0歳児）（運営主体別）

		回答数 N	%	1人		2人		3人		4人		5人		6人		7人		8人		9人		10人以上	
	全体	436	100.0	1	0.2	5	1.1	427	97.9	0	0.0	1	0.2	0	0.0	0	0.0	0	0.0	2	0.5	0	0.0
運営主体	公立	114	100.0	0	0.0	1	0.9	112	98.2	0	0.0	0	0.0	0	0.0	0	0.0	0	0.0	1	0.9	0	0.0
	公設民営	23	100.0	0	0.0	1	4.3	21	91.3	0	0.0	1	4.3	0	0.0	0	0.0	0	0.0	0	0.0	0	0.0
	社会福祉法人	263	100.0	1	0.4	3	1.1	258	98.1	0	0.0	0	0.0	0	0.0	0	0.0	0	0.0	1	0.4	0	0.0
	株式会社〜その他	28	100.0	0	0.0	0	0.0	28	100.0	0	0.0	0	0.0	0	0.0	0	0.0	0	0.0	0	0.0	0	0.0

表 3-6(1)-4　所在地区における保育士配置基準（0歳児）（職員増配置の有無）

		回答数 N	%	1人		2人		3人		4人		5人		6人		7人		8人		9人		10人以上	
	全体	436	100.0	1	0.2	5	1.1	427	97.9	0	0.0	1	0.2	0	0.0	0	0.0	0	0.0	2	0.5	0	0.0
増配置	パターンA　あり×なし	102	100.0	0	0.0	0	0.0	101	99.0	0	0.0	0	0.0	0	0.0	0	0.0	0	0.0	1	1.0	0	0.0
	パターンB　なし×あり	73	100.0	1	1.4	3	4.1	69	94.5	0	0.0	0	0.0	0	0.0	0	0.0	0	0.0	0	0.0	0	0.0
	パターンC　あり×あり	129	100.0	0	0.0	1	0.8	127	98.4	0	0.0	0	0.0	0	0.0	0	0.0	0	0.0	1	0.8	0	0.0
	パターンD　なし×なし	71	100.0	0	0.0	1	1.4	69	97.2	0	0.0	1	1.4	0	0.0	0	0.0	0	0.0	0	0.0	0	0.0

3-6(2)　所在地区における保育士配置基準（1歳児）

表 3-6(2)-1　所在地区における保育士配置基準（1歳児）（全体傾向）

		回答数	%
	全体	451	100.0
0	1人	1	0.2
2	2人	2	0.4
3	3人	7	1.6
4	4人	5	1.1
5	5人	331	73.4
6	6人	105	23.3
7	7人	0	0.0
8	8人	0	0.0
9	9人	0	0.0
10	10人以上	0	0.0

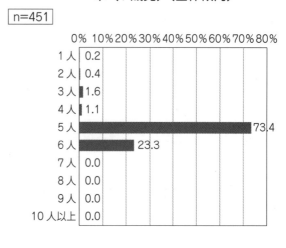

図 3-6(2)-1　所在地区における保育士配置基準（1歳児）（全体傾向）

　表 3-6(2)-1、及び図 3-6(2)-1に示す通り、回答のあった451の保育園のうち、1歳児で保育士一人に対する配置基準で最も多かったのは「5人」であり、331件（73.4%）であった。次いで、「6人」が105件（23.3%）、「3人」が7件（1.6%）、「4人」が5件（1.1%）、「2人」が2件（0.4%）、「1人」1件（0.2%）であった。5対1もしくは6対1で大半を占めていることがわかる。

　次に、園の特性に基づき、所在地区における保育士の配置基準の集計を見ると、次のよう

な傾向がみられた。

　まず、所在地別では、表 3-6(2)-2 に示す通り、「23 区」では「5 人」が一番多く、228 件（80.9％）。次いで、「6 人」が 44 件（15.6％）、「3 人」が 5 件（1.8％）、「4 人」が 4 件（1.4％）、「2 人」が 1 件（0.4％）であった。一方、「市町村部」で最も多かったのも「5 人」であり、98 件（60.1％）。次いで、「6 人」が 60 件（36.8％）、「3 人」が 2 件（1.2％）、「4 人」「2 人」「1 人」がそれぞれ 1 件（0.6％）となっている。どちらも「5 人」が多くなっているが、若干「市町村部」で「6 人」の割合が高くなっている。

　運営主体別では、表 3-6(2)-3 を見ると、「公立」で最も多かったのは「5 人」で、110 件（89.4％）であった。次いで、「6 人」が 10 件（8.1％）「3 人」2 件（1.6％）「4 人」1 件（0.8％）であった。「公設民営」で最も多かったのは「5 人」であり、17 件（73.9％）次に「6 人」4 件（17.4％）「4 人」2 件（8.7％）であった。「社会福祉法人」でも多かったのは「5 人」であり、178 件（66.7％）。次いで、「6 人」が 79 件（29.6％）、「3 人」5 件（1.9％）、「4 人」「2 人」が 2 件（0.7％）、「1 人」1 件（0.4％）であった。「株式会社〜その他」も「5 人」が一番多く 18 件（62.1％）「6 人」11 件（37.9％）であった。5 対 1 が多く、次いで 6 対 1 が多いのはどの運営主体でも同じだが、公立の 6 対 1 の割合が若干低くなっている。

　最後に、職員増配置の有無については、表 3-6(2)-4 に示す通り、どのパターンも「5 人」が最も多くなっているが、自治体の増配置がある「パターン A」95 件（87.2％）と「パターン C」107 件（80.5％）が比較的高い割合となっている。逆に「6 人」の割合は自治体の増配置がない「パターン B」29 件（39.7％）、「パターン D」22 件（30.1％）が高めとなっている。

表 3-6(2)-2　所在地区における保育士配置基準（1 歳児）（所在地別）

		回答数 N	回答数 %	1人		2人		3人		4人		5人		6人		7人		8人		9人		10人以上	
	全体	451	100.0	1	0.2	2	0.4	7	1.6	5	1.1	331	73.4	105	23.3	0	0.0	0	0.0	0	0.0	0	0.0
貴園の所在	23区	282	100.0	0	0.0	1	0.4	5	1.8	4	1.4	228	80.9	44	15.6	0	0.0	0	0.0	0	0.0	0	0.0
	市町村部	163	100.0	1	0.6	1	0.6	2	1.2	1	0.6	98	60.1	60	36.8	0	0.0	0	0.0	0	0.0	0	0.0

表 3-6(2)-3　所在地区における保育士配置基準（1 歳児）（運営主体別）

		回答数 N	回答数 %	1人		2人		3人		4人		5人		6人		7人		8人		9人		10人以上	
	全体	451	100.0	1	0.2	2	0.4	7	1.6	5	1.1	331	73.4	105	23.3	0	0.0	0	0.0	0	0.0	0	0.0
運営主体	公立	123	100.0	0	0.0	0	0.0	2	1.6	1	0.8	110	89.4	10	8.1	0	0.0	0	0.0	0	0.0	0	0.0
	公設民営	23	100.0	0	0.0	0	0.0	0	0.0	2	8.7	17	73.9	4	17.4	0	0.0	0	0.0	0	0.0	0	0.0
	社会福祉法人	267	100.0	1	0.4	2	0.7	5	1.9	2	0.7	178	66.7	79	29.6	0	0.0	0	0.0	0	0.0	0	0.0
	株式会社〜その他	29	100.0	0	0.0	0	0.0	0	0.0	0	0.0	18	62.1	11	37.9	0	0.0	0	0.0	0	0.0	0	0.0

表 3-6(2)-4　所在地区における保育士配置基準（1 歳児）（職員増配置の有無）

		回答数 N	回答数 %	1人		2人		3人		4人		5人		6人		7人		8人		9人		10人以上	
	全体	451	100.0	1	0.2	2	0.4	7	1.6	5	1.1	331	73.4	105	23.3	0	0.0	0	0.0	0	0.0	0	0.0
増配置	パターンA　あり×なし	109	100.0	0	0.0	0	0.0	3	2.8	1	0.9	95	87.2	10	9.2	0	0.0	0	0.0	0	0.0	0	0.0
	パターンB　なし×あり	73	100.0	1	1.4	0	0.0	3	4.1	0	0.0	40	54.8	29	39.7	0	0.0	0	0.0	0	0.0	0	0.0
	パターンC　あり×あり	133	100.0	0	0.0	2	1.5	0	0.0	1	0.8	107	80.5	23	17.3	0	0.0	0	0.0	0	0.0	0	0.0
	パターンD　なし×なし	73	100.0	0	0.0	0	0.0	1	1.4	2	2.7	48	65.8	22	30.1	0	0.0	0	0.0	0	0.0	0	0.0

3-6(3) 所在地区における保育士配置基準（2歳児）

表 3-6(3)-1　所在地区における保育士配置基準（2歳児）（全体傾向）

		回答数	%
	全体	451	100.0
0	1人	2	0.4
2	2人	1	0.2
3	3人	1	0.2
4	4人	2	0.4
5	5人	18	4.0
6	6人	425	94.2
7	7人	2	0.4
8	8人	0	0.0
9	9人	0	0.0
10	10人以上	0	0.0

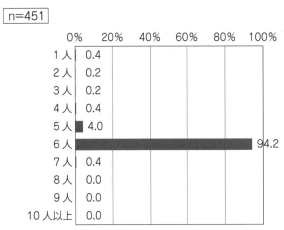

図 3-6(3)-1　所在地区における保育士配置基準（2歳児）（全体傾向）

　表 3-6(3)-1、及び図 3-6(3)-1 に示す通り、回答のあった 451 の保育園のうち、所在地区における保育士配置基準（2歳児）で最も多かったのは「6人」であり、425 件（94.2%）であった。次いで、「5人」が 18 件（4.0%）、「7人」が 2 件（0.4%）、「4人」が 2 件（0.4%）、「1人」が 2 件（0.4%）であった。このように所在地区における保育士配置基準（2歳児）は「6人」が 94.2% と大半を占めた。

　次に、園の特性に基づき、所在地区における保育士配置基準（2歳児）の実態を集計すると、以下のような傾向が見られた。

　まず、所在地別では、表 3-6(3)-2 に示す通り、「23 区」で最も多かったのは「6人」で、270 件（95.7%）であった。次いで、「5人」が 10 件（3.5%）、「4人」が 1 件（0.4%）、「1人」が 1 件（0.42%）であった。一方、「市町村部」で最も多かったのは「6人」であり、150 件（92.0%）であった。次いで、「5人」が 7 件（4.3%）、「7人」が 2 件（1.2%）であった。このように、所在地別に見ると「23 区」は「6人」が 95.7% と、「市町村部」も「6人」が 92.0% と大半を占める。

　運営主体別では、表 3-6(3)-3 に示す通り、「公立」で最も多かったのは「6人」で、117 件（95.1%）であった。次いで、「5人」が 5 件（4.1%）である。「公設民営」は回答数が少なく、所在地区における保育士配置基準（2歳児）で最も多かったのは「6人」であり、21 件（91.3%）であった。「社会福祉法人」で最も多かったのは「6人」であり、250 件（93.6%）であった。次いで、「5人」が 11 件（4.1%）であった。「株式会社～その他」も「公設民営」同様、回答数は少なく、最も多かったのは「6人」であり、29 件（100.0%）であった。このように、「公立」「公設民営」「社会福祉法人」「株式会社～その他」すべて、所在地区における保育士配置基準（2歳児）は「6人」という傾向が見られる。

　最後に、職員増配置の有無については、表 3-6(3)-4 に示す通り、「パターンC」つまり、自治体・園双方で増配置がある園では「6人」が最も多く 128 件（96.2%）を占めている。一方、「パターンA」つまり、自治体に増配置があるが、自園で増配置していない園では「6

人」が最も多く100件（91.7%）であった。また「パターンB」つまり、自治体には増配置はないが、園独自に増配置している園では、「6人」が最も多く67件（91.8%）である。

表3-6(3)-2　所在地区における保育士配置基準（2歳児）（所在地別）

		回答数 N	%	1人		2人		3人		4人		5人		6人		7人		8人		9人		10人以上	
	全体	451	100.0	2	0.4	1	0.2	1	0.2	2	0.4	18	4.0	425	94.2	2	0.4	0	0.0	0	0.0	0	0.0
貴園の所在	23区	282	100.0	1	0.4	0	0.0	0	0.0	1	0.4	10	3.5	270	95.7	0	0.0	0	0.0	0	0.0	0	0.0
	市町村部	163	100.0	1	0.6	1	0.6	1	0.6	1	0.6	7	4.3	150	92.0	2	1.2	0	0.0	0	0.0	0	0.0

表3-6(3)-3　所在地区における保育士配置基準（2歳児）（運営主体別）

		回答数 N	%	1人		2人		3人		4人		5人		6人		7人		8人		9人		10人以上	
	全体	451	100.0	2	0.4	1	0.2	1	0.2	2	0.4	18	4.0	425	94.2	2	0.4	0	0.0	0	0.0	0	0.0
運営主体	公立	123	100.0	0	0.0	0	0.0	0	0.0	0	0.0	5	4.1	117	95.1	1	0.8	0	0.0	0	0.0	0	0.0
	公設民営	23	100.0	0	0.0	0	0.0	0	0.0	1	4.3	1	4.3	21	91.3	0	0.0	0	0.0	0	0.0	0	0.0
	社会福祉法人	267	100.0	2	0.7	1	0.4	1	0.4	1	0.4	11	4.1	250	93.6	1	0.4	0	0.0	0	0.0	0	0.0
	株式会社〜その他	29	100.0	0	0.0	0	0.0	0	0.0	0	0.0	0	0.0	29	100.0	0	0.0	0	0.0	0	0.0	0	0.0

表3-6(3)-4　所在地区における保育士配置基準（2歳児）（職員増配置の有無）

		回答数 N	%	1人		2人		3人		4人		5人		6人		7人		8人		9人		10人以上	
	全体	451	100.0	2	0.4	1	0.2	1	0.2	2	0.4	18	4.0	425	94.2	2	0.4	0	0.0	0	0.0	0	0.0
増配置	パターンA　あり×なし	109	100.0	0	0.0	0	0.0	1	0.9	0	0.0	7	6.4	100	91.7	1	0.9	0	0.0	0	0.0	0	0.0
	パターンB　なし×あり	73	100.0	1	1.4	0	0.0	0	0.0	0	0.0	5	6.8	67	91.8	0	0.0	0	0.0	0	0.0	0	0.0
	パターンC　あり×あり	133	100.0	1	0.8	1	0.8	0	0.0	1	0.8	2	1.5	128	96.2	0	0.0	0	0.0	0	0.0	0	0.0
	パターンD　なし×なし	73	100.0	0	0.0	0	0.0	0	0.0	1	1.4	4	5.5	68	93.2	0	0.0	0	0.0	0	0.0	0	0.0

3-6(4)　所在地区における保育士配置基準（3歳児）

表3-6(4)-1　所在地区における保育士配置基準（3歳児）（全体傾向）

		回答数	%
	全体	445	100.0
0	6人未満	5	1.1
6	6〜9人未満	1	0.2
9	9〜12人未満	2	0.4
12	12〜15人未満	1	0.2
15	15〜18人未満	149	33.5
18	18〜21人未満	283	63.6
21	21人以上	4	0.9

図3-6(4)-1　所在地区における保育士配置基準（3歳児）（全体傾向）

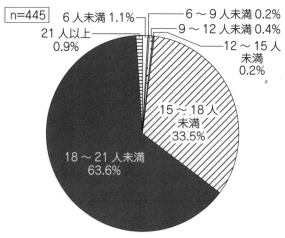

第 1 章　調査結果

　表 3-6(4)-1、及び図 3-6(4)-1 に示す通り、回答のあった 445 の保育園のうち、現在、所在地区における保育士配置基準（3 歳児）が最も多かったのは「18 〜 21 人未満」であり、283 件（63.6%）であった。次いで、「15 〜 18 人未満」が 149 件（33.5%）、「6 人未満」が 5 件（1.1%）、「21 人以上」が 4 件（0.9%）、「9 〜 12 人未満」が 2 件（0.4%）であった。このように所在地区における保育士配置基準（3 歳児）は 18 〜 21 人未満が 63.6% と大半を占めた。

　次に、園の特性に基づき、所在地区における保育士配置基準（3 歳児）の実態を集計すると、以下のような傾向が見られた。

　まず、所在地別では、表 3-6(4)-2 に示す通り、「23 区」で最も多かったのは「18 〜 21 人未満」で、178 件（64.0%）であった。次いで、「15 〜 18 人未満」が 91 件（32.7%）、「21 人以上」が 3 件（1.1%）、「6 人未満」と「9 〜 12 人未満」がそれぞれ 2 件（0.7%）、「6 〜 9 人未満」と「12 〜 15 人未満」がそれぞれ 1 件（0.4%）であった。一方、「市町村部」で最も多かったのは「18 〜 21 人未満」であり、102 件（63.4%）であった。次いで、「15 〜 18 人未満」が 55 件（34.2%）、「6 人未満」が 3 件（1.9%）、「21 人以上」が 1 件（0.6%）であった。このように、所在地別に見ると「23 区」は「18 〜 21 人未満」が 64.0% であり、「市町村部」も「18 〜 21 人未満」が 63.4% と大半を占めている。

　運営主体別では、表 3-6(4)-3 に示す通り、「公立」で最も多かったのは「18 〜 21 人未満」で、80 件（65.0%）であった。次いで、「15 〜 18 人未満」が 39 件（31.7%）である。「公設民営」は回答数が少なく、所在地区における保育士配置基準（3 歳児）で最も多かったのは「18 〜 21 人未満」であり、12 件（52.2%）であった。次いで「15 〜 18 人未満」が 10 件（43.5%）となっている。「社会福祉法人」で最も多かったのは「18 〜 21 人未満」であり、167 件（63.0%）であった。次いで、「15 〜 18 人未満」が 90 件（34.0%）、「6 人未満」が 4 件（1.5%）であった。「株式会社〜その他」も「公設民営」同様、回答数は少なく、最も多かったのは「18 〜 21 人未満」であり、19 件（76.0%）であった。このように、「公立」「公設民営」「社会福祉法人」「株式会社〜その他」は共に、所在地区における保育士配置基準（3 歳児）は「18 〜 21 人未満」が最も多くなっていた。

　最後に、職員増配置の有無については、表 3-6(4)-4 に示す通り、「パターン C」つまり、自治体・園双方で増配置がある園では「18 〜 21 年未満」が最も多く 71 件（53.4%）であり、「15 〜 18 人未満」については 58 件（43.6%）であった。一方、「パターン A」つまり、自治体に増配置があるが、自園で増配置していない園では「18 〜 21 人未満」が最も多く 70 件（64.2%）、次いで「15 〜 18 人未満」が 37 件（33.9%）である。また「パターン B」つまり、自治体には増配置はないが、園独自に増配置している園では、「18 〜 21 人未満」が最も多く 53 件（74.6%）と 7 割以上の回答があった。

表3-6(4)-2　所在地区における保育士配置基準（3歳児）（所在地別）

		回答数		6人未満		6〜9人未満		9〜12人未満		12〜15人未満		15〜18人未満		18〜21人未満		21人以上	
		N	%														
全体		445	100.0	5	1.1	1	0.2	2	0.4	1	0.2	149	33.5	283	63.6	4	0.9
貴園の所在	23区	278	100.0	2	0.7	1	0.4	2	0.7	1	0.4	91	32.7	178	64.0	3	1.1
	市町村部	161	100.0	3	1.9	0	0.0	0	0.0	0	0.0	55	34.2	102	63.4	1	0.6

表3-6(4)-3　所在地区における保育士配置基準（3歳児）（運営主体別）

		回答数		6人未満		6〜9人未満		9〜12人未満		12〜15人未満		15〜18人未満		18〜21人未満		21人以上	
		N	%														
全体		445	100.0	5	1.1	1	0.2	2	0.4	1	0.2	149	33.5	283	63.6	4	0.9
運営主体	公立	123	100.0	0	0.0	0	0.0	1	0.8	0	0.0	39	31.7	80	65.0	3	2.4
	公設民営	23	100.0	1	4.3	0	0.0	0	0.0	0	0.0	10	43.5	12	52.2	0	0.0
	社会福祉法人	265	100.0	4	1.5	1	0.4	1	0.4	1	0.4	90	34.0	167	63.0	1	0.4
	株式会社〜その他	25	100.0	0	0.0	0	0.0	0	0.0	0	0.0	6	24.0	19	76.0	0	0.0

表3-6(4)-4　所在地区における保育士配置基準（3歳児）（職員増配置の有無）

		回答数		6人未満		6〜9人未満		9〜12人未満		12〜15人未満		15〜18人未満		18〜21人未満		21人以上	
		N	%														
全体		445	100.0	5	1.1	1	0.2	2	0.4	1	0.2	149	33.5	283	63.6	4	0.9
増配置	パターンA　あり×なし	109	100.0	1	0.9	0	0.0	0	0.0	0	0.0	37	33.9	70	64.2	1	0.9
	パターンB　なし×あり	71	100.0	1	1.4	1	1.4	1	1.4	0	0.0	15	21.1	53	74.6	0	0.0
	パターンC　あり×あり	133	100.0	2	1.5	0	0.0	0	0.0	1	0.8	58	43.6	71	53.4	1	0.8
	パターンD　なし×なし	69	100.0	1	1.4	0	0.0	1	1.4	0	0.0	21	30.4	46	66.7	0	0.0

3-6(5)　所在地区における保育士配置基準（4・5歳児）

表3-6(5)-1　所在地区における保育士配置基準（4・5歳児）（全体傾向）

		回答数	%
	全体	445	100.0
0	10人未満	6	1.3
10	10〜15人未満	2	0.4
15	15〜20人未満	3	0.7
20	20〜25人未満	26	5.8
25	25〜30人未満	23	5.2
30	30〜35人未満	381	85.6
35	35〜40人未満	2	0.4
40	40人以上	2	0.4

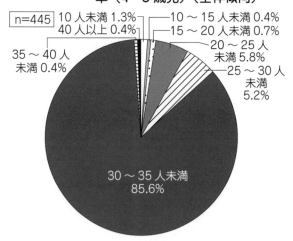

図3-6(5)-1　所在地区における保育士配置基準（4・5歳児）（全体傾向）

　表3-6(5)-1、及び図3-6(5)-1に示す通り、回答のあった445の保育園のうち、現在、所在地区における保育士配置基準（4・5歳児）が最も多かったのは「30〜35人未満」であり、381件（85.6%）であった。次いで、「20〜25人未満」が26件（5.8%）、「25〜30人未満」が23件（5.2%）、「10人未満」が6件（1.3%）、「15〜20人未満」が3件（0.7%）、「10〜15人未満」「35〜40人未満」「40人以上」はいずれも2件（0.4%）であった。このように所在地区における保育士配置基準（4・5歳児）は30〜35人未満が85.6%と

第 1 章　調査結果

大半を占めた。

　次に、園の特性に基づき、所在地区における保育士配置基準（4・5歳児）の実態を集計すると、以下のような傾向が見られた。

　まず、所在地別では、表 3-6(5)-2 に示す通り、「23 区」で最も多かったのは「30 ～ 35人未満」で、244 件（87.8%）であった。次いで、「20 ～ 25 人未満」が 20 件（7.2%）、「25～ 30 人未満」が 5 件（1.8%）、「10 人未満」が 3 件（1.1%）、「10 ～ 15 人未満」「40 人以上」がそれぞれ 2 件（0.7%）、「15 ～ 20 人未満」「35 ～ 40 人未満」がそれぞれ 1 件（0.4%）、であった。「市町村部」でも「30 ～ 35 人未満」が最も多く、133 件（82.6%）であった。次いで、「25 ～ 30 人未満」が 17 件（10.6%）、「20 ～ 25 人未満」が 5 件（3.1%）、「10人未満」が 3 件（1.9%）、「15 ～ 20 人未満」が 2 件（1.2%）、「35 ～ 40 人未満」が 1 件（0.6%）、「10 ～ 15 人未満」及び「40 人以上」はいずれも 0 件（0.0%）であった。このように、所在地別に見ると「23 区」は「30 ～ 35 人未満」が 87.8% であり、「市町村部」も「30 ～ 35 人未満」が 82.6% と大半を占めている。

　運営主体別では、表 3-6(5)-3 に示す通り、「公立」で最も多かったのは「30 ～ 35 人未満」で、105 件（85.4%）であった。次いで、「20 ～ 25 人未満」が 12 件（9.8%）である。「公設民営」においても「30 ～ 35 人未満」が最も多く、20 件（87.0%）であった。次いで「20～ 25 人未満」が 2 件（8.7%）となっている。「社会福祉法人」においても「30 ～ 35 人未満」が最も多く、231 件（87.2%）であった。次いで、「25 ～ 30 人未満」が 16 件（6.0%）となった。「株式会社～その他」も他同様、最も多かったのは「30 ～ 35 人未満」であり、19 件（76.0%）であった。このように、「公立」「公設民営」「社会福祉法人」「株式会社～その他」は、いずれも所在地区における保育士配置基準（4・5歳児）について、「30 ～ 35人未満」が最も多くなっている。

　最後に、職員増配置の有無については、表 3-6(5)-4 に示す通り、「パターンC」つまり、自治体・園双方で増配置がある園では「30 ～ 35 年未満」が最も多く 109 件（82.0%）であり、次いで「25 ～ 30 人未満」が 15 件（11.3%）となった。一方で、「パターンA」「パターンB」「パターンD」も同様に「30 ～ 35 人未満」が最も多い結果となったが、いずれも次いで多いのは「20 ～ 25 人未満」であった。

表 3-6(5)-2　所在地区における保育士配置基準（4・5歳児）（所在地別）

		回答数 N	%	10人未満		10～15人未満		15～20人未満		20～25人未満		25～30人未満		30～35人未満		35～40人未満		40人以上	
	全体	445	100.0	6	1.3	2	0.4	3	0.7	26	5.8	23	5.2	381	85.6	2	0.4	2	0.4
貴園の所在	23区	278	100.0	3	1.1	2	0.7	1	0.4	20	7.2	5	1.8	244	87.8	1	0.4	2	0.7
	市町村部	161	100.0	3	1.9	0	0.0	2	1.2	5	3.1	17	10.6	133	82.6	1	0.6	0	0.0

表 3-6(5)-3　所在地区における保育士配置基準（4・5歳児）（運営主体別）

		回答数 N	%	10人未満		10～15人未満		15～20人未満		20～25人未満		25～30人未満		30～35人未満		35～40人未満		40人以上	
	全体	445	100.0	6	1.3	2	0.4	3	0.7	26	5.8	23	5.2	381	85.6	2	0.4	2	0.4
運営主体	公立	123	100.0	0	0.0	1	0.8	0	0.0	12	9.8	3	2.4	105	85.4	1	0.8	1	0.8
	公設民営	23	100.0	1	4.3	0	0.0	0	0.0	2	8.7	0	0.0	20	87.0	0	0.0	0	0.0
	社会福祉法人	265	100.0	5	1.9	1	0.4	2	0.8	8	3.0	16	6.0	231	87.2	1	0.4	1	0.4
	株式会社～その他	25	100.0	0	0.0	0	0.0	1	4.0	3	12.0	2	8.0	19	76.0	0	0.0	0	0.0

表 3-6(5)-4　所在地区における保育士配置基準（4・5歳児）（職員増配置の有無）

		回答数		10人未満		10〜15人未満		15〜20人未満		20〜25人未満		25〜30人未満		30〜35人未満		35〜40人未満		40人以上	
		N	%																
全体		445	100.0	6	1.3	2	0.4	3	0.7	26	5.8	23	5.2	381	85.6	2	0.4	2	0.4
増配置	パターンA　あり×なし	109	100.0	1	0.9	0	0.0	2	1.8	10	9.2	3	2.8	91	83.5	1	0.9	1	0.9
	パターンB　なし×あり	71	100.0	2	2.8	1	1.4	0	0.0	3	4.2	2	2.8	63	88.7	0	0.0	0	0.0
	パターンC　あり×あり	133	100.0	2	1.5	0	0.0	0	0.0	6	4.5	15	11.3	109	82.0	1	0.8	0	0.0
	パターンD　なし×なし	69	100.0	1	1.4	1	1.4	0	0.0	3	4.3	1	1.4	62	89.9	0	0.0	1	1.4

3-7　日々の保育を進める中で、今後特に重視したいこと（乳児保育）

表 3-7-1　日々の保育を進める中で、今後特に重視したいこと（全体傾向）

		回答数	%
	全体	450	100.0
1	子どもへの個別的な対応の充実	373	82.9
2	自由遊びなど子どもの自発性の尊重	216	48.0
3	遊具やコーナーなどの保育環境の工夫	158	35.1
4	保育教材の準備	13	2.9
5	子どもの姿の観察と理解	237	52.7
6	散歩・園外保育の取組み	26	5.8
7	食事の関わり	62	13.8
8	午睡時の関わり（午睡チェック含む）	22	4.9
9	排泄時の関わり	10	2.2
10	事故防止の徹底	215	47.8
11	その他	17	3.8

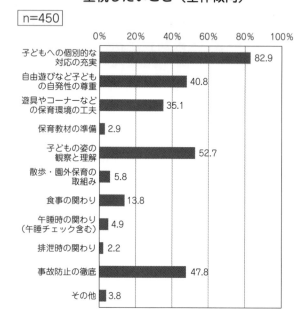

図 3-7-1　日々の保育を進める中で、今後特に重視したいこと（全体傾向）

　表3-7-1、及び図3-7-1に示す通り、11のカテゴリーから3つを選択する設問に対して回答のあった450のうち、最も回答が多かったのは「子どもへの個別的な対応の充実」であり、373件（82.9％）であった。次いで、「子どもの姿の観察と理解」が237件（52.7％）、「自由遊びなど子どもの自発性の尊重」が216件（48.0％）、「事故防止の徹底」が215件（47.8％）、「遊具やコーナーなどの保育環境の工夫」が158件（35.1％）であった。このように11のカテゴリーの中で上位2つが「子どもへの個別的な対応の充実」、「子どもの姿の観察と理解」であることから、乳児保育の場面では子どもとの関わりを特に重視していることが読み取れる。
　次に、園の特性に基づき、「日々の保育を進める中で、今後特に重視したいこと（乳児保育）」の実態を集計すると、以下のような傾向が見られた。
　まず、所在地別では、表3-7-2に示す通り、「23区」で最も多かったのは「子どもへの個別的な対応の充実」で、230件（81.9％）であった。次いで、「子どもの姿の観察と理解」と「自由遊びなど子どもの自発性の尊重」が共に142件（50.5％）、「事故防止の徹底」が

133 件（47.3％）、「遊具やコーナーなどの保育環境の工夫」が 104 件（37.0％）であった。一方、「市町村部」で最も多かったのは「子どもへの個別的な対応の充実」であり、139 件（85.3％）であった。次いで、「子どもの姿の観察と理解」が 91 件（55.8％）、「事故防止の徹底」が 77 件（47.2％）、「自由遊びなど子どもの自発性の尊重」が 71 件（43.6％）、「遊具やコーナーなどの保育環境の工夫」が 52 件（31.9％）であり、他は 20％ に満たない状況であった。このように、所在地別に見ると「23 区」は「子どもの姿の観察と理解」と「自由遊びなど子どもの自発性の尊重」が同数で 2 番目に多い傾向が見られた。一方、「市町村部」は「自由遊びなど子どもの自発性の尊重」が「23 区」に比べ、若干、少ない傾向が見られ、「事故防止の徹底」が多くなっている。

　運営主体別では、表 3-7-3 に示す通り、「公立」で最も多かったのは「子どもへの個別的な対応の充実」で、105 件（84.7％）であった。次いで、「事故防止の徹底」が 67 件（54.0％）、「自由遊びなど子どもの自発性の尊重」が 61 件（51.6％）で 50％以上の回答を得ている。「公設民営」は回答数が少なく、最も多かったのは「子どもへの個別的な対応の充実」15 件（65.2％）であり、他の運営主体にくらべて 20％ほど低く、「自由遊びなど子どもの自発性の尊重」が 14 件（60.9％）で他にくらべて 10％ほど高い。「社会福祉法人」で最も多かったのは「子どもへの個別的な対応の充実」であり、225 件（84.9％）であった。次いで、「子どもの姿の観察と理解」が 153 件（57.7％）、「事故防止の徹底」が 121 件（45.7％）であり「公立」と比べ、「子どもの姿の観察と理解」で 15％以上多くなっている。株式会社～その他」も「公設民営」同様、回答数は少なく、「株式会社～その他」は「公立」「公設民営」「社会福祉法人」にくらべて、「保育教材の準備」の回答割合が 3 件（10.3％）と多くなっている。

　最後に、職員増配置の有無については、表 3-7-4 に示す通り、「パターン B」つまり、自治体の増配置なし・園で増配置がある園では「遊具やコーナーなどの保育環境の工夫」及び「事故防止の徹底」で他のパターンにくらべて低く、「子どもの姿の観察と理解」と「子どもへの個別的な対応の充実」では高い傾向が見られたが、全体の結果と比べてカテゴリーごとの差は 10％以内の範囲で収まっていることから、職員増配置の有無が必ずしも「日々の保育を進める中で、今後特に重視したいこと」の差異につながっていない傾向も見られた。

表 3-7-2　日々の保育を進める中で、今後特に重視したいこと（所在地別）

		回答数		子どもへの個別的な対応の充実		自由遊びなど子どもの自発性の尊重		遊具やコーナーなどの保育環境の工夫		保育教材の準備		子どもの姿の観察と理解		散歩・園外保育の取組み		食事の関わり		午睡時の関わり（午睡チェック含む）		排泄時の関わり		事故防止の徹底		その他	
		N	%																							
	全体	450	100.0	373	82.9	216	48.0	158	35.1	13	2.9	237	52.7	26	5.8	62	13.8	22	4.9	10	2.2	215	47.8	17	3.8
貴園の所在	23区	281	100.0	230	81.9	142	50.5	104	37.0	6	2.1	142	50.5	15	5.3	35	12.5	16	5.7	7	2.5	133	47.3	14	5.0
	市町村部	163	100.0	139	85.3	71	43.6	52	31.9	5	3.1	91	55.8	11	6.7	27	16.6	6	3.7	3	1.8	77	47.2	3	1.8

表 3-7-3　日々の保育を進める中で、今後特に重視したいこと（運営主体別）

		回答数		子どもへの個別的な対応の充実		自由遊びなど子どもの自発性の尊重		遊具やコーナーなどの保育環境の工夫		保育教材の準備		子どもの姿の観察と理解		散歩・園外保育の取組み		食事の関わり		午睡時の関わり（午睡チェック含む）		排泄時の関わり		事故防止の徹底		その他	
		N	%																							
	全体	450	100.0	373	82.9	216	48.0	158	35.1	13	2.9	237	52.7	26	5.8	62	13.8	22	4.9	10	2.2	215	47.8	17	3.8
運営主体	公立	124	100.0	105	84.7	64	51.6	51	41.1	3	2.4	52	41.9	3	2.4	13	10.5	7	5.6	1	0.8	67	54.0	7	5.6
	公設民営	23	100.0	15	65.2	14	60.9	8	34.8	0	0.0	13	56.5	2	8.7	5	21.7	1	4.3	1	4.3	9	39.1	1	4.3
	社会福祉法人	265	100.0	225	84.9	118	44.5	88	33.2	5	1.9	153	57.7	16	6.0	39	14.7	12	4.5	7	2.6	121	45.7	8	3.0
	株式会社～その他	29	100.0	24	82.8	17	58.6	7	24.1	3	10.3	14	48.3	4	13.8	4	13.8	0	0.0	0	0.0	12	41.4	1	3.4

表 3-7-4　日々の保育を進める中で、今後特に重視したいこと（職員増配置の有無）

		回答数		子どもへの個別的な対応の充実		自由遊びなど子どもの自発性の尊重		遊具やコーナーなどの保育環境の工夫		保育教材の準備		子どもの姿の観察と理解		散歩・園外保育の取組み		食事の関わり		午睡時の関わり（午睡チェック含む）		排泄時の関わり		事故防止の徹底		その他	
		N	%																						
全体		450	100.0	373	82.9	216	48.0	158	35.1	13	2.9	237	52.7	26	5.8	62	13.8	22	4.9	10	2.2	215	47.8	17	3.8
増配置	パターンA　あり×なし	108	100.0	87	80.6	57	52.8	47	43.5	3	2.8	50	46.3	5	4.6	12	11.1	2	1.9	1	0.9	56	51.9	4	3.7
	パターンB　なし×あり	74	100.0	65	87.8	38	51.4	20	27.0	2	2.7	45	60.8	5	6.8	13	17.6	3	4.1	1	1.4	29	39.2	0	0.0
	パターンC　あり×あり	133	100.0	109	82.0	55	41.4	43	32.3	1	0.8	77	57.9	8	6.0	20	15.0	8	6.0	6	4.5	64	48.1	7	5.3
	パターンD　なし×なし	74	100.0	57	77.0	35	47.3	25	33.8	4	5.4	35	47.3	5	6.8	11	14.9	6	8.1	1	1.4	42	56.8	1	1.4

3-8　日々の保育を進める中で、近年、増加した業務（乳児保育）

表 3-8-1　日々の保育を進める中で、近年、増加した業務（全体傾向）

		回答数	%
	全体	450	100.0
1	子どもたちとの関わり	101	22.4
2	けがや事故を防止するための取組み	247	54.9
3	子どもの記録や保育計画の作成	166	36.9
4	会議・園内研究会	79	17.6
5	外部研修への参加	47	10.4
6	自己評価資料の作成	58	12.9
7	事故簿やヒヤリハット等危機管理の対応	145	32.2
8	保護者対応	285	63.3
9	クラス内での情報共有	93	20.7
10	地域の子育て支援	47	10.4
11	その他	42	9.3

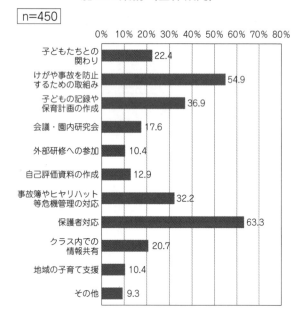

図 3-8-1　日々の保育を進める中で、近年、増加した業務（全体傾向）

　表 3-8-1、及び図 3-8-1 に示す通り、11 のカテゴリーから 3 つを選択する設問に対して回答のあった 450 のうち、最も回答が多かったのは「保護者対応」であり、285 件（63.3%）であった。次いで、「けがや事故を防止するための取組み」が 247 件（54.9%）、「子どもの記録や保育計画の作成」が 166 件（36.9%）、「事故簿やヒヤリハット等危機管理の対応」が 145 件（32.2%）、であった。もっとも多かったのは「保護者対応」だが、けがや事故カテゴリーの「けがや事故を防止するための取組」「事故簿やヒヤリハット等危機管理の対応」を合わせると 532 件（118.2%）であることから乳児保育の場面では、安全に関する業務の増加が読み取れる。

　次に、園の特性に基づき、「日々の保育を進める中で、近年増加した業務（乳児保育）」の実態を集計すると、以下のような傾向が見られた。

　まず、所在地別では、表 3-8-2 に示す通り、「23 区」で最も多かったのは「保護者対応」で、178 件（63.6%）であった。次いで、「けがや事故を防止するための取組み」が 154 件（55.0%）、

「子どもの記録や保育計画の作成」が 106 件（37.9%）、「事故簿やヒヤリハット等危機管理の対応」が 100 件（35.7%）、であった。一方、「市町村部」で最も多かったのは「保護者対応」で、103 件（62.8%）であった。次いで、「けがや事故を防止するための取組み」90 件（54.9%）、「子どもの記録や保育計画の作成」が 57 件（34.8%）、「事故簿やヒヤリハット等危機管理の対応」が 44 件（26.8%）、であった。このように、所在地別に見ると「23 区」は「事故簿やヒヤリハット等危機管理の対応」が多い傾向があり。一方、「市町村部」は「子どもたちの関わり」「クラス内での情報共有」が「23 区」に比べ、多い傾向が見られる。

　運営主体別では、表 3-8-3 に示す通り、「公立」で最も多かったのは「保護者対応」で、94 件（76.4%）であり他の運営主体にくらべて 15% ほど多くなっている。「公設民営」は回答数が少なく、最も多かったのは「けがや事故を防止するための取組み」であり、15 件（65.2%）であった。「子どもたちとの関わり」が 7 件（30.4%）、「クラス内での情報共有」が 7 件（30.4%）で他の運営主体にくらべて多い傾向がみられる。「社会福祉法人」で最も多かったのは「保護者対応」であり、157 件（59.0%）であった。次いで、「けがや事故を防止するための取組み」が 148 件（55.6%）、「事故簿やヒヤリハット等危機管理の対応」が 95 件（45.7%）であり、けがや事故のカテゴリーが多い傾向がみられた。「株式会社〜その他」も「公設民営」同様、回答数は少なく、「株式会社〜その他」は「公立」「公設民営」「社会福祉法人」にくらべて、「会議・園内研究会」が 11 件（37.9%）で 10% 以上多くなっている。

　最後に、職員増配置の有無については、表 3-8-4 に示す通り、「パターン A」つまり、自治体の増配置あり・園で増配置がない園では、最も多かった「保護者対応」77 件（70.6%）、「子ども記録や保育計画の作成」が 53 件（48.6%）で、他のパターンにくらべて多い傾向がみれる。「子どもの記録や保育計画の作成」のカテゴリーで「パターン A」で 53 件（48.6%）、「パターン B」で 18 件（24.3%）、「パターン C」で 38 件（28.6%）、「パターン D」28 件（38.4%）と、各パターンごとでの差異が見て取れる。

表 3-8-2　日々の保育を進める中で、近年、増加した業務（所在地別）

		回答数 N	回答数 %	子どもたちとの関わり		けがや事故を防止するための取組み		子どもの記録や保育計画の作成		会議・園内研究会		外部研修への参加		自己評価資料の作成		事故簿やヒヤリハット等危機管理の対応		保護者対応		クラス内での情報共有		地域の子育て支援		その他	
	全体	450	100.0	101	22.4	247	54.9	166	36.9	79	17.6	47	10.4	58	12.9	145	32.2	285	63.3	93	20.7	47	10.4	42	9.3
貴園の所在	23区	280	100.0	58	20.7	154	55.0	106	37.9	50	17.9	30	10.7	32	11.4	100	35.7	178	63.6	51	18.2	32	11.4	25	8.9
	市町村部	164	100.0	43	26.2	90	54.9	57	34.8	27	16.5	16	9.8	24	14.6	44	26.8	103	62.8	41	25.0	13	7.9	17	10.4

表 3-8-3　日々の保育を進める中で、近年、増加した業務（運営主体別）

		回答数 N	回答数 %	子どもたちとの関わり		けがや事故を防止するための取組み		子どもの記録や保育計画の作成		会議・園内研究会		外部研修への参加		自己評価資料の作成		事故簿やヒヤリハット等危機管理の対応		保護者対応		クラス内での情報共有		地域の子育て支援		その他	
	全体	450	100.0	101	22.4	247	54.9	166	36.9	79	17.6	47	10.4	58	12.9	145	32.2	285	63.3	93	20.7	47	10.4	42	9.3
運営主体	公立	123	100.0	29	23.6	60	48.8	57	46.3	17	13.8	9	7.3	13	10.6	36	29.3	94	76.4	18	14.6	15	12.2	12	9.8
	公設民営	23	100.0	7	30.4	15	65.2	7	30.4	6	26.1	1	4.3	6	26.1	3	13.0	12	52.2	7	30.4	1	4.3	3	13.0
	社会福祉法人	266	100.0	60	22.6	148	55.6	93	35.0	41	15.4	33	12.4	32	12.0	95	35.7	157	59.0	60	22.6	26	9.8	24	9.0
	株式会社〜その他	29	100.0	5	17.2	18	62.1	6	20.7	11	37.9	3	10.3	4	13.8	8	27.6	17	58.6	7	24.1	3	10.3	3	10.3

表3-8-4　日々の保育を進める中で、近年、増加した業務（職員増配置の有無）

		回答数		子どもたちとの関わり		けがや事故を防止するための取組み		子どもの記録や保育計画の作成		会議・園内研究会		外部研修への参加		自己評価資料の作成		事故簿やヒヤリハット等危機管理の対応		保護者対応		クラス内での情報共有		地域の子育て支援		その他	
		N	%																						
	全体	450	100.0	101	22.4	247	54.9	166	36.9	79	17.6	47	10.4	58	12.9	145	32.2	285	63.3	93	20.7	47	10.4	42	9.3
増配置	パターンA　あり×なし	109	100.0	18	16.5	62	56.9	53	48.6	20	18.3	15	13.8	10	9.2	31	28.4	77	70.6	16	14.7	12	11.0	6	5.5
	パターンB　なし×あり	74	100.0	23	31.1	35	47.3	18	24.3	9	12.2	9	12.2	15	20.3	28	37.8	49	66.2	17	23.0	6	8.1	7	9.5
	パターンC　あり×あり	133	100.0	27	20.3	83	62.4	38	28.6	26	19.5	14	10.5	19	14.3	45	33.8	83	62.4	32	24.1	14	10.5	11	8.3
	パターンD　なし×なし	73	100.0	19	26.0	38	52.1	28	38.4	13	17.8	3	4.1	9	12.3	26	35.6	44	60.3	14	19.2	8	11.0	8	11.0

3-9　日々の保育を進める中で、職員不足を感じる場面（乳児保育）

表3-9-1　日々の保育を進める中で、職員不足を感じる場面（全体傾向）

		回答数	%
	全体	456	100.0
1	子どもたちとの関わり	187	41.0
2	散歩・園外保育への対応	120	26.3
3	食事・午睡・排泄時への対応	134	29.4
4	けがや事故の防止	68	14.9
5	保護者対応	67	14.7
6	早番・遅番の対応	216	47.4
7	急な職員の休みの対応	281	61.6
8	日常の保育事務	163	35.7
9	午睡チェック	27	5.9
10	地域の子育て支援	37	8.1
11	その他	41	9.0

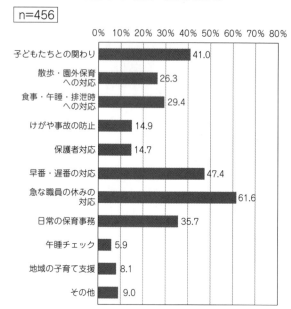

図3-9-1　日々の保育を進める中で、職員不足を感じる場面（全体傾向）

　表3-9-1、及び図3-9-1に示す通り、11のカテゴリーから3つを選択する設問に対して回答のあった456のうち、最も回答が多かったのは「急な職員の休みの対応」であり、281件（61.6％）であった。次いで、「早番・遅番の対応」が216件（47.4％）、「子どもたちの関わり」が187件（41.0％）、「日常の保育事務」が163件（35.7％）、「食事・午睡・排泄時への対応」が134件（29.4％）、「散歩・園外保育への対応」が120件（26.3％）で、その中で上位2つ「急な職員の休みの対応」「早番・遅番の対応」で200件以上の回答があった。

　まず、所在地別では、表3-9-2に示す通り、「23区」「市町村部」で大きな差は見られない。

　運営主体別では、表3-9-3に示す通り、「公立」では「子どもたちとの関わり」が62件（49.6％）、「早番・遅番の対応」63件（50.4％）、「日常の保育事務」54件（43.2％）と多い傾向があり、「急な職員の休みの対応」が71件（56.8％）「散歩・園外保育への対応」が26件（20.8％）で若干少ない傾向がみられた。「公設民営」は回答数が少なく、「急な職員の休みの対応」が10件（43.5％）、「日常の保育事務」が4件（17.4％）で、全体にくらべて18％ほど少なく、逆に「子どもたちとの関わり」が12件（52.2％）、「食事・午睡・

排泄時への対応」が 11 件（47.8％）と、他にくらべて 10％以上多い傾向があり、他の運営主体との違いが多くみられる。「社会福祉法人」では 10％以上開きがあるカテゴリーはないが、「子どもたちの関わり」が 99 件（36.7％）と、若干少ない傾向にある。「株式会社〜その他」も「公設民営」同様、回答数は少なく、最も多かった「急な職員の休みの対応」が 21 件（72.4％）で、「早番・遅番の対応」が 11 件（37.9％）となっている。

　最後に、職員増配置の有無については、表 3-9-4 に示す通り、「パターン B」つまり、自治体の増配置なし・園で増配置がある園では「散歩・園外保育への対応」で 11 件（14.9％）となり、他のパターンが 30％台なのに対して、少ない傾向がみられた。「パターン D」つまり、自治体の増配置なし・園で増配置もない園では「日常の保育事務」が 31 件（41.3％）となり、他のパターンに比べて若干だが多い傾向も見られた。

表 3-9-2　日々の保育を進める中で、職員不足を感じる場面（所在地別）

		回答数 N	回答数 %	子どもたちとの関わり		散歩・園外保育への対応		食事・午睡・排泄時への対応		けがや事故の防止		保護者対応		早番・遅番の対応		急な職員の休みの対応		日常の保育事務		午睡チェック		地域の子育て支援		その他	
	全体	456	100.0	187	41.0	120	26.3	134	29.4	68	14.9	67	14.7	216	47.4	281	61.6	163	35.7	27	5.9	37	8.1	41	9.0
貴園の所在	23区	286	100.0	115	40.2	79	27.6	81	28.3	39	13.6	45	15.7	135	47.2	179	62.6	99	34.6	19	6.6	29	10.1	25	8.7
	市町村部	164	100.0	70	42.7	40	24.4	52	31.7	27	16.5	22	13.4	78	47.6	98	59.8	62	37.8	7	4.3	8	4.9	15	9.1

表 3-9-3　日々の保育を進める中で、職員不足を感じる場面（運営主体別）

		回答数 N	回答数 %	子どもたちとの関わり		散歩・園外保育への対応		食事・午睡・排泄時への対応		けがや事故の防止		保護者対応		早番・遅番の対応		急な職員の休みの対応		日常の保育事務		午睡チェック		地域の子育て支援		その他	
	全体	456	100.0	187	41.0	120	26.3	134	29.4	68	14.9	67	14.7	216	47.4	281	61.6	163	35.7	27	5.9	37	8.1	41	9.0
運営主体	公立	125	100.0	62	49.6	26	20.8	32	25.6	16	12.8	18	14.4	63	50.4	71	56.8	54	43.2	4	3.2	11	8.8	9	7.2
	公設民営	23	100.0	12	52.2	9	39.1	11	47.8	3	13.0	2	8.7	11	47.8	10	43.5	4	17.4	2	8.7	0	0.0	0	0.0
	社会福祉法人	270	100.0	99	36.7	76	28.1	81	30.0	41	15.2	43	15.9	126	46.7	173	64.1	91	33.7	17	6.3	24	8.9	27	10.0
	株式会社〜その他	29	100.0	11	37.9	8	27.6	9	31.0	6	20.7	3	10.3	11	37.9	21	72.4	11	37.9	3	10.3	1	3.4	3	10.3

表 3-9-4　日々の保育を進める中で、職員不足を感じる場面（職員増配置の有無）

		回答数 N	回答数 %	子どもたちとの関わり		散歩・園外保育への対応		食事・午睡・排泄時への対応		けがや事故の防止		保護者対応		早番・遅番の対応		急な職員の休みの対応		日常の保育事務		午睡チェック		地域の子育て支援		その他	
	全体	456	100.0	187	41.0	120	26.3	134	29.4	68	14.9	67	14.7	216	47.4	281	61.6	163	35.7	27	5.9	37	8.1	41	9.0
増配置	パターンA　あり×なし	110	100.0	47	42.7	33	30.0	30	27.3	18	16.4	15	13.6	55	50.0	65	59.1	38	34.5	4	3.6	7	6.4	13	11.8
	パターンB　なし×あり	74	100.0	34	45.9	11	14.9	17	23.0	11	14.9	13	17.6	32	43.2	44	59.5	24	32.4	4	5.4	8	10.8	9	12.2
	パターンC　あり×あり	134	100.0	49	36.6	42	31.3	40	29.9	19	14.2	25	18.7	68	50.7	86	64.2	41	30.6	8	6.0	17	12.7	9	6.7
	パターンD　なし×なし	75	100.0	24	32.0	24	32.0	22	29.3	15	20.0	8	10.7	40	53.3	43	57.3	31	41.3	5	6.7	4	5.3	4	5.3

3-10 配置基準が改善された際には、どのような場面に時間をかけたいと考えるか（乳児保育）

表 3-10-1 配置基準が改善された際には、どのような場面に時間をかけたいと考えるか（全体傾向）

		回答数	%
	全体	455	100.0
1	子どもたちとの関わり	373	82.0
2	けがや事故を防止するための取組み	126	27.7
3	子どもの記録や保育の計画の作成	150	33.0
4	会議・園内研究会	87	19.1
5	外部研修への参加	64	14.1
6	事故簿やヒヤリハット等危機管理の対応	30	6.6
7	保護者対応	96	21.1
8	クラス内での情報共有	165	36.3
9	地域の子育て支援	50	11.0
10	休憩時間の確保	188	41.3
11	その他	30	6.6

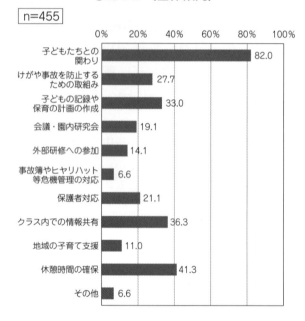

図 3-10-1 配置基準が改善された際には、どのような場面に時間をかけたいと考えるか（全体傾向）

　表3-10-1、及び図3-10-1に示す通り、11のカテゴリーから3つを選択する設問に対して回答のあった455のうち、最も回答が多かったのは「子どもたちとの関わり」であり、373件（82.0%）であった。次いで100件以上の回答としては、「休憩時間の確保」が188件（41.3%）、「クラス内での情報共有」が165件（36.3%）、「子どもの記録や保育の計画の作成」が150件（33.0%）、「けがや事故を防止するための取組み」が126件（27.7%）となり、その中で最も多かった「子どもたちとの関わり」が過半数を超える回答となった。

　所在地別では、表3-10-2に示す通り、「23区」「市町村部」で大きな差が見られないが、「休憩時間の確保」のカテゴリーで「23区」では106件（37.2%）であるのに対して、「市町村部」では、79件（48.2%）と10%以上の差がみられた。

　運営主体別では、表3-10-3に示す通り、特徴的に「公設民営」では「会議・園内研究会」が13件（49.6%）で他の運営主体にくらべて30%以上多く、逆に「保護者対応」が2件（8.7%）と、他の運営主体が20%台であることから、少ない傾向が見て取れた。

　最後に、職員増配置の有無については、表3-10-4に示す通り、「パターンB」つまり、自治体の増配置なし・園で増配置がある園と「パターンC」つまり、自治体の増配置あり・園で増配置がありの園で「休憩時間の確保」が45%ほどなのに対して、「パターンA」つまり、自治体の増配置あり・園で増配置なしの園と、「パターンD」つまり、自治体の増配置なし・園で増配置なしの園では35%ほどとなっている。

第1章　調査結果

表 3-10-2　配置基準が改善された際には、どのような場面に時間をかけたいと考えるか（所在地別）

		回答数		子どもたちとの関わり		けがや事故を防止するための取組み		子どもの記録や保育の計画の作成		会議・園内研究会		外部研修への参加		事故簿やヒヤリハット等危機管理の対応		保護者対応		クラス内での情報共有		地域の子育て支援		休憩時間の確保		その他	
		N	%																					
	全体	455	100.0	373	82.0	126	27.7	150	33.0	87	19.1	64	14.1	30	6.6	96	21.1	165	36.3	50	11.0	188	41.3	30	6.6
貴園の所在	23区	285	100.0	228	80.0	81	28.4	91	31.9	59	20.7	38	13.3	16	5.6	57	20.0	107	37.5	38	13.3	106	37.2	21	7.4
	市町村部	164	100.0	139	84.8	42	25.6	57	34.8	27	16.5	26	15.9	13	7.9	37	22.6	56	34.1	12	7.3	79	48.2	9	5.5

表 3-10-3　配置基準が改善された際には、どのような場面に時間をかけたいと考えるか（運営主体別）

		回答数		子どもたちとの関わり		けがや事故を防止するための取組み		子どもの記録や保育の計画の作成		会議・園内研究会		外部研修への参加		事故簿やヒヤリハット等危機管理の対応		保護者対応		クラス内での情報共有		地域の子育て支援		休憩時間の確保		その他	
		N	%																					
	全体	455	100.0	373	82.0	126	27.7	150	33.0	87	19.1	64	14.1	30	6.6	96	21.1	165	36.3	50	11.0	188	41.3	30	6.6
運営主体	公立	124	100.0	107	86.3	38	30.6	35	28.2	21	16.9	11	8.9	7	5.6	30	24.2	41	33.1	17	13.7	47	37.9	12	9.7
	公設民営	23	100.0	20	87.0	5	21.7	5	21.7	13	56.5	2	8.7	1	4.3	2	8.7	7	30.4	0	0.0	10	43.5	2	8.7
	社会福祉法人	270	100.0	217	80.4	72	26.7	92	34.1	45	16.7	47	17.4	18	6.7	54	20.0	107	39.6	28	10.4	118	43.7	12	4.4
	株式会社～その他	29	100.0	22	75.9	5	17.2	14	48.3	7	24.1	4	13.8	2	6.9	7	24.1	7	24.1	5	17.2	10	34.5	4	13.8

表 3-10-4　配置基準が改善された際には、どのような場面に時間をかけたいと考えるか（職員増配置の有無）

		回答数		子どもたちとの関わり		けがや事故を防止するための取組み		子どもの記録や保育の計画の作成		会議・園内研究会		外部研修への参加		事故簿やヒヤリハット等危機管理の対応		保護者対応		クラス内での情報共有		地域の子育て支援		休憩時間の確保		その他	
		N	%																					
	全体	455	100.0	373	82.0	126	27.7	150	33.0	87	19.1	64	14.1	30	6.6	96	21.1	165	36.3	50	11.0	188	41.3	30	6.6
増配置	パターンA　あり×なし	110	100.0	94	85.5	33	30.0	34	30.9	26	23.6	10	9.1	11	10.0	19	17.3	34	30.9	9	8.2	39	35.5	14	12.7
	パターンB　なし×あり	74	100.0	57	77.0	15	20.3	27	36.5	11	14.9	12	16.2	9	12.2	19	25.7	24	32.4	7	9.5	34	45.9	3	4.1
	パターンC　あり×あり	134	100.0	114	85.1	38	28.4	39	29.1	24	17.9	16	11.9	2	1.5	31	23.1	51	38.1	20	14.9	62	46.3	9	6.7
	パターンD　なし×なし	75	100.0	55	73.3	26	34.7	28	37.3	19	25.3	17	22.7	5	6.7	12	16.0	28	37.3	9	12.0	27	36.0	1	1.3

3-11　日々の保育を進める中で、今後特に重視したいこと（幼児保育）

表 3-11-1　日々の保育を進める中で、今後特に重視したいこと（全体傾向）

		回答数	%
	全体	452	100.0
1	子どもへの個別的な対応の充実	321	71.0
2	自由遊びなど子どもの自発性の尊重	261	57.7
3	遊具やコーナーなどの保育環境の工夫	187	41.4
4	保育教材の準備	40	8.8
5	子どもの姿の観察と理解	232	51.3
6	食事・午睡・排泄時の関わり	35	7.7
7	行事の準備・開催	48	10.6
8	事故防止の徹底	128	28.3
9	世代間交流	26	5.8
10	小学校との連携活動	48	10.6
11	その他	21	4.6

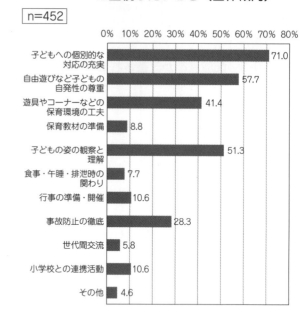

図 3-11-1　日々の保育を進める中で、今後特に重視したいこと（全体傾向）

　表 3-11-1、及び図 3-11-1 に示す通り、回答のあった 452 の保育園のうち、日々の保育を進める中で、今後特に重視したいことのうち、最も多かったのは「子どもへの個別的な対応の充実」であり、321 件（71.0%）であった。次いで、「自由遊びなど子どもの自発性の尊重」が 261 件（57.7%）、「子どもの姿の観察と理解」が 232 件（51.3%）、「遊具やコーナーなどの保育環境の工夫」が 187 件（41.4%）であった。4 つの項目で半数を超えている中で、子どもへの個別的な対応を重視したい保育者が多いことが特徴として見てとれた。

　次に、園の特性に基づき実態を集計すると、以下のような傾向が見られた。

　まず、所在地別では、表 3-11-2 に示す通り、「23 区」で最も多かったのは「子どもへの個別的な対応の充実」で、191 件（67.5%）であった。次いで、「自由遊びなど子どもの自発性の尊重」が 170 件（60.1%）、「子どもの姿の観察と理解」が 133 件（47.0%）、「遊具やコーナーなどの保育環境の工夫」が 125 件（44.2%）であった。一方、「市町村部」で最も多かったのも「子どもへの個別的な対応の充実」であり、125 件（76.7%）であった。次いで、「子どもの姿の観察と理解」が 95 件（58.3%）、「自由遊びなど子どもの自発性の尊重」が 86 件（52.8%）、「遊具やコーナーなどの保育環境の工夫」が 61 件（37.4%）であった。「23 区」、「市町村部」ともに 10% に満たない項目は、「保育教材の準備」「食事・午睡・排泄時の関わり」「世代間交流」であった。所在地別に見ても大きな差はないものの、「23 区」で「自由遊びなど子どもの自発性の尊重」が 2 番目に多かったのに対し、「市町村部」では「子どもの姿の観察と理解」が 2 番目に多く、この 2 項目で順位が入れ替わっている。

　運営主体別では、表 3-11-3 に示す通り、「公立」で最も多かった項目は「子どもへの個別的な対応の充実」で、87 件（69.6%）であった。次いで、「自由遊びなど子どもの自発性

の尊重」が81件（64.8%）「遊具やコーナーなどの保育環境の工夫」が64件（51.2%）と3項目で過半数を超えていた。「社会福祉法人」で最も多かったのも「子どもへの個別的な対応の充実」で196件（72.9%）であった。次いで、「自由遊びなど子どもの自発性の尊重」が147件（54.6%）であるが、3番目に多い項目が「子どもの姿の観察と理解」で146件（54.3%）であり、公立との順位の違いが出ている。公設民営は回答数が少ない中ではあるが、「子どもへの個別的な対応の充実」「自由遊びなど子どもの自発性の尊重」「子どもの姿の観察と理解」がそれぞれ14件（60.9%）で並ぶという結果になっている。

「株式会社〜その他」も「公設民営」同様、回答数は少ないが、最も多かったのは「子どもへの個別的な対応の充実」で19件（73.1%）、次いで「子どもの姿の観察と理解」で14件（53.8%）、「自由遊びなど子どもの自発性の尊重」12件（46.2%）であった。運営主体別で見ると、最も多いのは「子どもへの個別的な対応の充実」にはなるものの、多い順から2番目以下の項目については若干の違いが見られた。

最後に、職員増配置の有無については、表3-11-4に示す通り、「パターンC」つまり、自治体・園双方で増配置がある園では「子どもへの個別的な対応の充実」が最も多く89件（66.4%）であり、それに次ぐのは、「自由遊びなど子どもの自発性の尊重」81件（60.4%）と、6ポイントほどの差で続いている。一方、「パターンA」つまり、自治体に増配置があるが、自園で増配置していない園でも「子どもへの個別的な対応の充実」が最も多く80件（72.7%）であるが、それに次ぐ「自由遊びなど子どもの自発性の尊重」では68件（61.8%）と「パターンC」に比べるとポイントの差が開く結果となっている。また「パターンB」つまり、自治体には増配置はないが、園独自に増配置している園でも、「子どもへの個別的な対応の充実」が最も多く55件（75.3%）であり、こちらは2番目に多い項目が「子どもの姿の観察と理解」で42件（57.5%）であったが、「パターンA」と同様、1番多い項目と2番目の項目の差が開く結果になった。

日々の保育を進める中で重視したいことは、「子どもへの個別的な対応の充実」と考える保育者が一番多いという結果にはなるが、2番目、3番目に多い項目については、地域や運営主体、増配置の状況で若干変わるという傾向が見られた。

表3-11-2　日々の保育を進める中で、今後特に重視したいこと（所在地別）

		回答数		子どもへの個別的な対応の充実		自由遊びなど子どもの自発性の尊重		遊具やコーナーなどの保育環境の工夫		保育教材の準備		子どもの姿の観察と理解		食事・午睡・排泄時の関わり		行事の準備・開催		事故防止の徹底		世代間交流		小学校との連携活動		その他	
		N	%																					
	全体	452	100.0	321	71.0	261	57.7	187	41.4	40	8.8	232	51.3	35	7.7	48	10.6	128	28.3	26	5.8	48	10.6	21	4.6
貴園の所在	23区	283	100.0	191	67.5	170	60.1	125	44.2	27	9.5	133	47.0	21	7.4	26	9.2	80	28.3	22	7.8	31	11.0	16	5.7
	市町村部	163	100.0	125	76.7	86	52.8	61	37.4	13	8.0	95	58.3	14	8.6	22	13.5	46	28.2	4	2.5	15	9.2	5	3.1

表3-11-3　日々の保育を進める中で、今後特に重視したいこと（運営主体別）

		回答数		子どもへの個別的な対応の充実		自由遊びなど子どもの自発性の尊重		遊具やコーナーなどの保育環境の工夫		保育教材の準備		子どもの姿の観察と理解		食事・午睡・排泄時の関わり		行事の準備・開催		事故防止の徹底		世代間交流		小学校との連携活動		その他	
		N	%																					
	全体	452	100.0	321	71.0	261	57.7	187	41.4	40	8.8	232	51.3	35	7.7	48	10.6	128	28.3	26	5.8	48	10.6	21	4.6
運営主体	公立	125	100.0	87	69.6	81	64.8	64	51.2	7	5.6	53	42.4	9	7.2	12	9.6	39	31.2	10	8.0	9	7.2	4	3.2
	公設民営	23	100.0	14	60.9	14	60.9	11	47.8	1	4.3	14	60.9	1	4.3	3	13.0	2	8.7	2	8.7	2	8.7	2	8.7
	社会福祉法人	269	100.0	196	72.9	147	54.6	103	38.3	24	8.9	146	54.3	23	8.6	30	11.2	75	27.9	12	4.5	30	11.2	13	4.8
	株式会社〜その他	26	100.0	19	73.1	12	46.2	6	23.1	7	26.9	14	53.8	2	7.7	2	7.7	8	30.8	2	7.7	5	19.2	2	7.7

表 3-11-4　日々の保育を進める中で、今後特に重視したいこと（職員増配置の有無）

		回答数		子どもへの個別的な対応の充実		自由遊びなど子どもの自発性の尊重		遊具やコーナーなどの保育環境の工夫		保育教材の準備		子どもの姿の観察と理解		食事・午睡・排泄時の関わり		行事の準備・開催		事故防止の徹底		世代間交流		小学校との連携活動		その他	
		N	%																						
	全体	452	100.0	321	71.0	261	57.7	187	41.4	40	8.8	232	51.3	35	7.7	48	10.6	128	28.3	26	5.8	48	10.6	21	4.6
増配置	パターンA　あり×なし	110	100.0	80	72.7	68	61.8	49	44.5	6	5.5	54	49.1	9	8.2	11	10.0	31	28.2	4	3.6	13	11.8	4	3.6
	パターンB　なし×あり	73	100.0	55	75.3	38	52.1	28	38.4	7	9.6	42	57.5	4	5.5	5	6.8	21	28.8	5	6.8	9	12.3	4	5.5
	パターンC　あり×あり	134	100.0	89	66.4	81	60.4	54	40.3	13	9.7	73	54.5	10	7.5	14	10.4	40	29.9	5	3.7	13	9.7	6	4.5
	パターンD　なし×なし	72	100.0	49	68.1	41	56.9	29	40.3	5	6.9	33	45.8	7	9.7	12	16.7	22	30.6	7	9.7	5	6.9	3	4.2

3-12　日々の保育を進める中で、近年、増加した業務（幼児保育）

表 3-12-1　日々の保育を進める中で、近年、増加した業務（全体傾向）

		回答数	%
	全体	449	100.0
1	子どもたちとの関わり	155	34.5
2	けがや事故を防止するための取組み	224	49.9
3	子どもの記録や保育計画（接続カリキュラム含む）の作成	193	43.0
4	会議・園内研究会	82	18.3
5	外部研修への参加	46	10.2
6	自己評価資料の作成	47	10.5
7	事故簿やヒヤリハット等危機管理の対応	129	28.7
8	保護者対応	270	60.1
9	クラス内での情報共有	83	18.5
10	地域の子育て支援	35	7.8
11	その他	40	8.9

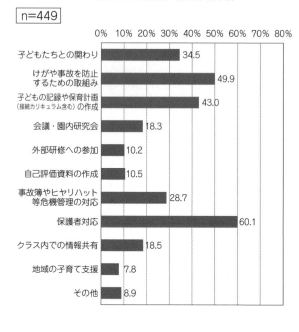

図 3-12-1　日々の保育を進める中で、近年、増加した業務（全体傾向）

　表 3-12-1、及び図 3-12-1 に示す通り、回答のあった 449 の保育園のうち近年、増加した業務で最も多かったのは「保護者対応」であり、270 件（60.1%）であった。次いで、「けがや事故を防止するための取り組み」が 224 件（49.9%）、「子どもの記録や保育計画の作成」が 193 件（43.0%）、「子どもたちとの関わり」が 155 件（34.5%）、「事故簿やヒヤリハット等の危機管理」が 129 件（28.7%）であった。過半数を超えた項目は「保護者対応」のみであったが、「けがや事故を防止するための取り組み」「子どもの記録や保育計画の作成」も半数に近い保育所で増加した業務であるとの回答結果が見られた。

　次に、園の特性に基づき増加した業務の実態を集計すると、以下のような傾向が見られた。まず、所在地別では、表 3-12-2 に示す通り、「23 区」で増加した業務が最も多かったのは「保護者対応」で、163 件（53.2%）であった。次いで、「けがや事故を防止するための取り組み」が 137 件（48.9%）、「子どもの記録や保育計画の作成」が 123 件（43.9%）、「子どもたちとの関わり」が 90 件（32.1%）、「事故簿やヒヤリハット等の危機管理」が 88 件（31.4%）であった。

第1章　調査結果

　一方、「市町村部」で最も多かったのも「保護者対応」であり、103件（63.2%）であった。次いで、「けがや事故を防止するための取り組み」が86件（52.8%）、「子どもの記録や保育計画の作成」が66件（40.5%）、「子どもたちとの関わり」が63件（38.7%）であり、他は30%に満たない状況であった。このように、所在地別に見ると「23区」「市町村部」ともに全体傾向と大きな違いは見られないが、市町村部では「けがや事故を防止するための取り組み」で過半数を超える回答があった。

　運営主体別では、表3-12-3に示す通り、「公立」で最も多かったのは「保護者対応」で、88件（72.1%）であった。次いで、「子どもの記録や保育計画の作成」が60件（49.2%）であり、「けがや事故を防止するための取り組み」51件（41.8%）と全体傾向と回答数の順位が入れ替わっていた。「公設民営」でも最も多かったのは「保護者対応」であり、12件（52.2%）であった。「社会福祉法人」でも最も多かったのは「保護者対応」であり、154件（57.2%）であった。次いで、「けがや事故を防止するための取り組み」が141件（52.4%）で2つの項目で過半数を超えていた。「株式会社～その他」で最も多かったのは「けがや事故を防止するための取り組み」であり、17件（65.4%）であり、唯一最も多い回答項目が異なった運営主体となった。「保護者対応」も10件（38.5%）と、4つの運営主体で唯一過半数を超えていない。

　最後に、職員増配置の有無では、表3-12-4に示す通り、「パターンC」つまり、自治体・園双方で増配置がある園では「保護者対応」が最も多く80件（59.7%）であったが、「けがや事故を防止するための取り組み」についても77件（57.5%）で大差ない傾向が見られた。一方、「パターンA」つまり、自治体に増配置があるが、自園で増配置していない園では「保護者対応」が最も多く76件（69.1%）、次いで「けがや事故を防止するための取り組み」が57件（51.8%）と「パターンC」に比べると回答数に差が見られた。また「パターンB」つまり、自治体には増配置はないが、園独自に増配置している園でも、「保護者対応」が最も多く54件（74.0%）と過半数を大きく超える回答があった。このように、職員増配置の有無について、増加した業務として保護者対応の項目で回答に若干異なる傾向が見られた。

表3-12-2　日々の保育を進める中で、近年、増加した業務（所在地別）

		回答数 N	回答数 %	子どもたちとの関わり		けがや事故を防止するための取り組み		子どもの記録や保育計画（接続カリキュラム含む）の作成		会議・園内研究会		外部研修への参加		自己評価資料の作成		事故簿やヒヤリハット等危機管理の対応		保護者対応		クラス内での情報共有		地域の子育て支援		その他	
	全体	449	100.0	155	34.5	224	49.9	193	43.0	82	18.3	46	10.2	47	10.5	129	28.7	270	60.1	83	18.5	35	7.8	40	8.9
貴園の所在	23区	280	100.0	90	32.1	137	48.9	123	43.9	55	19.6	32	11.4	28	10.0	88	31.4	163	58.2	47	16.8	24	8.6	24	8.6
	市町村部	163	100.0	63	38.7	86	52.8	66	40.5	25	15.3	14	8.6	18	11.0	40	24.5	103	63.2	34	20.9	10	6.1	16	9.8

表3-12-3　日々の保育を進める中で、近年、増加した業務（運営主体別）

		回答数 N	回答数 %	子どもたちとの関わり		けがや事故を防止するための取り組み		子どもの記録や保育計画（接続カリキュラム含む）の作成		会議・園内研究会		外部研修への参加		自己評価資料の作成		事故簿やヒヤリハット等危機管理の対応		保護者対応		クラス内での情報共有		地域の子育て支援		その他	
	全体	449	100.0	155	34.5	224	49.9	193	43.0	82	18.3	46	10.2	47	10.5	129	28.7	270	60.1	83	18.5	35	7.8	40	8.9
運営主体	公立	122	100.0	42	34.4	51	41.8	60	49.2	24	19.7	6	4.9	14	11.5	35	28.7	88	72.1	16	13.1	9	7.4	9	7.4
	公設民営	23	100.0	6	26.1	11	47.8	10	43.5	5	21.7	3	13.0	3	13.0	5	21.7	12	52.2	4	17.4	2	8.7	4	17.4
	社会福祉法人	269	100.0	96	35.7	141	52.4	110	40.9	44	16.4	32	11.9	24	8.9	77	28.6	154	57.2	58	21.6	21	7.8	23	8.6
	株式会社～その他	26	100.0	9	34.6	17	65.4	8	30.8	6	23.1	5	19.2	5	19.2	9	34.6	10	38.5	3	11.5	2	7.7	4	15.4

53

表 3-12-4　日々の保育を進める中で、近年、増加した業務（職員増配置の有無）

		回答数		子どもたちとの関わり		けがや事故を防止するための取組み		子どもの記録や保育計画（接続カリキュラム含む）の作成		会議・園内研究会		外部研修への参加		自己評価資料の作成		事故簿やヒヤリハット等危機管理の対応		保護者対応		クラス内での情報共有		地域の子育て支援		その他	
		N	%																						
	全体	449	100.0	155	34.5	224	49.9	193	43.0	82	18.3	46	10.2	47	10.5	129	28.7	270	60.1	83	18.5	35	7.8	40	8.9
増配置	パターンA　あり×なし	110	100.0	39	35.5	57	51.8	49	44.5	23	20.9	10	9.1	8	7.3	30	27.3	76	69.1	12	10.9	9	8.2	10	9.1
	パターンB　なし×あり	73	100.0	32	43.8	28	38.4	24	32.9	13	17.8	9	12.3	7	9.6	19	26.0	54	74.0	16	21.9	2	2.7	6	8.2
	パターンC　あり×あり	134	100.0	36	26.9	77	57.5	53	39.6	22	16.4	19	14.2	18	13.4	42	31.3	80	59.7	29	21.6	11	8.2	10	7.5
	パターンD　なし×なし	70	100.0	23	32.9	33	47.1	29	41.4	13	18.6	2	2.9	7	10.0	26	37.1	36	51.4	12	17.1	9	12.9	6	8.6

3-13　日々の保育を進める中で、職員不足を感じる場面（幼児保育）

表 3-13-1　日々の保育を進める中で、職員不足を感じる場面（全体傾向）

		回答数	％
	全体	449	100.0
1	子どもたちとの関わり	208	46.3
2	散歩・園外保育への対応	147	32.7
3	食事・午睡・排泄時への対応	79	17.6
4	けがや事故の防止	69	15.4
5	保護者対応	91	20.3
6	早番・遅番の対応	205	45.7
7	急な職員の休みの対応	255	56.8
8	日常の保育事務	188	41.9
9	午睡チェック	13	2.9
10	小学校・地域との連携	15	3.3
11	その他	35	7.8

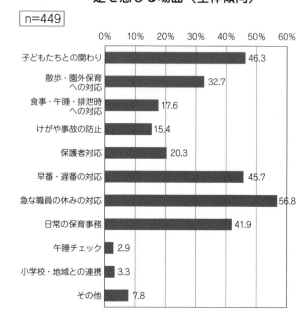

図 3-13-1　日々の保育を進める中で、職員不足を感じる場面（全体傾向）

　表 3-13-1、及び図 3-13-1 に示す通り、回答のあった 449 の保育園のうち、日々の保育を進める中で職員不足を感じる場面で最も多かったのは「急な職員の休みの対応」であり、255 件（56.8％）であった。次いで、「子どもたちとの関わり」が 208 件（46.3％）、「早番・遅番の対応」が 205 件（45.7％）、「日常の保育事務」が 188 件（41.9％）、「散歩・園外保育への対応」が 147 件（32.7％）であった。過半数を超えた項目は「急な職員の休みの対応」のみであったが、「子どもたちとの関わり」「早番・遅番の対応」も半数に近い保育所で職員不足を感じる場面であるとの回答結果が見られた。

　次に、園の特性に基づき、職員不足を感じる場面の実態を集計すると、以下のような傾向が見られた。まず、所在地別では、表 3-13-2 に示す通り、「23 区」で職員不足を感じる場面が最も多かったのは「急な職員の休みの対応」で、158 件（56.4％）であった。次いで、「早番・遅番の対応」が 128 件（45.7％）、「子どもたちとの関わり」が 126 件（45.0％）、「日常の保育事務」が 120 件（42.9％）、「散歩・園外保育への対応」が 99 件（35.4％）であった。

第 1 章　調査結果

　一方、「市町村部」で最も多かったのも「急な職員の休みの対応」であり、93 件（57.1%）であった。「子どもたちとの関わり」が 79 件（48.5%）であり、「早番・遅番の対応」が 73 件（44.8%）、「日常の保育事務」が 66 件（40.5%）、他は 30% に満たない状況であった。このように、所在地別に見ると「23 区」「市町村部」ともに全体傾向と大きな違いは見られないが、「23 区」では「早番・遅番の対応」が 2 番目に多かったのに対し、「市町村部」では「子どもたちとの関わり」が 2 番目に多い回答項目であった。

　運営主体別では、表 3-13-3 に示す通り、「公立」で職員不足を感じる場面が最も多かったのは「子どもたちとの関わり」69 件（56.1%）であった。次いで、「日常の保育事務」が 66 件（53.7%）であり、全体傾向では最も多かった「急な職員の休みの対応」が 55 件（44.7%）と 3 番目に多い回答となっていた。

　「公設民営」の回答数は多くはないが、その中で最も多かったのは、「日常の保育事務」で 11 件（47.8%）次いで「子どもたちとの関わり」「日常の保育事務」が 10 件（43.5%）で並ぶ結果となっている。

　「社会福祉法人」でも最も多かったのは、「急な職員の休みの対応」で 170 件（63.4%）であった。次いで「早番・遅番の対応」118 件（44.0%）、わずかな差で「子どもたちとの関わり」115 件（42.9%）と続いた。

　「株式会社〜その他」で最も多かったのも「急な職員の休みの対応」で 17 件（65.4%）であった。次いでわずかな差で「早番・遅番の対応」61 件（44.0%）と続いた。

　最後に、職員増配置の有無では、表 3-13-4 に示す通り、「パターンＣ」つまり、自治体・園双方で増配置がある園では「急な職員の休みの対応」が最も多く 77 件（57.9%）であった。次いで「早番・遅番の対応」が 62 件（46.5%）わずかな差で「子どもたちとの関わり」が 60 件（45.1%）と続いた。

　一方、「パターンＡ」つまり、自治体に増配置があるが、自園で増配置していない園では「早番・遅番の対応」が 52 件（47.7%）次いで「子どもたちとの関わり」「日常の保育事務」が 50 件（45.9%）で並び、「急な職員の休みの対応」が 49 件（45.0%）とわずかな差で続いている。

　また「パターンＢ」つまり、自治体には増配置はないが、園独自に増配置している園でも、「急な職員の休みの対応」が最も多く 44 件（60.3%）で、次いで「子どもたちとの関わり」が 34 件（44.6%）と続いている。

　園の所在地域、運営主体、増配置のパターンで見ると、全体傾向と比べて順位の入れ替わりが見られた。

表 3-13-2　日々の保育を進める中で、職員不足を感じる場面（所在地別）

		回答数		子どもたちとの関わり		散歩・園外保育への対応		食事・午睡・排泄時への対応		けがや事故の防止		保護者対応		早番・遅番の対応		急な職員の休みの対応		日常の保育事務		午睡チェック		小学校・地域との連携		その他	
		N	%																						
全体		449	100.0	208	46.3	147	32.7	79	17.6	69	15.4	91	20.3	205	45.7	255	56.8	188	41.9	13	2.9	15	3.3	35	7.8
貴園の所在	23区	280	100.0	126	45.0	99	35.4	50	17.9	37	13.2	57	20.4	128	45.7	158	56.4	120	42.9	8	2.9	10	3.6	22	7.9
	市町村部	163	100.0	79	48.5	46	28.2	29	17.8	32	19.6	34	20.9	73	44.8	93	57.1	66	40.5	4	2.5	5	3.1	13	8.0

表3-13-3　日々の保育を進める中で、職員不足を感じる場面（運営主体別）

		回答数 N	%	子どもたちとの関わり		散歩・園外保育への対応		食事・午睡・排泄時への対応		けがや事故の防止		保護者対応		早番・遅番の対応		急な職員の休みの対応		日常の保育事務		午睡チェック		小学校・地域との連携		その他	
全体		449	100.0	208	46.3	147	32.7	79	17.6	69	15.4	91	20.3	205	45.7	255	56.8	188	41.9	13	2.9	15	3.3	35	7.8
運営主体	公立	123	100.0	69	56.1	38	30.9	21	17.1	9	7.3	29	23.6	56	45.5	55	44.7	66	53.7	4	3.3	4	3.3	8	6.5
	公設民営	23	100.0	10	43.5	10	43.5	9	39.1	3	13.0	2	8.7	9	39.1	7	30.4	11	47.8	0	0.0	0	0.0	2	8.7
	社会福祉法人	268	100.0	115	42.9	86	32.1	44	16.4	51	19.0	54	20.1	118	44.0	170	63.4	102	38.1	7	2.6	10	3.7	22	8.2
	株式会社〜その他	26	100.0	11	42.3	10	38.5	4	15.4	5	19.2	6	23.1	16	61.5	17	65.4	6	23.1	0	0.0	1	3.8	3	11.5

表3-13-4　日々の保育を進める中で、職員不足を感じる場面（職員増配置の有無）

		回答数 N	%	子どもたちとの関わり		散歩・園外保育への対応		食事・午睡・排泄時への対応		けがや事故の防止		保護者対応		早番・遅番の対応		急な職員の休みの対応		日常の保育事務		午睡チェック		小学校・地域との連携		その他	
全体		449	100.0	208	46.3	147	32.7	79	17.6	69	15.4	91	20.3	205	45.7	255	56.8	188	41.9	13	2.9	15	3.3	35	7.8
増配置	パターンA　あり×なし	109	100.0	50	45.9	42	38.5	22	20.2	11	10.1	24	22.0	52	47.7	49	45.0	50	45.9	4	3.7	3	2.8	11	10.1
	パターンB　なし×あり	73	100.0	34	46.6	17	23.3	7	9.6	13	17.8	19	26.0	29	39.7	44	60.3	25	34.2	3	4.1	3	4.1	9	12.3
	パターンC　あり×あり	133	100.0	60	45.1	47	35.3	20	15.0	28	21.1	28	21.1	62	46.6	77	57.9	54	40.6	3	2.3	6	4.5	8	6.0
	パターンD　なし×なし	71	100.0	29	40.8	22	31.0	11	15.5	9	12.7	11	15.5	40	56.3	41	57.7	36	50.7	1	1.4	2	2.8	4	5.6

3-14　配置基準が改善された際には、どのような場面に時間をかけたいと考えるか（幼児保育）

表3-14-1　配置基準が改善された際には、どのような場面に時間をかけたいと考えるか（全体傾向）

		回答数	%
	全体	449	100.0
1	子どもたちとの関わり	354	78.8
2	けがや事故を防止するための取組み	112	24.9
3	子どもの記録や保育の計画の作成	162	36.1
4	会議・園内研究会	92	20.5
5	外部研修への参加	68	15.1
6	事故簿やヒヤリハット等危機管理の対応	31	6.9
7	保護者対応	94	20.9
8	クラス内での情報共有	149	33.2
9	小学校・地域との連携	43	9.6
10	休憩時間の確保	171	38.1
11	その他	36	8.0

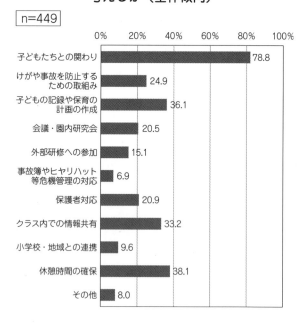

図3-14-1　配置基準が改善された際には、どのような場面に時間をかけたいと考えるか（全体傾向）

　表3-14-1、及び図3-14-1に示す通り、回答のあった449の保育園のうち「配置基準が改善された際には、どのような場面に時間をかけたいと考えるか」について最も多かった回答は「子どもたちとの関わり」の354件（78.8%）であった。
　次いで、「休憩時間の確保」が171件（38.1%）、「子どもの記録や保育計画の作成」が

162件（36.1％）、「クラス内での情報共有」が149件（33.2％）、「けがや事故を防止するための取組」が112件（24.9％）であった。

　過半数を超えた項目は「子どもたちとの関わり」のみであり80％に近い回答数があった。「休憩時間の確保」「子どもの記録や保育計画の作成」「クラス内での情報共有」の3項目が30％台で続いている。

　次に、園の特性に基づき、職員不足を感じる場面の実態を集計すると、以下のような傾向が見られた。

　まず、所在地別では、表3-14-2に示す通り、「23区」で配置基準が改善された際に時間をかけたい場面で最も多かったのは、「子どもたちとの関わり」で212件（75.7％）であった。次いで「子どもの記録や保育計画の作成」が101件（36.1％）、「クラス内での情報共有」が100件（35.7％）、「休憩時間の確保」が98件（35.0％）であった。

　一方、「市町村部」で最も多かったのも「子どもたちとの関わり」で136件（83.4％）であった。次いで「休憩時間の確保」が71件（43.6％）、「子どもの記録や保育計画の作成」が59件（36.2％）、他は30％に満たない状況であった。

　このように、所在地別に見ると「23区」「市町村部」ともに全体傾向と大きな違いは見られないが、「23区」では「子どもの記録や保育計画の作成」が2番目に多かったのに対し、「市町村部」では「休憩時間の確保」が2番目に多い回答項目であり、30％を超える回答項目の数にも「23区」では4項目、「市町村部」では3項目と若干の違いが見られた。

　運営主体別では、表3-14-3に示す通り、「公立」で配置基準が改善された際に時間をかけたい場面で最も多かったのは「子どもたちとの関わり」101件（82,1％）であった。次いで、「クラス内での情報共有」が51件（41.5％）であり、続いて「休憩時間の確保」が47件（38.2％）となった。

　「公設民営」の回答数は多くはないが、その中で最も多かったのは、「子どもたちとの関わり」が15件（65.2％）であった。次いで「けがや事故を防止するための取り組み」「子どもの記録や保育計画の作成」が8件（34.8％）で並ぶ結果となっている。

　「社会福祉法人」でも最も多かったのは、「子どもたちとの関わり」で211件（78.7％）であった。次いで「休憩時間の確保」109件（40.7％）、わずかな差で「保育計画の作成」102件（38.1％）と続いた。

　「株式会社〜その他」で最も多かったのも「子どもたちとの関わり」で19件（73.1％）であった。全体傾向と異なる点としては「会議、園内研究会」がわずかな差ではあるが、次点に入っている。

　最後に、職員増配置の有無では、表3-14-4に示す通り、「パターンC」つまり、自治体・園双方で増配置がある園では「子どもたちとの関わり」が最も多く111件（83.5％）であった。次いで「休憩時間の確保」が59件（44.4％）、「クラス内での情報共有」が42件（31.6％）と続いた。

　一方、「パターンA」つまり、自治体に増配置があるが、自園で増配置していない園では「子どもたちとの関わり」が85件（78.0％）、次いで「子どもの記録や保育計画の作成」が42件（38.5％）、「クラス内での情報共有」が39件（35.8％）、「休憩時間の確保」が36件（33.0％）とわずかな差で続いている。

　また「パターンB」つまり、自治体には増配置はないが、園独自に増配置している園でも、

「子どもたちとの関わり」が最も多く57件（78.1%）、次いで「休憩時間の確保」が34件（46.6%）と続いている。

　園の所在地域、運営主体、増配置のパターンで見ると、いずれも「子どもたちとの関わり」の場面に時間をかけたいという回答が80%前後の回答を集めている。

表 3-14-2　配置基準が改善された際には、どのような場面に時間をかけたいと考えるか（所在地別）

		回答数		子どもたちとの関わり		けがや事故を防止するための取組み		子どもの記録や保育の計画の作成		会議・園内研究会		外部研修への参加		事故簿やヒヤリハット等危機管理の対応		保護者対応		クラス内での情報共有		小学校・地域との連携		休憩時間の確保		その他	
		N	%																						
	全体	449	100.0	354	78.8	112	24.9	162	36.1	92	20.5	68	15.1	31	6.9	94	20.9	149	33.2	43	9.6	171	38.1	36	8.0
貴園の所在	23区	280	100.0	212	75.7	69	24.6	101	36.1	61	21.8	40	14.3	20	7.1	60	21.4	100	35.7	28	10.0	98	35.0	25	8.9
	市町村部	163	100.0	136	83.4	40	24.5	59	36.2	31	19.0	27	16.6	10	6.1	33	20.2	47	28.8	14	8.6	71	43.6	11	6.7

表 3-14-3　配置基準が改善された際には、どのような場面に時間をかけたいと考えるか（運営主体別）

		回答数		子どもたちとの関わり		けがや事故を防止するための取組み		子どもの記録や保育の計画の作成		会議・園内研究会		外部研修への参加		事故簿やヒヤリハット等危機管理の対応		保護者対応		クラス内での情報共有		小学校・地域との連携		休憩時間の確保		その他	
		N	%																						
	全体	449	100.0	354	78.8	112	24.9	162	36.1	92	20.5	68	15.1	31	6.9	94	20.9	149	33.2	43	9.6	171	38.1	36	8.0
運営主体	公立	123	100.0	101	82.1	24	19.5	40	32.5	22	17.9	11	8.9	8	6.5	33	26.8	51	41.5	8	6.5	47	38.2	12	9.8
	公設民営	23	100.0	15	65.2	8	34.8	8	34.8	7	30.4	4	17.4	2	8.7	5	21.7	5	21.7	4	17.4	4	17.4	2	8.7
	社会福祉法人	268	100.0	211	78.7	72	26.9	102	38.1	51	19.0	48	17.9	17	6.3	49	18.3	84	31.3	26	9.7	109	40.7	17	6.3
	株式会社～その他	26	100.0	19	73.1	4	15.4	9	34.6	10	38.5	3	11.5	3	11.5	6	23.1	5	19.2	4	15.4	9	34.6	5	19.2

表 3-14-4　配置基準が改善された際には、どのような場面に時間をかけたいと考えるか（職員増配置の有無）

		回答数		子どもたちとの関わり		けがや事故を防止するための取組み		子どもの記録や保育の計画の作成		会議・園内研究会		外部研修への参加		事故簿やヒヤリハット等危機管理の対応		保護者対応		クラス内での情報共有		小学校・地域との連携		休憩時間の確保		その他	
		N	%																						
	全体	449	100.0	354	78.8	112	24.9	162	36.1	92	20.5	68	15.1	31	6.9	94	20.9	149	33.2	43	9.6	171	38.1	36	8.0
増配置	パターンA　あり×なし	109	100.0	85	78.0	30	27.5	42	38.5	21	19.3	12	11.0	10	9.2	22	20.2	39	35.8	8	7.3	36	33.0	13	11.9
	パターンB　なし×あり	73	100.0	57	78.1	13	17.8	26	35.6	16	21.9	14	19.2	6	8.2	17	23.3	16	21.9	10	13.7	34	46.6	6	8.2
	パターンC　あり×あり	133	100.0	111	83.5	32	24.1	39	29.3	25	18.8	22	16.5	8	6.0	31	23.3	42	31.6	11	8.3	59	44.4	11	8.3
	パターンD　なし×なし	71	100.0	47	66.2	21	29.6	28	39.4	21	29.6	11	15.5	4	5.6	12	16.9	30	42.3	7	9.9	22	31.0	2	2.8

3-15　障害児加配保育士について
3-15(1)　障害児加配の対象園児がいる場合の園児数

表 3-15(1)-1　障害児加配の対象園児がいる場合の園児数（全体傾向）

		回答数	%
	全体	394	100.0
0	0人	48	12.2
1	1人	87	22.1
2	2人	83	21.1
3	3人	68	17.3
4	4人	36	9.1
5	5人以上	72	18.3

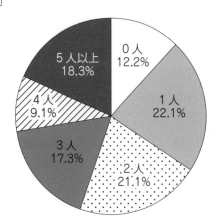

図 3-15(1)-1　障害児加配の対象園児がいる場合の園児数（全体傾向）

表 3-15(1)-1、及び図 3-15(1)-1 に示す通り、回答のあった 394 件の保育園のうち、障害児加配の対象園児がいる場合の園児数は、「1 人」が 87 件（22.1％）であった。次いで「2 人」が 83 件（21.1％）、「5 人以上」が 72 件（18.3％）、「3 人」が 68 件（17.3％）、「0 人」が 48 件（12.2％）、「4 人」が 36 件（9.1％）となった。このように、障害児が複数在園するという回答が 259 件 65.7％となっている。

次に表 3-15(1)-2 所在地別では、23 区は 2 人と回答した園が最も多く 59 件（24.2％）、次いで 1 人との回答が 56 件（23％）、3 人と回答した園が 42 件（17.2％）となった。一方市町村部では、1 人と回答した園が一番多く、31 件（21.2％）となった。次いで 5 人以上と回答した園が 27 件（18.5％）、3 人が 26 件（17.8％）となった。区部に比べて市町村部が障害児加配の対象園児がいる人数が多い結果となった。

表 3-15(1)-3 の運営主体別に見ると、公立保育園では、もっとも多かった回答として、「5 人以上」26 件（25.2％）、次いで「2 人」21 件（20.4％）、「3 人」19 件（18.4％）、「1 人」16 件（15.5％）、「0 人」11 件（10.7％）、「4 人」10 件（9.7％）となっている。73.8％の公立園では、複数人の障害児を受け入れているのがわかる。一方社会福祉法人では、「1 人」が一番多い回答となり 57 件（24.2％）、次いで「2 人」51 件（21.6％）、「3 人」38 件（16.1％）、「5 人以上」37 件（15.7％）、「0 人」（12.7％）、「4 人」23 件（9.7％）となっている。複数人の受け入れをしている合計は 63.1％となった。公立保育園と社会福祉法人で、複数人の受け入れの差を見た場合、公立保育園の方が障害児を多く受け入れている傾向が見られた（10.7 ポイントの差）。公設民営では、「1 人」「3 人」と回答した園が 6 件（26.1％）となり、次いで「2 人」が 4 件（17.4％）となった。株式会社～その他では、「1 人」と回答した園が 8 件（32％）、次いで「0 人」「2 人」と回答した園がそれぞれ 6 件（24％）となった。

表 3-15(1)-4 では、「パターン A」つまり自治体独自の増配置があり、園独自の配置がないと回答した園では、園児数「2 人」と回答した園が一番多く 22 件（22.9％）、次いで「5 人以上」が 21 件（21.9％）、「1 人」が 19 件（19.8％）となった。「0 人」と回答した園

は 7 件（7.3％）であった。

　次に「パターンB」つまり自治体独自の増配置がないが、園独自の増配置があると回答した園は、「2 人」が 16 件（24.6％）、「3 人」が 15 件（23.1％）、「5 人以上」が 13 件（20％）となり、子どもの人数に応じた、園独自での増配置傾向を見ることができた。一方で「パターンC」つまり自治体独自の増配置と園独自での増配置がある場合の回答は、「2 人」が 29 件（23.8％）、「5 人以上」が 23 件（18.9％）、「1 人」が 22 件（18％）、「3 人」21 件（17.2％）となり、市区町村及び園独自での増配置があるケースでは、より複数の子どもたちを受け入れている実態となっている。そして、「パターンD」つまり自治体独自の増配置及び園独自の増配置ともにない場合は、「1 人」が 17 件（27％）、「0 人」が 14 件（22.2％）となり、職員の増配置の有無により園児の受け入れが比例するような形となっている。

表 3-15(1)-2　障害児加配の対象園児がいる場合の園児数（所在地別）

		回答数	0人	1人	2人	3人	4人	5人以上
	全体	394	48	87	83	68	36	72
		100.0	12.2	22.1	21.1	17.3	9.1	18.3
貴園の所在	23区	244	28	56	59	42	17	42
		100.0	11.5	23.0	24.2	17.2	7.0	17.2
	市町村部	146	20	31	23	26	19	27
		100.0	13.7	21.2	15.8	17.8	13.0	18.5

表 3-15(1)-3　障害児加配の対象園児がいる場合の園児数（運営主体別）

		回答数	0人	1人	2人	3人	4人	5人以上
	全体	394	48	87	83	68	36	72
		100.0	12.2	22.1	21.1	17.3	9.1	18.3
運営主体	公立	103	11	16	21	19	10	26
		100.0	10.7	15.5	20.4	18.4	9.7	25.2
	公設民営	23	1	6	4	6	3	3
		100.0	4.3	26.1	17.4	26.1	13.0	13.0
	社会福祉法人	236	30	57	51	38	23	37
		100.0	12.7	24.2	21.6	16.1	9.7	15.7
	株式会社～その他	25	6	8	6	3	0	2
		100.0	24.0	32.0	24.0	12.0	0.0	8.0

表 3-15(1)-4　障害児加配の対象園児がいる場合の園児数（職員増配置の有無）

		回答数	0人	1人	2人	3人	4人	5人以上
	全体	394	48	87	83	68	36	72
		100.0	12.2	22.1	21.1	17.3	9.1	18.3
増配置	パターンA　あり×なし	96	7	19	22	14	13	21
		100.0	7.3	19.8	22.9	14.6	13.5	21.9
	パターンB　なし×あり	65	9	9	16	15	3	13
		100.0	13.8	13.8	24.6	23.1	4.6	20.0
	パターンC　あり×あり	122	11	22	29	21	16	23
		100.0	9.0	18.0	23.8	17.2	13.1	18.9
	パターンD　なし×なし	63	14	17	11	9	4	8
		100.0	22.2	27.0	17.5	14.3	6.3	12.7

3-15(2) 障害児加配の対象園児がいる場合の職員数（正規）

表 3-15(2)-1　障害児加配の対象園児がいる場合の職員数（正規）（全体傾向）

		回答数	%
	全体	270	100.0
0	0人	86	31.9
1	1人	116	43.0
2	2人	43	15.9
3	3人	15	5.6
4	4人	2	0.7
5	5人以上	8	3.0

図 3-15(2)-1　障害児加配の対象園児がいる場合の職員数（正規）（全体傾向）

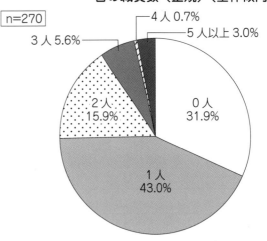

　表 3-15(2)-1、及び図 3-15(2)-1 では、全体傾向として、障害児加配の対象園児がいる場合の職員数は、「1人」という回答が 116 件（43％）、次いで「0人」という回答が 86 件（31.9％）、「2人」が 43 件（15.9％）、「3人」15 件（5.6％）、「5人以上」8 件（3％）、「4人」が 2 件（0.7％）となった。上記データと円グラフを見ると、31.9％が障害児がいても配置できない状況にあり、かつ前表の分析にもあるように、配置は「1人」という回答も 43％という実態が見られた。

　表 3-15(2)-2 では、所在地別で結果をあらわした。まず、所在地が「23 区」で見た場合、「1人」との回答が 74 件（45.7％）、次いで「0人」が 46 件（28.4％）、「2人」が 25 件（15.4％）、「3人」が 11 件（6.8％）、「5人以上」が 5 件（3.1％）、「4人」が 1 件（0.6％）となった。半数近く（45.7％）が「1人」と回答している。一方、市町村では、「1人」と回答した園が一番多く 41 件（38.7％）、次いで「0人」が 40 件（37.7％）、「2人」が 17 件（16％）、「3人」が 4 件（3.8％）、「5人以上」が 3 件（2.8％）、「4人」が 1 件（0.9％）となった。この結果とともに図 3-15(2)-2 を見てみると、23 区の方が市町村部より障害児の受け入れについては、多く受け入れている実態がみられた。

　表 3-15(2)-3 に示す通り、運営主体別でみた場合、公立では、「1人」が 35 件（50.7％）、次いで「2人」51 件（21.6％）、「0人」21 件（30.4％）、「2人」8 件（11.6％）、「3人」5 件（7.2％）、「4人」「5人以上」が 0 件となった。一方、社会福祉法人では、「1人」が 67 件（40.4％）、次いで「0人」54 件（32.5％）「2人」30 件（18.1％）、「3人」7 件（4.2％）、「4人」2 件（1.2％）、「5人以上」6 件（3.6％）となった。公設民営は、「1人」が 5 件（33.3％）、次いで「2人」4 件（26.7％）、「0人」「3人」2 件（13.3％）、「5人以上」が 2 件（13.3％）となった。株式会社〜その他については、「1人」が 8 件（47.31％）、「0人」が 9 件（52.9％）となった。公設民営・株式会社〜その他とも 1 人が多い傾向にあった。

　実態として、「1人」配置が 33.3％〜 50.7％の割合を占めた。

　表 3-15(2)-4 職員増配置の有無については、「パターンＡ」つまり自治体独自の増配置があり、園独自の増配置がない場合は、「1人」31 件（47.7％）、「0人」23 件（35.4％）

の順となり、正規職員の増配置は、かなり厳しい状況がうかがえる。

　一方「パターンB」つまり自治体独自の増配置がなく、園独自の増配置がある場合は、「1人」が19件（44.2％）、「0人」が13件（30.2％）となり、こちらも正規職員は増配置が厳しい実態がうかがえる。「パターンC」つまり自治体独自の増配置及び園独自の増配置の双方がある場合は、「1人」が33件（37.9％）、「0人」が22件（25.3％）となっているものの、「2人」も20件（23％）となり、上記2つのパターンと違い正規職員の配置が多くなっている。最後に「パターンD」つまり増配置が双方ともない場合は、「1人」という回答が一番多く18件（42.9％）、「0人」15件（35.7％）となり、傾向として、増配置がない場合は対象園児も少ない傾向となっている。

表 3-15(2)-2　障害児加配の対象園児がいる場合の職員数（正規）（所在地別）

		回答数	0人	1人	2人	3人	4人	5人以上
	全体	270	86	116	43	15	2	8
		100.0	31.9	43.0	15.9	5.6	0.7	3.0
貴園の所在	23区	162	46	74	25	11	1	5
		100.0	28.4	45.7	15.4	6.8	0.6	3.1
	市町村部	106	40	41	17	4	1	3
		100.0	37.7	38.7	16.0	3.8	0.9	2.8

表 3-15(2)-3　障害児加配の対象園児がいる場合の職員数（正規）（運営主体別）

		回答数	0人	1人	2人	3人	4人	5人以上
	全体	270	86	116	43	15	2	8
		100.0	31.9	43.0	15.9	5.6	0.7	3.0
運営主体	公立	69	21	35	8	5	0	0
		100.0	30.4	50.7	11.6	7.2	0.0	0.0
	公設民営	15	2	5	4	2	0	2
		100.0	13.3	33.3	26.7	13.3	0.0	13.3
	社会福祉法人	166	54	67	30	7	2	6
		100.0	32.5	40.4	18.1	4.2	1.2	3.6
	株式会社～その他	17	9	8	0	0	0	0
		100.0	52.9	47.1	0.0	0.0	0.0	0.0

表 3-15(2)-4　障害児加配の対象園児がいる場合の職員数（正規）（職員増配置の有無）

		回答数	0人	1人	2人	3人	4人	5人以上
	全体	270	86	116	43	15	2	8
		100.0	31.9	43.0	15.9	5.6	0.7	3.0
増配置	パターンA　あり×なし	65	23	31	6	4	1	0
		100.0	35.4	47.7	9.2	6.2	1.5	0.0
	パターンB　なし×あり	43	13	19	8	1	0	2
		100.0	30.2	44.2	18.6	2.3	0.0	4.7
	パターンC　あり×あり	87	22	33	20	8	1	3
		100.0	25.3	37.9	23.0	9.2	1.1	3.4
	パターンD　なし×なし	42	15	18	6	1	0	2
		100.0	35.7	42.9	14.3	2.4	0.0	4.8

3-15(3) 障害児加配の対象園児がいる場合の職員数（正規以外）

表 3-15(3)-1 障害児加配の対象園児がいる場合の職員数（正規以外）（全体傾向）

		回答数	%
	全体	316	100.0
0	0人	59	18.7
1	1人	125	39.6
2	2人	70	22.2
3	3人	26	8.2
4	4人	13	4.1
5	5人以上	23	7.3

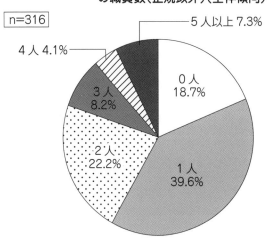

図 3-15(3)-1 障害児加配の対象園児がいる場合の職員数（正規以外）（全体傾向）

　表3-15(3)-1、及び図3-15(3)-1は、障害児加配の対象園児がいる場合の職員数（正規以外）の全体傾向を示したものである。「1人」という回答が125件（39.6％）、次いで「2人」という回答が70件（22.2％）、「0人」が59件（18.7％）、「3人」26件（8.2％）、「5人以上」23件（7.3％）、「4人」が13件（4.1％）となった。0人～1人という回答が58.3％となり、複数配置は、41.8％という結果となった。

　表3-15(3)-2で示す所在地別では、「23区」で見た場合、「1人」の配置と回答が82件（44.3％）、次いで「2人」が43件（23.2％）、「0人」が33件（17.8％）、「5人以上」が10件（5.4％）、「3人」が9件（4.9％）、「4人」が8件（4.3％）となった。一方、市町村では、「1人」の配置との回答が一番多く41件（32.3％）、次いで「2人」が27件（21.3％）、「0人」が26件（20.5％）「3人」が16件（12.6％）、「5人以上」が12件（9.4％）、「4人」が5件（3.9％）となった。障害児対応での職員配置（正規以外）は、23区の方が市町村部より多いことが解る。

　表3-15(3)-3 運営主体別では、公立では、「1人」が32件（42.7％）、次いで「2人」22件（29.3％）、「0人」が9件（12％）、「5人以上」7件（9.3％）、「4人」3件（4％）、「3人」2件（2.7％）、となった。一方、社会福祉法人では、「1人」が70件（36.3％）、次いで「0人」42件（21.8％）、「2人」40件（20.7％）、「3人」22件（11.4％）、「5人以上」13件（6.3％）、「4人」6件（3.1％）となった。公設民営は、「1人」が9件（47.4％）、次いで「0人」4件（21.1％）、「2人」3件（15.8％）、「4人」2件（10.5％）、「5人以上」が1件（5.3％）、「3人」0件となった。株式会社～その他については、「1人」が12件（54.5％）、「0人」「2人」が2件（18.2％）と「4人」「5人以上」が1件（4.5％）、「3人」が0件となった。公設民営・株式会社～その他とも「1人」と回答した園が多い傾向となった。全体として「1人」配置が39.6％の割合を占めた。

　表3-15(3)-4で示す通り、パターンA（自治体独自の増配置があり、園独自の増配置がなし）の場合、「1人」との回答が一番多く33件（41.8％）、「2人」25件（31.6％）となり、正規職員での配置と比較すると、正規職員以外での配置が、若干高い数字となっている。

続いてパンターンB（自治体独自の増配置がなく、園独自の増配置がある）場合は、全体の回答数が少ないものの、「1人」と回答した園が21件（43.8％）、「2人」と回答した園が9件（18.8％）、「0人」が6件（12.5％）となり、正規職員の以外の場合「1人」～「2人」という回答の傾向となった。

パターンC（双方とも増配置がある）の場合は。「1人」が39件（36.1％）、「2人」が25件（23.1％）となり、正規以外でも職員数が多い傾向となった。

一方でパターンD（双方とも増配置がない）の場合は、「1人」と回答した園が15件（33.3％）、次いで「0人」が13件（28.9％）となり、パターンA～Cと比べると、複数人の配置がない傾向がわかった。

表3-15(3)-2　障害児加配の対象園児がいる場合の職員数（正規以外）（所在地別）

		回答数	0人	1人	2人	3人	4人	5人以上
	全体	316	59	125	70	26	13	23
		100.0	18.7	39.6	22.2	8.2	4.1	7.3
貴園の所在	23区	185	33	82	43	9	8	10
		100.0	17.8	44.3	23.2	4.9	4.3	5.4
	市町村部	127	26	41	27	16	5	12
		100.0	20.5	32.3	21.3	12.6	3.9	9.4

表3-15(3)-3　障害児加配の対象園児がいる場合の職員数（正規以外）（運営主体別）

		回答数	0人	1人	2人	3人	4人	5人以上
	全体	316	59	125	70	26	13	23
		100.0	18.7	39.6	22.2	8.2	4.1	7.3
運営主体	公立	75	9	32	22	2	3	7
		100.0	12.0	42.7	29.3	2.7	4.0	9.3
	公設民営	19	4	9	3	0	2	1
		100.0	21.1	47.4	15.8	0.0	10.5	5.3
	社会福祉法人	193	42	70	40	22	6	13
		100.0	21.8	36.3	20.7	11.4	3.1	6.7
	株式会社～その他	22	4	12	4	0	1	1
		100.0	18.2	54.5	18.2	0.0	4.5	4.5

表3-15(3)-4　障害児加配の対象園児がいる場合の職員数（正規以外）（職員増配置の有無）

		回答数	0人	1人	2人	3人	4人	5人以上
	全体	316	59	125	70	26	13	23
		100.0	18.7	39.6	22.2	8.2	4.1	7.3
増配置	パターンA　あり×なし	79	7	33	25	4	5	5
		100.0	8.9	41.8	31.6	5.1	6.3	6.3
	パターンB　なし×あり	48	6	21	9	5	1	6
		100.0	12.5	43.8	18.8	10.4	2.1	12.5
	パターンC　あり×あり	108	23	39	25	8	5	8
		100.0	21.3	36.1	23.1	7.4	4.6	7.4
	パターンD　なし×なし	45	13	15	4	8	2	3
		100.0	28.9	33.3	8.9	17.8	4.4	6.7

3-15(4)　障害児認定を受けていないが実際に加配が必要な状況にある対象園児がいる場合の園児数

表 3-15(4)-1　障害児認定を受けていないが実際に加配が必要な状況にある対象園児がいる場合の園児数（全体傾向）

		回答数	%
	全体	328	100.0
0	0人	49	14.9
1	1人	50	15.2
2	2人	54	16.5
3	3人	44	13.4
4	4人	33	10.1
5	5人以上	98	29.9

図 3-15(4)-1　障害児認定を受けていないが実際に加配が必要な状況にある対象園児がいる場合の園児数（全体傾向）

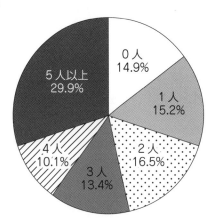

　表 3-15(4)-1、及び図 3-15(4)-1 で示す通り、全体傾向としては、「5 人以上」と回答した保育園が一番多く 98 件（29.9％）と多く、次いで「2 人」が 54 件（16.5％）、「1 人」が 50 件（15.2％）、「0 人」49 件（14.9％）、「3 人」44 件（13.4％）、「4 人」33 件（10.1％）、となった。認定を受けていないが実際に園独自で加配を判断していることが解る。

　表 3-15(4)-2 所在地別では、23 区は、「5 人以上」と回答した園が一番多く 59 件（29.8％）、次いで「1 人」と回答した園が 34 件（17.2％）、「2 人」が 32 件（16.2％）、「0 人」が 29 件（14.6％）、「3 人」24 件（12.1％）、「4 人」20 件（10.1％）となった。市町村部では、23 区と同様に「5 人」と回答した園が 36 件（29％）、次いで「2 人」が 21 件（16.9％）、「0 人」20 件（16.1％）、「3 人」19 件（15.3％）、「1 人」15 件（12.1％）、「4 人」13 件（10.5％）となった。23 区、市町村部とも、「5 人以上」と回答した園が一番多く、市町村部でのばらつきはほとんどなかった。

　表 3-15(4)-3 運営主体別では、公立は、「5 人以上」と回答した園が一番多く、34 件（44.2％）となった。次いで「0 人」「4 人」の回答が 10 件（13％）となった。4 番以降は「2 人」9 件（11.7％）、「1 人」8 件（10.4％）、「3 人」6 件（7.8％）となった。

　社会福祉法人では、公立と同じく「5 人以上」と回答した園が 52 件（25.4％）と多く、次いで「0 人」35 件（17.1％）、「1 人」「2 人」「3 人」がそれぞれ 33 件（16.1％）、「4 人」が 19 件（9.3％）となった。公立・私立で比較をすると、5 人以上と回答をした園を比較すると、公立の方が人数を多く受け入れていることがわかった。

　公設民営でも、やはり「5 人以上」と回答した園が一番多かったが、株式会社〜その他のデータも含め、件数が少なく運営主体別での差異は明確には見て取れない。

　表 3-15(4)-4 で示す通り、職員増配置の有無で見るとまず「パターンA」つまり自治体独自での増配置があり、園独自の増配置がない場合の回答は、「5 人以上」が 18 件（24.3％）、次いで「4 人」が 14 件（18.9％）、「2 人」が 13 件（17.6％）の順となり、保育の場面では、

自治体独自の増配置がついている実態が解る。次に、「パターンB」つまり自治体独自の増配置がなく、園独自の増配置がある場合は、「5人以上」が14件（25.5％）となっているが、「0人」も13件（23.6％）、「2人」が11件（20％）となっており、あり・なしと比較すると、全体的に園児数が少ない傾向となっている。「パターンC」つまり双方ともあり・ありの場合は、「5人以上」が41件（39.4％）と一番多くなっており、増配置と園児数が比例をしているのが解る。そして、「パターンD」つまり双方ともなし・なしの場合は、「2人」「3人」がそれぞれ11件（22％）となっている。パターンCとの比較では、なし・なしと回答した園が全体の半分の回答となっており、増配置が全くない場合では、対象園児も少ない状況になっている。

表3-15(4)-2　障害児認定を受けていないが実際に加配が必要な状況にある対象園児がいる場合の園児数（所在地別）

		回答数	0人	1人	2人	3人	4人	5人以上
	全体	328	49	50	54	44	33	98
		100.0	14.9	15.2	16.5	13.4	10.1	29.9
貴園の所在	23区	198	29	34	32	24	20	59
		100.0	14.6	17.2	16.2	12.1	10.1	29.8
	市町村部	124	20	15	21	19	13	36
		100.0	16.1	12.1	16.9	15.3	10.5	29.0

表3-15(4)-3　障害児認定を受けていないが実際に加配が必要な状況にある対象園児がいる場合の園児数（運営主体別）

		回答数	0人	1人	2人	3人	4人	5人以上
	全体	328	49	50	54	44	33	98
		100.0	14.9	15.2	16.5	13.4	10.1	29.9
運営主体	公立	77	10	8	9	6	10	34
		100.0	13.0	10.4	11.7	7.8	13.0	44.2
	公設民営	17	1	4	3	2	3	4
		100.0	5.9	23.5	17.6	11.8	17.6	23.5
	社会福祉法人	205	35	33	33	33	19	52
		100.0	17.1	16.1	16.1	16.1	9.3	25.4
	株式会社～その他	20	3	4	6	2	1	4
		100.0	15.0	20.0	30.0	10.0	5.0	20.0

表3-15(4)-4　障害児認定を受けていないが実際に加配が必要な状況にある対象園児がいる場合の園児数（職員増配置の有無）

		回答数	0人	1人	2人	3人	4人	5人以上
	全体	328	49	50	54	44	33	98
		100.0	14.9	15.2	16.5	13.4	10.1	29.9
増配置	パターンA　あり×なし	74	12	11	13	6	14	18
		100.0	16.2	14.9	17.6	8.1	18.9	24.3
	パターンB　なし×あり	55	13	6	11	8	3	14
		100.0	23.6	10.9	20.0	14.5	5.5	25.5
	パターンC　あり×あり	104	12	14	13	16	8	41
		100.0	11.5	13.5	12.5	15.4	7.7	39.4
	パターンD　なし×なし	50	7	7	11	11	5	9
		100.0	14.0	14.0	22.0	22.0	10.0	18.0

3-15(5) 障害児認定を受けていないが実際に加配が必要な状況にある対象園児がいる場合の職員数（正規）

表 3-15(5)-1 障害児認定を受けていないが実際に加配が必要な状況にある対象園児がいる場合の職員数（正規）（全体傾向）

		回答数	%
	全体	213	100.0
0	0人	132	62.0
1	1人	52	24.4
2	2人	16	7.5
3	3人	9	4.2
4	4人	2	0.9
5	5人以上	2	0.9

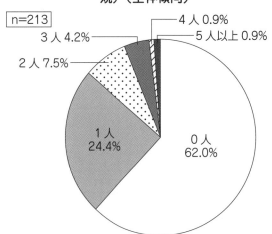

図 3-15(5)-1 障害児認定を受けていないが実際に加配が必要な状況にある対象園児がいる場合の職員数（正規）（全体傾向）

　表3-15(5)-1、及び図3-15(5)-1で示す全体傾向としては、「0人」と回答した園が多く、132件（62％）であった。続いて「1人」が52件（24.4％）、「2人」が16件（7.5％）、「3人」9件（4.2％）、「4人」「5人以上」が2件（0.9％）となった。このことから、認定を受けていない場合、加配がつかない状況が半数以上という実態がわかった。次いで「1人」の加配をつけているものの、割合としては24.4％にとどまっている。

　表3-15(5)-2の所在地別では、23区で、「0人」が78件（62.4％）となり、次いで「1人」が29件（23.2％）、「2人」「3人」が7件（5.6％）、「4人」「5人以上」がそれぞれ2件（1.6％）となっている。一方、市町村部では、「0人」が54件（63.5％）、「1人」が20件（23.5％）となっており、23区と比べても地域による変化はほとんど見られなかった。ただし「2人」は9件（10.6％）、「3人」が2件（2.4％）という数字も出ている。

　表3-15(5)-3運営主体別でみると、公立では「0人」が37件（74％）と高い割合を占め、加配がほとんどつかない状況がわかる。くわえて加配がつかない状況では、株式会社も「0人」が10件（71.4％）、次いで公設民営が7件（63.6％）という数字となっている。一方で、社会福祉法人では、「0人」は78件（57.8％）となっており、加配がない状況の運営主体別でみると、公立、株式会社～その他、公設民営、社会福祉法人の順番となっている。また、「1人」と回答をした傾向を見た場合、公設民営が27.3％、社会福祉法人が26.7％、株式会社～その他が21.4％、公立が14％という割合になり、公立に加配がついていない実態がわかる。

　続いて表3-15(5)-4に示す通り、職員増配置の有無をみると、「パターンA」つまり自治体独自の増配置があり、園独自の増配置がない場合は、「0人」が39件（75％）、「1人」が8件（15.4％）、「2人」5件（9.6％）の順となっている。「パターンB」つまり自治体独自の増配置がなく、園独自の増配置がある場合は、「0人」19件（50％）、「1人」13件（34.2％）の順となっている。「パターンC」つまり自治体独自及び園独自の増配置がある

場合でも、「0人」が41件（64.1％）と高くなっている。また、「パターンD」つまり双方ともなし・なしであったとしても、「0人」が21件（56.8％）、「1人」が11件（29.7％）となっており、障害児認定がない場合には、どの条件（パターン）でも、正規職員を配置できない状況にあるのが解る。

表3-15(5)-2　障害児認定を受けていないが実際に加配が必要な状況にある対象園児がいる場合の職員数（正規）（所在地別）

		回答数	0人	1人	2人	3人	4人	5人以上
	全体	213	132	52	16	9	2	2
		100.0	62.0	24.4	7.5	4.2	0.9	0.9
貴園の所在	23区	125	78	29	7	7	2	2
		100.0	62.4	23.2	5.6	5.6	1.6	1.6
	市町村部	85	54	20	9	2	0	0
		100.0	63.5	23.5	10.6	2.4	0.0	0.0

表3-15(5)-3　障害児認定を受けていないが実際に加配が必要な状況にある対象園児がいる場合の職員数（正規）（運営主体別）

		回答数	0人	1人	2人	3人	4人	5人以上
	全体	213	132	52	16	9	2	2
		100.0	62.0	24.4	7.5	4.2	0.9	0.9
運営主体	公立	50	37	7	4	2	0	0
		100.0	74.0	14.0	8.0	4.0	0.0	0.0
	公設民営	11	7	3	1	0	0	0
		100.0	63.6	27.3	9.1	0.0	0.0	0.0
	社会福祉法人	135	78	36	10	7	2	2
		100.0	57.8	26.7	7.4	5.2	1.5	1.5
	株式会社〜その他	14	10	3	1	0	0	0
		100.0	71.4	21.4	7.1	0.0	0.0	0.0

表3-15(5)-4　障害児認定を受けていないが実際に加配が必要な状況にある対象園児がいる場合の職員数（正規）（職員増配置の有無）

		回答数	0人	1人	2人	3人	4人	5人以上
	全体	213	132	52	16	9	2	2
		100.0	62.0	24.4	7.5	4.2	0.9	0.9
増配置	パターンA　あり×なし	52	39	8	5	0	0	0
		100.0	75.0	15.4	9.6	0.0	0.0	0.0
	パターンB　なし×あり	38	19	13	4	2	0	0
		100.0	50.0	34.2	10.5	5.3	0.0	0.0
	パターンC　あり×あり	64	41	15	2	3	1	2
		100.0	64.1	23.4	3.1	4.7	1.6	3.1
	パターンD　なし×なし	37	21	11	1	3	1	0
		100.0	56.8	29.7	2.7	8.1	2.7	0.0

3-15(6) 障害児認定を受けていないが実際に加配が必要な状況にある対象園児がいる場合の職員数（正規以外）

表 3-15(6)-1 障害児認定を受けていないが実際に加配が必要な状況にある対象園児がいる場合の職員数（正規以外）（全体傾向）

		回答数	%
	全体	240	100.0
0	0人	105	43.8
1	1人	71	29.6
2	2人	36	15.0
3	3人	13	5.4
4	4人	9	3.8
5	5人以上	6	2.5

図 3-15(6)-1 障害児認定を受けていないが実際に加配が必要な状況にある対象園児がいる場合の職員数（正規以外）（全体傾向）

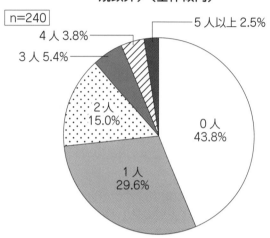

　表3-15(6)-1、及び図3-15(6)-1に示す通り、全体傾向では設問が正規以外の職員数ということで、「0人」と回答した園は105件（43.8％）であり、正規職員の回答より全体的に少ない数字となっている。次いで「1人」71件（29.6％）、「2人」36件（15％）と続いている。この傾向を見た場合、表3-15(5)-1と比較すると、正規職員は加配できないが、正規職員以外では、若干だが配置しやすい状況がうかがえる。

　表3-15(6)-2 所在地別でみると、23区で「0人」と回答している園が60件（45.1％）となり、次いで「1人」50件（37.6％）、「2人」11件8.3％となっている。一方市町村部では、「0人」と回答して園が45件（42.9％）あり、23区とほぼ同じような割合での回答となっているが、「2人」と回答した園は、23件（21.9％）となり、本調査においては、23区より市町村部の方が多く配置している状況を示している。

　表3-15(6)-3で示す通り、運営主体別での正規職員以外の配置の状況は、「0人」と回答した公立は27件（54％）、公設民営5件（50％）、株式会社〜その他8件（50％）、社会福祉法人64件（40％）という数字となり、運営主体別では、「0人」と回答した社会福祉法人が10％〜14％ほど低い数字となった。「1人」と回答した園は、株式会社〜その他が5件（31.3％）次いで社会福祉法人が49件（30.6％）公立14件（28％）公設民営が2件（20％）となっている。「2人」と回答した園は、社会福祉法人が29件（18.1％）となり、公立・公設民営・株式会社〜その他と比べて高い数字となっている。

　表3-15(6)-4 職員増配置の有無でみると、
「パターンA」つまり自治体独自の増配置があり、園独自の増配置がない場合では、「0人」と回答した園が27件（45％）、「1人」が18件（30％）となっている。

　「パターンB」つまり自治体独自の増配置がなく、園独自の増配置がある場合でも、「0人」が18件（50％）、「1人」が8件（22.2％）の順となっている。

　「パターンC」つまり自治体及び園独自の増配置がある場合では、あり・ありという条件

であることから、「0人」が31件（39.2％）、「1人」が26件（32.9％）、「2人」が12件（15.2％）の順となり、「パターンA」及び「B」よりは、若干配置状況が改善されている。しかし、「パターンD」つまり自治体及び園独自の増配置がない場合では、「0人」が15件（45.5％）、「1人」8件（24.2％）となっている。

3-15(5)（正規職員の配置）とも関連するが、認定を受けていない状況では、正規職員でも正規職員以外でも、同じような傾向になった。

表 3-15(6)-2　障害児認定を受けていないが実際に加配が必要な状況にある対象園児がいる場合の職員数（正規以外）（所在地別）

		回答数	0人	1人	2人	3人	4人	5人以上
	全体	240	105	71	36	13	9	6
		100.0	43.8	29.6	15.0	5.4	3.8	2.5
貴園の所在	23区	133	60	50	11	5	4	3
		100.0	45.1	37.6	8.3	3.8	3.0	2.3
	市町村部	105	45	21	23	8	5	3
		100.0	42.9	20.0	21.9	7.6	4.8	2.9

表 3-15(6)-3　障害児認定を受けていないが実際に加配が必要な状況にある対象園児がいる場合の職員数（正規以外）（運営主体別）

		回答数	0人	1人	2人	3人	4人	5人以上
	全体	240	105	71	36	13	9	6
		100.0	43.8	29.6	15.0	5.4	3.8	2.5
運営主体	公立	50	27	14	3	2	2	2
		100.0	54.0	28.0	6.0	4.0	4.0	4.0
	公設民営	10	5	2	1	2	0	0
		100.0	50.0	20.0	10.0	20.0	0.0	0.0
	社会福祉法人	160	64	49	29	9	5	4
		100.0	40.0	30.6	18.1	5.6	3.1	2.5
	株式会社～その他	16	8	5	1	0	2	0
		100.0	50.0	31.3	6.3	0.0	12.5	0.0

表 3-15(6)-4　障害児認定を受けていないが実際に加配が必要な状況にある対象園児がいる場合の職員数（正規以外）（職員増配置の有無）

		回答数	0人	1人	2人	3人	4人	5人以上
	全体	240	105	71	36	13	9	6
		100.0	43.8	29.6	15.0	5.4	3.8	2.5
増配置	パターンA　あり×なし	60	27	18	7	5	2	1
		100.0	45.0	30.0	11.7	8.3	3.3	1.7
	パターンB　なし×あり	36	18	8	5	2	2	1
		100.0	50.0	22.2	13.9	5.6	5.6	2.8
	パターンC　あり×あり	79	31	26	12	3	4	3
		100.0	39.2	32.9	15.2	3.8	5.1	3.8
	パターンD　なし×なし	33	15	8	8	1	0	1
		100.0	45.5	24.2	24.2	3.0	0.0	3.0

3-16(1) 医療的ケア児がいる場合の対象園児数（合計）

表 3-16(1)-1　医療的ケア児がいる場合の対象園児数（合計）（全体傾向）

		回答数	%
	全体	301	100.0
0	0人	252	83.7
1	1人	27	9.0
2	2人	11	3.7
3	3人	5	1.7
4	4人	2	0.7
5	5人以上	4	1.3

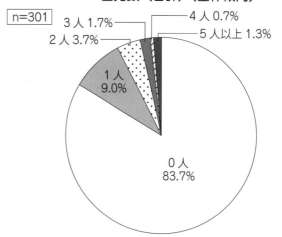

図 3-16(1)-1　医療的ケア児がいる場合の対象園児数（合計）（全体傾向）

　表 3-16(1)-1、及び図 3-16(1)-1 に示す通り、回答のあった 301 の保育園のうち、現在、医療的ケア児がいる場合の対象園児数で最も多かったのは「0人」であり、252 件（83.7%）であった。次いで、「1人」が 27 件（9.0%）、「2人」が 11 件（3.7%）、「3人」が 5 件（1.7%）、「5人以上」が 4 件（1.3%）、「4人」が 2 件（0.7%）であった。このように医療的ケア児がいる場合の対象園児数は「0人」が 83.7% と大半を占めた。

　次に、園の特性に基づき実態を集計すると、以下のような傾向が見られた。

　まず、所在地別では、表 3-16(1)-2 に示す通り、「23区」で医療的ケア児数が最も多かったのは「0人」で、163 件（87.6%）であった。次いで、「1人」が 14 件（7.5%）、「2人」が 5 件（2.7%）、「3人」が 2 件（1.1%）、「4人」「5人以上」がどちらも 1 件（0.5%）であった。一方、「市町村部」で最も多かったのは「0人」であり、86 件（76.8%）であった。次いで、「1人」が 13 件（11.6%）、「2人」が 6 件（5.4%）、「3人」、「5人以上」が 3 件（2.7%）であり、「4人」は 1 件（0.9%）であった。このように、所在地別に見ると「23区」「市町村部」共に「0人」が大半を占め、次いで「1人」、「2人」の順で医療的ケア児がいるという傾向が見られた。一方、「市町村部」では「5人以上」が 2.7% と、「23区」に比べ、多い傾向が見られた。

　運営主体別では、表 3-16(1)-3 に示す通り、「公立」で対象園児数が最も多かったのは「0人」で、64 件（90.1%）であった。次いで、「1人」が 5 件（7.0%）であり、「2人」が 2 件（2.8%）で 3 人以上はなかった。「公設民営」は回答数が少なく、「0人」が 14 件（100%）であった。「社会福祉法人」で最も多かったのは「0人」であり、155 件（80.3%）であった。次いで、「1人」が 20 件（10.4%）、「2人」が 9 件（4.7%）、「3人」が 5 件（2.6%）、「4人」「5人以上」共に 2 件（1.0%）であった。「公立」と比べ、医療的ケア児がいる場合の対象園児数が多い傾向が見られた。「株式会社〜その他」も「公設民営」同様、回答数は少なく、最も多かったのは「0人」で 15 件（78.9%）であったが、「1人」が 2 件（10.5%）5人以上 2 件（10.5%）と、医療的ケア児がいる場合の対象園児数が多い傾向がみられる。

　最後に、職員増配置の有無については、表 3-16(1)-4 に示す通り、どのパターンもつまり、

自治体・園で増配置がある、ないにかかわらず「0人」が最も多く80％以上を占めていた。「パターンD」つまり、自治体・園で増配置していない園では「1人」が6件（10.9％）、2人以上はなかった。一方、2人以上受けているのは、「パターンD以外」で職員の増配置があるパターンであった。5人以上受けているのは、「パターンA」「パターンC」であり、つまりどちらも自治体で増配置がある場合であった。このように、職員増配置があることで、複数の医療的ケア児の受け入れ増につながっている傾向も見られた。

表3-16(1)-2　医療的ケア児がいる場合の対象園児数（合計）（所在地別）

		回答数 N	回答数 %	0人		1人		2人		3人		4人		5人以上	
	全体	301	100.0	252	83.7	27	9.0	11	3.7	5	1.7	2	0.7	4	1.3
貴園の所在	23区	186	100.0	163	87.6	14	7.5	5	2.7	2	1.1	1	0.5	1	0.5
	市町村部	112	100.0	86	76.8	13	11.6	6	5.4	3	2.7	1	0.9	3	2.7

表3-16(1)-3　医療的ケア児がいる場合の対象園児数（合計）（運営主体別）

		回答数 N	回答数 %	0人		1人		2人		3人		4人		5人以上	
	全体	301	100.0	252	83.7	27	9.0	11	3.7	5	1.7	2	0.7	4	1.3
運営主体	公立	71	100.0	64	90.1	5	7.0	2	2.8	0	0.0	0	0.0	0	0.0
	公設民営	14	100.0	14	100.0	0	0.0	0	0.0	0	0.0	0	0.0	0	0.0
	社会福祉法人	193	100.0	155	80.3	20	10.4	9	4.7	5	2.6	2	1.0	2	1.0
	株式会社〜その他	19	100.0	15	78.9	2	10.5	0	0.0	0	0.0	0	0.0	2	10.5

表3-16(1)-4　医療的ケア児がいる場合の対象園児数（合計）（職員増配置の有無）

		回答数 N	回答数 %	0人		1人		2人		3人		4人		5人以上	
	全体	301	100.0	252	83.7	27	9.0	11	3.7	5	1.7	2	0.7	4	1.3
増配置	パターンA　あり×なし	71	100.0	60	84.5	6	8.5	3	4.2	1	1.4	0	0.0	1	1.4
	パターンB　なし×あり	50	100.0	44	88.0	2	4.0	3	6.0	1	2.0	0	0.0	0	0.0
	パターンC　あり×あり	92	100.0	75	81.5	9	9.8	2	2.2	3	3.3	2	2.2	1	1.1
	パターンD　なし×なし	55	100.0	49	89.1	6	10.9	0	0.0	0	0.0	0	0.0	0	0.0

3-16(2) 医療的ケア児がいる場合の対象園児の年齢

　表3-16(2)-1、及び図3-16(2)-1に示す通り、回答のうち、医療的ケア児がいる場合の対象園児の年齢については、「3歳児」と「5歳児」が最も多く、20件ずつとなった。次いで、「4歳児」の17件、「2歳児」の13件、「1歳児」の12件、「0歳児」の4件となった。

表3-16(2)-1　医療的ケア児がいる場合の対象園児の年齢（全体傾向）

		回答数	%
	全体	48	100.0
1	0歳児	4	8.3
2	1歳児	12	25.0
3	2歳児	13	27.1
4	3歳児	20	41.7
5	4歳児	17	35.4
6	5歳児	20	41.7

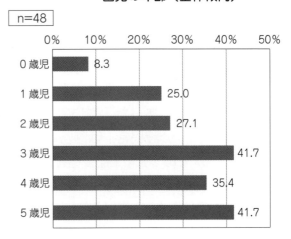

図3-16(2)-1　医療的ケア児がいる場合の対象園児の年齢（全体傾向）

3-17　勤務先で産休・育休・介護休業を取得している人数

表3-17-1　勤務先で産休・育休・介護休業を取得している人数（全体傾向）

		回答数	%
	全体	433	100.0
0	0人	136	31.4
1	1人	156	36.0
2	2人	95	21.9
3	3人	30	6.9
4	4人	11	2.5
5	5人以上	5	1.2

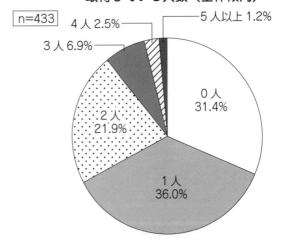

図3-17-1　勤務先で産休・育休・介護休業を取得している人数（全体傾向）

　表3-17-1、及び図3-17-1に示す通り、回答のあった433の保育園のうち、勤務先で産休・育休・介護休業を取得している人数で最も多かったのは「1人」であり、156件（36.0%）であった。次いで、「0人」が136件（31.4%）、「2人」が95件（21.9%）、10%未満ではあるが、「3人」が30件（6.9%）、「4人」が11件（2.5%）、「5人以上」が5件（1.2%）であった。約7割の保育園で、産休・育休・介護休業、いずれかの休業を取得している職

員がいることがわかる。

　次に、園の特性に基づき、産休・育休・介護休業を取得している人数の実態を集計すると、以下のような傾向が見られた。

　まず、所在地別では、表3-17-2に示す通り、「23区」で休業取得人数が最も多かったのは「1人」で、98件（35.8%）であった。次いで、「0人」が76件（27.7%）、「2人」が67件（24.5%）、「3人」「4人」「5人以上」は、10%未満であった。一方、「市町村部」で最も多かったのは「0人」であり、60件（39.0%）であった。次いで、「1人」が57件（37.0%）、「2人」が25件（16.2%）、「3人」「4人」「5人以上」は「23区」同様、10%未満だった。このように、所在地別に見ると産休・育休・介護休業を取得している人数は、「23区」では72.4%、「市町村部」では60.9%の園で休業を取得している職員がいる。少数ではあるが、「23区」「市町村部」、共に「3人以上」の職員が休業を取得していることがわかった。

　運営主体別では、表3-17-3に示す通り、「公立」で休業数が最も多かったのは「1人」で、44件（37.0%）であった。次いで、「2人」が35件（29.4%）であり、休業取得が79.8%を占めていた。「公設民営」は回答数が少なく、休業取得で最も多かったのは「0人」であり、6件（26.1%）であった。「社会福祉法人」で最も多かったのは「1人」であり、93件（36.3%）であった。次いで、「0人」が92件（35.9%）、「2人」が48件（18.8%）であった。「株式会社〜その他」も「公設民営」同様、回答数は少なく、最も多かったのは「0人」であり、14件（51.9%）であった。「株式会社〜その他」は4人以上の取得はなかった。

　最後に、職員増配置の有無については、表3-17-4に示す通り、増配置の有無に関係なく、60%以上の休業取得の傾向が見られた。「パターンA」・「C」つまり、自治体の増配置がある園では「5人以上」休業取得をしている園があった。

表3-17-2　勤務先で産休・育休・介護休業を取得している人数（所在地別）

		回答数 N	回答数 %	0人		1人		2人		3人		4人		5人以上	
	全体	433	100.0	136	31.4	156	36.0	95	21.9	30	6.9	11	2.5	5	1.2
貴園の所在	23区	274	100.0	76	27.7	98	35.8	67	24.5	21	7.7	8	2.9	4	1.5
	市町村部	154	100.0	60	39.0	57	37.0	25	16.2	8	5.2	3	1.9	1	0.6

表3-17-3　勤務先で産休・育休・介護休業を取得している人数（運営主体別）

		回答数 N	回答数 %	0人		1人		2人		3人		4人		5人以上	
	全体	433	100.0	136	31.4	156	36.0	95	21.9	30	6.9	11	2.5	5	1.2
運営主体	公立	119	100.0	24	20.2	44	37.0	35	29.4	8	6.7	6	5.0	2	1.7
	公設民営	23	100.0	6	26.1	9	39.1	4	17.4	2	8.7	2	8.7	0	0.0
	社会福祉法人	256	100.0	92	35.9	93	36.3	48	18.8	18	7.0	3	1.2	2	0.8
	株式会社〜その他	27	100.0	14	51.9	8	29.6	4	14.8	1	3.7	0	0.0	0	0.0

表3-17-4　勤務先で産休・育休・介護休業を取得している人数（職員増配置の有無）

		回答数 N	回答数 %	0人		1人		2人		3人		4人		5人以上	
	全体	433	100.0	136	31.4	156	36.0	95	21.9	30	6.9	11	2.5	5	1.2
増配置	パターンA　あり×なし	106	100.0	24	22.6	39	36.8	28	26.4	8	7.5	5	4.7	2	1.9
	パターンB　なし×あり	70	100.0	27	38.6	20	28.6	18	25.7	4	5.7	1	1.4	0	0.0
	パターンC　あり×あり	130	100.0	41	31.5	48	36.9	26	20.0	9	6.9	3	2.3	3	2.3
	パターンD　なし×なし	70	100.0	26	37.1	27	38.6	13	18.6	3	4.3	1	1.4	0	0.0

3-18 勤務先で定められている産休をはじめとする短時間勤務制度は活用できているか

表3-18-1 勤務先で定められている産休をはじめとする短時間勤務制度は活用できているか（全体傾向）

		回答数	%
	全体	447	100.0
1	はい	406	90.8
2	いいえ	41	9.2

図3-18-1 勤務先で定められている産休をはじめとする短時間勤務制度は活用できているか（全体傾向）

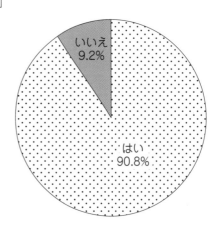

表3-18-1、及び図3-18-1に示す通り、回答のあった447の保育園のうち、「勤務先で定められている産休をはじめとする短時間勤務制度は活用できているか」の質問に対し、「はい」406件（90.8%）、「いいえ」41件（9.2%）であった。ほとんどの園で短時間勤務制度を活用できている傾向である。

次に、園の特性に基づき、短時間勤務制度の活用の実態を集計すると、以下のような傾向が見られた。

まず、所在地別では、表3-18-2に示す通り、「23区」では「はい」が、255件（91.7%）「いいえ」が23件（8.3%）であった。「市町村部」では「はい」が146件（89.0%）。「いいえ」が18件（11%）であった。「23区」「市町村部」での、短時間勤務制度の活用について大きな差はなかった。

続いて表3-18-3及び表3-18-4に示す通り、「はい」の回答に関して、運営主体別、職員増配置の有無による差はほとんど見られなかった。

最後に、表3-18-5に示す通り、短時間勤務制度の活用については、園長、主任保育士、リーダー、その他の職員は90%以上、副主任、フリーの保育士は80%以上が「はい」の回答であった。一方、乳児担当保育士（77.8%）、幼児担当保育士（62.5%）の回答となっており、クラス担任保育士は他の職員に比べ、短時間勤務制度の活用が十分にできていない傾向がある。

表3-18-2 勤務先で定められている産休をはじめとする短時間勤務制度は活用できているか（所在地別）

		回答数 N	%	はい		いいえ	
全体		447	100.0	406	90.8	41	9.2
貴園の所在	23区	278	100.0	255	91.7	23	8.3
	市町村部	164	100.0	146	89.0	18	11.0

表3-18-3 勤務先で定められている産休をはじめとする短時間勤務制度は活用できているか（運営主体別）

		回答数 N	%	はい		いいえ	
	全体	447	100.0	406	90.8	41	9.2
運営主体	公立	120	100.0	107	89.2	13	10.8
	公設民営	23	100.0	21	91.3	2	8.7
	社会福祉法人	268	100.0	246	91.8	22	8.2
	株式会社〜その他	28	100.0	24	85.7	4	14.3

表3-18-4 勤務先で定められている産休をはじめとする短時間勤務制度は活用できているか（職員増配置の有無）

		回答数 N	%	はい		いいえ	
	全体	447	100.0	406	90.8	41	9.2
増配置	パターンA　あり×なし	106	100.0	96	90.6	10	9.4
	パターンB　なし×あり	72	100.0	63	87.5	9	12.5
	パターンC　あり×あり	132	100.0	124	93.9	8	6.1
	パターンD　なし×なし	75	100.0	70	93.3	5	6.7

表3-18-5 勤務先で定められている産休をはじめとする短時間勤務制度は活用できているか（回答者役職別）

		回答数 N	%	はい		いいえ	
	全体	447	100.0	406	90.8	41	9.2
役職	園長	300	100.0	276	92.0	24	8.0
	主任保育士	66	100.0	61	92.4	5	7.6
	副主任	13	100.0	11	84.6	2	15.4
	リーダー	12	100.0	11	91.7	1	8.3
	担任（乳児）	9	100.0	7	77.8	2	22.2
	担任（幼児）	8	100.0	5	62.5	3	37.5
	フリー	7	100.0	6	85.7	1	14.3
	その他	22	100.0	20	90.9	2	9.1

3-19　現在職場で短時間勤務制度を利用している人数

表3-19-1 現在職場で短時間勤務制度を利用している人数（全体傾向）

		回答数	%
	全体	425	100.0
0	0人	182	42.8
1	1人	116	27.3
2	2人	80	18.8
3	3人	28	6.6
4	4人	12	2.8
5	5人以上	7	1.6

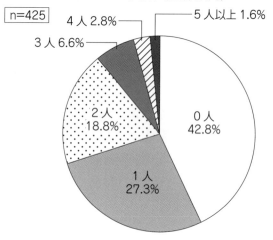

図3-19-1 現在職場で短時間勤務制度を利用している人数（全体傾向）

　表3-19-1、及び図3-19-1に示す通り、回答のあった425の保育園のうち、現在職場で短時間勤務制度を利用している人数で、最も多かったのは「0人」であり、182件（42.8％）であった。次いで、「1人」が116件（27.3％）、「2人」が80件（18.8％）、3人以上は10％未満であった。このように57.2％の園で、短時間勤務制度が利用されており、29.9％

の園で複数人利用しているという結果になった。

　次に、園の特性に基づき、短時間勤務制度を利用している人数の実態を集計すると、以下のような傾向が見られた。

　まず、所在地別では、表 3-19-2 に示す通り、「23 区」で短時間勤務制度を利用している人数が最も多かったのは「0 人」で、110 件（41.7%）であった。次いで、「1 人」が 72 件（27.3%）、「2 人」が 56 件（21.2%）、3 人以上は 10% 未満であった。「市町村部」で最も多かったのは「0 人」であり、69 件（44.5%）であった。次いで、「1 人」が 41 件（26.5%）、「2 人」が 24 件（15.5%）であり、他は 10% に満たない状況であった。2 人までの利用に関しては所在地別に見ると「23 区」が「市町村部」を上回るが、3 人以上の利用になると、市町村部が多い傾向が見られた。

　運営主体別では、表 3-19-3 に示す通り、「公立」で短時間勤務制度を利用している人数が最も多かったのは「0 人」で、55 件（49.5%）であった。次いで、「1 人」が 25 件（22.5%）、「2 人」が 20 件（18.0%）であり、50.5% の園で利用されている。「公設民営」は回答数が少なく、最も多かったのは「0 人」13 件（59.1%）であり、ついで「1 人」7 件（31.8%）であった。「社会福祉法人」で最も多かったのは「0 人」97 件（38.0%）であり、次いで、「1 人」が 70 件（27.5%）、「2 人」が 55 件（21.6%）であった。「株式会社〜その他」も「公設民営」同様、回答数は少なく、最も多かったのは「0 人」であり、13 件（46.4%）、ついで「1 人」が 10 件（35.7%）だった。「公立」「社会福祉法人」は 4 人以上の制度の利用がある傾向が見られた。

　最後に、職員増配置の有無については、表 3-19-4 に示す通り、「パターンC」つまり、自治体・園双方で増配置がある園では最も多く 64.1% の利用があった。一方、「パターン D」つまり、自治体・園双方で増配置がない園でも 56.5% の利用があり、「パターン A」、自治体の増配置あり園の増配置なしの利用人数（50%）、「パターン B」自治体の増配置なし、園の増配置あり場合の利用人数（47.9%）を上回り、増配置の有無に関わらず、利用が増えている傾向が見られた。

表 3-19-2　現在職場で短時間勤務制度を利用している人数（所在地別）

		回答数 N	回答数 %	0人		1人		2人		3人		4人		5人以上	
	全体	425	100.0	182	42.8	116	27.3	80	18.8	28	6.6	12	2.8	7	1.6
貴園の所在	23区	264	100.0	110	41.7	72	27.3	56	21.2	15	5.7	6	2.3	5	1.9
	市町村部	155	100.0	69	44.5	41	26.5	24	15.5	13	8.4	6	3.9	2	1.3

表 3-19-3　現在職場で短時間勤務制度を利用している人数（運営主体別）

		回答数 N	回答数 %	0人		1人		2人		3人		4人		5人以上	
	全体	425	100.0	182	42.8	116	27.3	80	18.8	28	6.6	12	2.8	7	1.6
運営主体	公立	111	100.0	55	49.5	25	22.5	20	18.0	7	6.3	2	1.8	2	1.8
	公設民営	22	100.0	13	59.1	7	31.8	1	4.5	1	4.5	0	0.0	0	0.0
	社会福祉法人	255	100.0	97	38.0	70	27.5	55	21.6	18	7.1	10	3.9	5	2.0
	株式会社〜その他	28	100.0	13	46.4	10	35.7	3	10.7	2	7.1	0	0.0	0	0.0

表 3-19-4　現在職場で短時間勤務制度を利用している人数（職員増配置の有無）

		回答数 N	%	0人		1人		2人		3人		4人		5人以上	
全体		425	100.0	182	42.8	116	27.3	80	18.8	28	6.6	12	2.8	7	1.6
増配置	パターンA　あり×なし	100	100.0	50	50.0	18	18.0	23	23.0	5	5.0	2	2.0	2	2.0
	パターンB　なし×あり	71	100.0	37	52.1	19	26.8	7	9.9	3	4.2	4	5.6	1	1.4
	パターンC　あり×あり	128	100.0	46	35.9	40	31.3	27	21.1	10	7.8	2	1.6	3	2.3
	パターンD　なし×なし	69	100.0	30	43.5	24	34.8	8	11.6	5	7.2	1	1.4	1	1.4

3-20　現在、保護者とのコミュニケーションは十分に取れていると感じるか

表 3-20-1　現在、保護者とのコミュニケーションは十分に取れていると感じるか（全体傾向）

		回答数	%
	全体	451	100.0
1	はい	181	40.1
2	いいえ	270	59.9

図 3-20-1　現在、保護者とのコミュニケーションは十分に取れていると感じるか（全体傾向）

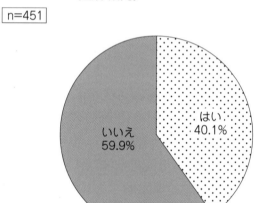

　表 3-20-1、及び図 3-20-1 に示す通り、回答のあった 451 件の保育園のうち、現在、保護者とのコミュニケーションは十分に取れていると感じるかの問いに対して「はい」は 181 件（40.1％）、「いいえ」は 270 件（59.9％）であった。

　次に、園の特性に基づき、保護者とのコミュニケーションの実態について集計すると、以下のような傾向が見られた。

　運営主体別では、表 3-20-2 に示す通り、回答数が最も多かったのは「社会福祉法人」が 268 件で、そのうち「はい」と回答した数は 107 件（39.9％）、「いいえ」と回答した数は 161 件（60.1％）であった。次いで、「公立」が 123 件で、そのうち「はい」と回答した数は 44 件（35.8％）、「いいえ」と回答した数は 79 件（64.2％）であった。「株式会社～その他」「公設民営」は回答数が少なく、「株式会社～その他」が 28 件のうち「はい」と回答した数は 14 件（50.0％）、「いいえ」と回答した数は 14 件（50.0％）、「公設民営」が 23 件のうち「はい」と回答した数は 10 件（43.5％）、「いいえ」と回答した数は 13 件（56.5％）であった。このように、運営主体別では「株式会社～その他」以外は、現在、保護者とのコミュニケーションは十分に取れていると感じるかという問いに対して、6 割前後の回答が「いいえ」と回答しており、「公立」が「いいえ」と回答する割合が若干多い傾向が見られた。

　また職員増配置の有無については、表 3-20-3 に示す通り、回答数が最も多かったのは、「パ

ターンC」つまり、自治体・園双方で増配置がある園の 134 件で、そのうち「はい」と回答した数は 44 件（32.8%）、「いいえ」と回答した数は 90 件（67.2%）であった。次いで「パターンA」つまり、自治体に増配置があるが、自園で増配置していない園では 108 件のうち、「はい」と回答した数は 43 件（39.8%）、「いいえ」と回答した数は 65 件（60.2%）であった。「パターンD」つまり、自治体・園双方で増配置が無い園では 74 件のうち、「はい」と回答した数は 33 件（44.6%）、「いいえ」と回答した数は 41 件（55.4%）、「パターンB」つまり、自治体には増配置はないが、園独自に増配置している園では 73 件のうち、「はい」と回答した数は 32 件（43.8%）、「いいえ」と回答した数は 41 件（56.2%）であった。このように、「パターンC」つまり、自治体・園双方で増配置がある園は他の職員増配置の有無のパターンと比較して「いいえ」と回答する割合が若干多い傾向が見られた。

　最後に、回答者役職別では、表 3-20-4 に示す通り、回答が最も多かったのは「園長」が 304 件で、そのうち「はい」は 118 件（38.8%）、「いいえ」は 186 件（61.2%）であり、次いで「主任保育士」が「はい」は 28 件（42.4%）、「いいえ」は 38 件（57.6%）であった。他「副主任」「リーダー」「担任（乳児）」「担任（幼児）」「フリー」「その他」は回答数が少なかったが、特に「リーダー」「担任（乳児）」では他と比較して「いいえ」より「はい」という回答が多い結果となった。このように、回答者役職別では、回答する役職によっては全体傾向とは逆、つまり、現在、保護者とのコミュニケーションは十分に取れていると感じる役職の傾向が見られた。

表 3-20-2　現在、保護者とのコミュニケーションは十分に取れていると感じるか（運営主体別）

		回答数		はい		いいえ	
		N	%				
	全体	451	100.0	181	40.1	270	59.9
運営主体	公立	123	100.0	44	35.8	79	64.2
	公設民営	23	100.0	10	43.5	13	56.5
	社会福祉法人	268	100.0	107	39.9	161	60.1
	株式会社〜その他	28	100.0	14	50.0	14	50.0

表 3-20-3　現在、保護者とのコミュニケーションは十分に取れていると感じるか（職員増配置の有無）

		回答数		はい		いいえ	
		N	%				
	全体	451	100.0	181	40.1	270	59.9
増配置	パターンA　あり×なし	108	100.0	43	39.8	65	60.2
	パターンB　なし×あり	73	100.0	32	43.8	41	56.2
	パターンC　あり×あり	134	100.0	44	32.8	90	67.2
	パターンD　なし×なし	74	100.0	33	44.6	41	55.4

表 3-20-4　現在、保護者とのコミュニケーションは十分に取れていると感じるか（回答者役職別）

		回答数		はい		いいえ	
		N	%				
	全体	451	100.0	181	40.1	270	59.9
役職	園長	304	100.0	118	38.8	186	61.2
	主任保育士	66	100.0	28	42.4	38	57.6
	副主任	13	100.0	4	30.8	9	69.2
	リーダー	12	100.0	8	66.7	4	33.3
	担任（乳児）	10	100.0	6	60.0	4	40.0
	担任（幼児）	8	100.0	3	37.5	5	62.5
	フリー	7	100.0	3	42.9	4	57.1
	その他	21	100.0	5	23.8	16	76.2

3-21　配置基準を改善することで、保護者対応において良いと思うこと

表 3-21-1　配置基準を改善することで、保護者対応において良いと思うこと（全体傾向）

		回答数	%
	全体	444	100.0
1	コミュニケーションの時間が増やせる	211	47.5
2	日常の様子を伝えることができる	147	33.1
3	面談の機会が増やせる	36	8.1
4	育児困難家庭への対応	41	9.2
5	その他	9	2.0
5	5人以上		1.6

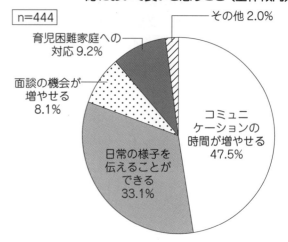

図 3-21-1　配置基準を改善することで、保護者対応において良いと思うこと（全体傾向）

　表 3-21-1、及び図 3-21-1 に示す通り、回答のあった 444 の保育園のうち、配置基準を改善することで、保護者対応において良いと思うことで最も多かったのは、「コミュニケーションの時間が増やせる」であり、211 件（47.5％）であった。次いで、「日常の様子を伝えることができる」が 147 件（33.1％）、「育児困難家庭への対応」が 41 件（9.2％）、「面談の機会が増やせる」が 36 件（8.1％）、その他が 9 件（2.0％）であった。このように配置基準を改善することで、保護者対応において良いと思うことに「コミュニケーションの時間が増やせる」が半数近くを占めている。

　次に、園の特性に基づき、保護者対応において良いと思うことの実態を集計すると、以下のような傾向が見られた。

　まず、所在地別では、表 3-21-2 に示す通り、「23 区」で保護者対応において良いと思うことが最も多かったのは「コミュニケーションの時間が増やせる」で、124 件（44.8％）であった。次いで「日常の様子を伝えることができる」が 92 件（33.2％）、「育児困難家庭への対応」が 28 件（10.1％）、「面談の機会が増やせる」が 25 件（9.0％）、「その他」が 8 件（2.9％）であった。一方、「市町村部」で最も多かったのは「コミュニケーションの時間が増やせる」で、84 件（52.2％）であった。次いで「日常の様子を伝えることができる」が 53 件（32.9％）、「育児困難家庭への対応」が 12 件（7.5％）、「面談の機会が増やせる」が 11 件（6.8％）、「その他」が 1 件（0.6％）であった。このように、所在地別に見ると、「23 区」は「市町村部」に比べて、「面談の機会が増やせる」「育児困難家庭への対応」が若干高い傾向が見られ、一方「市町村部」は「23 区」に比べて、配置基準を改善することで、保護者対応において良いと思うことに「コミュニケーションの時間が増やせる」が多い傾向が見られた。

　運営主体別では、表 3-21-3 に示す通り、回答数は「公立」122 件、「公設民営」22 件、「社会福祉法人」263 件、「株式会社～その他」28 件であった。回答数が最も多かった「社会福祉法人」で保護者対応において良いと思うことが最も多かったのは「コミュニケーションの時間が増やせる」であり、132 件（50.2％）であった。次いで、「日常の様子を伝えるこ

とができる」が89件（33.8%）、「面談の機会が増やせる」が22件（8.4%）、「育児困難家庭への対応」が18件（6.8%）、「その他」が2件（0.8%）であった。次いで回答の多かった「公立」で保護者対応において良いと思うことが最も多かったのは「コミュニケーションの時間が増やせる」で、52件（42.8%）であった。次いで「日常の様子を伝えることができる」が42件（34.4%）、「育児困難家庭への対応」が16件（13.1%）、「面談の機会が増やせる」が7件（5.7%）、「その他」が5件（4.1%）であった。「公設民営」は回答数が少なく、「コミュニケーションの時間が増やせる」が11件（50.0%）で、「日常の様子を伝えることができる」が6件（27.3%）、「面談の機会が増やせる」が3件（13.6%）、「育児困難家庭への対応」が2件（9.1%）であった。「株式会社〜その他」も回答数が少なく、「コミュニケーションの時間が増やせる」が13件（46.4%）、「日常の様子を伝えることができる」が5件（17.9%）、「面談の機会が増やせる」「育児困難家庭への対応」がともに4件（14.3%）、「その他」が2件（7.1%）であった。このように、「公設民営」「株式会社〜その他」では他の運営主体と比較して「面談の機会が増やせる」について多い傾向が見られ、「公立」「株式会社〜その他」は「育児困難家庭への対応」について、他の運営主体と比較して多い傾向が見られた。

　最後に、職員増配置の有無については、表3-21-4に示す通り、「コミュニケーションの時間が増やせる」「日常の様子を伝えることができる」「育児困難家庭への対応」について、「パターンA」（自治体に増配置があるが、自園で増配置していない園）、「パターンB」（自治体に増配置がないが、自園で増配置している園）、「パターンC」（自治体・自園双方で増配置がある園）は大差ない傾向が見られたが、「パターンD」つまり、自治体・園双方で増配置がない園では、「コミュニケーションの時間が増やせる」が最も多く42件（57.5%）であった。これは他の増配置のパターンに比べ、保護者対応において良いと思うことの半数を超える傾向が見られ、「育児困難家庭への対応」も10件（13.7%）で他の増配置のパターンと比べ若干比率が高い傾向が見られた。

表3-21-2　配置基準を改善することで、保護者対応において良いと思うこと（所在地別）

		回答数		コミュニケーションの時間が増やせる		日常の様子を伝えることができる		面談の機会が増やせる		育児困難家庭への対応		その他	
		N	%										
	全体	444	100.0	211	47.5	147	33.1	36	8.1	41	9.2	9	2.0
貴園の所在	23区	277	100.0	124	44.8	92	33.2	25	9.0	28	10.1	8	2.9
	市町村部	161	100.0	84	52.2	53	32.9	11	6.8	12	7.5	1	0.6

表3-21-3　配置基準を改善することで、保護者対応において良いと思うこと（運営主体別）

		回答数		コミュニケーションの時間が増やせる		日常の様子を伝えることができる		面談の機会が増やせる		育児困難家庭への対応		その他	
		N	%										
	全体	444	100.0	211	47.5	147	33.1	36	8.1	41	9.2	9	2.0
運営主体	公立	122	100.0	52	42.6	42	34.4	7	5.7	16	13.1	5	4.1
	公設民営	22	100.0	11	50.0	6	27.3	3	13.6	2	9.1	0	0.0
	社会福祉法人	263	100.0	132	50.2	89	33.8	22	8.4	18	6.8	2	0.8
	株式会社〜その他	28	100.0	13	46.4	5	17.9	4	14.3	4	14.3	2	7.1

表 3-21-4　配置基準を改善することで、保護者対応において良いと思うこと（職員増配置の有無）

		回答数		コミュニケーションの時間が増やせる		日常の様子を伝えることができる		面談の機会が増やせる		育児困難家庭への対応		その他	
		N	%										
全体		444	100.0	211	47.5	147	33.1	36	8.1	41	9.2	9	2.0
増配置	パターンA　あり×なし	107	100.0	47	43.9	41	38.3	6	5.6	8	7.5	5	4.7
	パターンB　なし×あり	71	100.0	34	47.9	27	38.0	6	8.5	4	5.6	0	0.0
	パターンC　あり×あり	131	100.0	64	48.9	38	29.0	15	11.5	12	9.2	2	1.5
	パターンD　なし×なし	73	100.0	42	57.5	15	20.5	6	8.2	10	13.7	0	0.0

3-22　保護者対応において1人あたり、一日平均どのくらい時間がかかるか（日常の保育の報告・けがや事故の報告・通知・お便り作成・連絡ノートの記入など含め）

表 3-22-1　保護者対応において1人あたり、一日平均どのくらい時間がかかるか（全体傾向）

		回答数	%
	全体	444	100.0
0	10分未満	129	29.1
10	10〜20分未満	174	39.2
20	20〜30分未満	36	8.1
30	30分以上	105	23.6
5	その他		2.0

図 3-22-1　保護者対応において1人あたり、一日平均どのくらい時間がかかるか（全体傾向）

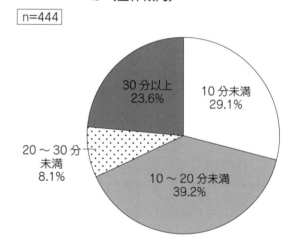

　表3-22-1、及び図3-22-1に示す通り、回答のあった444の保育園のうち、保護者対応において1人あたりにかかる一日平均時間数で最も多かったのは、「10〜20分未満」であり、174件（39.2%）であった。次いで「10分未満」が129件（29.1%）、「30分以上」が105件（23.6%）、「20〜30分未満」が36件（8.1%）であった。このように保護者対応において1人あたり、一日平均20分未満が68.3%と7割を占めた。

　次に、園の特性に基づき、保護者対応において1人当たりかかる平均時間の実態を集計すると、以下のような傾向が見られた。

　まず、所在地別では、表3-22-2に示す通り、「23区」で276件、「市町村部」で162件の回答があった。まず「23区」で保護者対応平均時間が最も多かったのは「10〜20分未満」で、111件（40.2%）であった。次いで、「10分未満」が75件（27.2%）、「30分以上」が70件（23.6%）、「20〜30分未満」で20件（7.2%）であった。一方、「市町村部」で最も多かったのは「10〜20分未満」が59件（36.4%）、次いで「10分未満」が54件（33.3%）、「30分以上」が34件（21.0%）、「20〜30分未満」が15件（9.3%）であった。このように、所在地別でみると全体傾向と同様に、保護者対応においてかかる1人当たり

の平均時間が最も多かったのは「10 〜 20 分未満」、次いで「10 分未満」、「30 分以上」「20 〜 30 分未満」の順となった。

　運営主体別では、表 3-22-3 に示す通り、「社会福祉法人」265 件、「公立」120 件、「株式会社〜その他」28 件、「公設民営」22 件の回答があった。最も回答数が多かった「社会福祉法人」で最も多かったのは「10 〜 20 分未満」で 101 件（38.1%）であった。次いで「10 分未満」が 82 件（30.9%）であり、「30 分以上」が 61 件（23.0%）、「20 〜 30 分未満」が 21 件（7.9%）であった。「公立」で最も多かったのは「10 〜 20 分未満」が 46 件（38.3%）、次いで「10 分未満」「30 分以上」が 35 件（29.2%）と同数であり、「20 〜 30 分未満」では 4 件（3.3%）であった。回答数の少なかった「株式会社〜その他」で最も多かったのは「10 〜 20 分未満」が 11 件（39.3%）、次いで「10 分未満」が 8 件（28.6%）、「20 〜 30 分未満」が 6 件（21.4%）、「30 分以上」が 3 件（10.7%）で、保護者対応にかかる平均時間が「20 〜 30 分未満」と「30 分以上」を合わせると全体の 3 割を超え、他の運営主体と比べ保護者対応にかかる平均時間が多い傾向が見られた。また「公設民営」も「株式会社〜その他」同様、回答数は少なく、最も多かったのは「10 〜 20 分未満」で 9 件（40.9%）、次いで「30 分以上」が 5 件（22.7%）、「20 〜 30 分未満」「10 分未満」が 4 件ずつ（18.2%）で、保護者対応にかかる平均時間が「20 〜 30 分未満」「30 分以上」を合わせると全体の 4 割を超え、こちらも他の運営主体に比べ保護者対応にかかる平均時間が多い傾向が見られた。

表 3-22-2　保護者対応において 1 人あたり、一日平均どのくらい時間がかかるか（所在地別）

		回答数		10分未満		10〜20分未満		20〜30分未満		30分以上	
		N	%								
	全体	444	100.0	129	29.1	174	39.2	36	8.1	105	23.6
貴園の所在	23区	276	100.0	75	27.2	111	40.2	20	7.2	70	25.4
	市町村部	162	100.0	54	33.3	59	36.4	15	9.3	34	21.0

表 3-22-3　保護者対応において 1 人あたり、一日平均どのくらい時間がかかるか（運営主体別）

		回答数		10分未満		10〜20分未満		20〜30分未満		30分以上	
		N	%								
	全体	444	100.0	129	29.1	174	39.2	36	8.1	105	23.6
運営主体	公立	120	100.0	35	29.2	46	38.3	4	3.3	35	29.2
	公設民営	22	100.0	4	18.2	9	40.9	4	18.2	5	22.7
	社会福祉法人	265	100.0	82	30.9	101	38.1	21	7.9	61	23.0
	株式会社〜その他	28	100.0	8	28.6	11	39.3	6	21.4	3	10.7

3-23　保護者対応において業務にかけている時間

表 3-23　保護者対応において業務にかけている時間（全体傾向）

	日常の保育の報告		けがや事後の報告		通知・お便りの作成・連絡ノートの記入	
	回答数	%	回答数	%	回答数	%
全体	435	100.0%	426	100.0%	433	100.0%
5分未満	230	52.9%	126	29.6%	37	8.5%
5〜10分未満	113	26.0%	141	33.1%	106	24.5%
10〜20分未満	54	12.4%	131	30.8%	100	23.1%
20〜30分未満	13	3.0%	12	2.8%	18	4.2%
30分以上	25	5.7%	16	3.8%	172	39.7%

　表 3-23 に示す通り、保護者対応において業務にかけている時間の回答数は「日常の保育

の報告」に 435 件、「けがや事故の報告」426 件、「通知・お便りの作成・連絡ノートの記入」433 件であった。「日常の保育の報告」で最も多かったのは「5 分未満」で 230 件（52.9％）であり、次いで、「5 ～ 10 分未満」は 113 件（26.0％）、「10 ～ 20 分未満」が 54 件（12.4％）、「30 分以上」が 25 件（5.7％）、「20 ～ 30 分未満」が 13 件（3.0％）であった。「けがや事故の報告」で最も多かったのは「5 ～ 10 分未満」で 141 件（33.1％）、次いで、「10 ～ 20 分未満」で 131 件（30.8％）、「5 分未満」が 126 件（29.6％）、「30 分以上」が 16 件（3.8％）、「20 ～ 30 分未満」が 12 件（2.8％）であった。「通知・お便りの作成・連絡ノートへの記入」で最も多かったのは「30 分以上」で 172 件（39.7％）であり、次いで、「5 ～ 10 分未満」が 106 件（24.5％）、「10 ～ 20 分未満」が 100 件（23.1％）、「5 分未満」が 37 件（8.5％）、「20 ～ 30 分未満」が 18 件（4.2％）であった。

　このように、保護者対応において業務にかけている「日常の保育の報告」では「5 分未満」が 5 割を超え、「けがや事故の報告」では「日常の保育の報告」と比べ「5 ～ 10 分未満」「10 ～ 20 分未満」が増えており、時間をかけている傾向が見られた。また、「通知・お便りの作成・連絡ノートの記入」については、「30 分以上」の回答が最も多く、業務にかけている時間が長い傾向が見られた。

3-24　業務に適切な時間を確保できているか
3-24(1)　業務に適切な時間を確保できているか（合計）

表 3-24(1)-1　業務に適切な時間を確保できているか（合計）（全体傾向）

	はい		いいえ		計
研修受講	329	72.5%	125	27.5%	454
会議	335	73.8%	119	26.2%	454
事務・記録	168	37.1%	285	62.9%	453
保育・行事の準備	181	39.9%	273	60.1%	454
保護者対応	233	52.0%	215	48.0%	448
休憩	198	43.5%	257	56.5%	455
掃除・消毒	326	72.3%	125	27.7%	451
30分以上	25	5.7%	16	3.8%	172

　表 3-24(1)-1 の表に示す通り、全体傾向では回答のあった 454 件の保育園のうち、現在、最も多かったのは「会議」であり、335 件（73.8％）であった。次いで「研修受講」が 329 件（72.5％）、「掃除・消毒」が 326 件（72.3％）、「保護者対応」が 233 件（52.0％）、「保育・行事の準備」が 181 件（39.9％）、「事務・記録」が 168 件（37.1％）であった。「会議」「研修受講」「掃除・消毒」においては 70％以上の園で時間を確保できていることが分かった。

　一方、「休憩」「保育・行事の準備」、「事務・記録」については「はい」が 50％以下で、時間を確保することが難しい現状がわかった。

3-24(2) 業務に適切な時間を確保できているか（研修受講）

表 3-24(2)-1　業務に適切な時間を確保できているか（研修受講）（全体傾向）

		回答数	%
	全体	454	100.0
1	はい	329	72.5
2	いいえ	125	27.5

図 3-24(2)-1　業務に適切な時間を確保できているか（研修受講）（全体傾向）

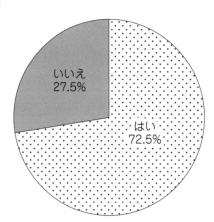

「研修受講」について表 3-24(2)-1、及び図 3-24(2)-1 に示す通り、454 件の保育園中「はい」が 329 件（72.5％）、「いいえ」が 129 件（27.5％）であった。

所在地別では、表 3-24(2)-2 に示す通り、「23 区」は、「はい」が 205 件（71.7％）、「いいえ」が 81 件（28.3％）で、「市区町村部」は、「はい」が 119 件（73.5％）、「いいえ」が 43 件（26.5％）だった。「23 区」「市区町村部」とも大きな差はなかった。

運営主体別では、表 3-24(2)-3 に示す通り、「公立」では「はい」が 92 件（73.6％）、「いいえ」が 33 件（26.4％）、「公設民営」は、「はい」が 18 件（78.3％）、「いいえ」が 5 件（21.7％）、社会福祉法人は、「はい」が 193 件（72％）、「いいえ」が 75 件（28％）、株式会社～その他は、「はい」が 19 件（65.5％）、「いいえ」が 10 件（34.5％）だった。

「公設民営」は、「公立」「社会福祉法人」よりは「はい」がやや多く見られ、「株式会社～その他」は、「公立」「社会福祉法人」「公設民営」に比べると「はい」がやや少ない結果となった。

最後に、職員の増配置の有無については、表 3-24(2)-4 に示す通り、パターンAの自治体独自の増配置あり×自園独自の増配置なしは、「はい」が 85 件（77.3％）、パターンBの自治体独自の増配置なし×自園独自の増配置ありは、「はい」が 59 件（79.7％）とやや多く、パターンCの自治体独自の増配置あり×自園独自の増配置ありは、「はい」が 93 件（69.4％）パターンDの自治体独自の増配置なし×自園独自の増配置なしは、「はい」が 53 件（70.7％）とパターンA、パターンBと比べると 10％ほど少ない結果となった。

表 3-24(2)-2　業務に適切な時間を確保できているか（研修受講）（所在地別）

		回答数 N	%	はい		いいえ	
	全体	454	100.0	329	72.5	125	27.5
貴園の所在	23区	286	100.0	205	71.7	81	28.3
	市町村部	162	100.0	119	73.5	43	26.5

表 3-24(2)-3　業務に適切な時間を確保できているか（研修受講）（運営主体別）

		回答数 N	%	はい		いいえ	
	全体	454	100.0	329	72.5	125	27.5
運営主体	公立	125	100.0	92	73.6	33	26.4
	公設民営	23	100.0	18	78.3	5	21.7
	社会福祉法人	268	100.0	193	72.0	75	28.0
	株式会社～その他	29	100.0	19	65.5	10	34.5

表 3-24(2)-4　業務に適切な時間を確保できているか（研修受講）（職員増配置の有無）

		回答数 N	%	はい		いいえ	
	全体	454	100.0	329	72.5	125	27.5
増配置	パターンA　あり×なし	110	100.0	85	77.3	25	22.7
	パターンB　なし×あり	74	100.0	59	79.7	15	20.3
	パターンC　あり×あり	134	100.0	93	69.4	41	30.6
	パターンD　なし×なし	75	100.0	53	70.7	22	29.3

3-24(3)　業務に適切な時間を確保できているか（会議）

表 3-24(3)-1　業務に適切な時間を確保できているか（会議）（全体傾向）

		回答数	%
	全体	454	100.0
1	はい	335	73.8
2	いいえ	119	26.2

図 3-24(3)-1　業務に適切な時間を確保できているか（会議）（全体傾向）

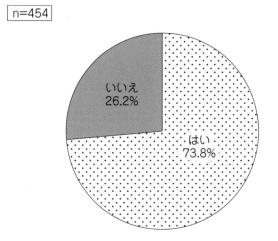

　表 3-24(3)-1、及び図 3-24(3)-1 に示す通り、回答のあった 454 の保育園のうち、会議に必要な適切な時間を確保できているかという問いに対して、全体傾向としては 73.8％が「はい」と回答している。それに対して、「いいえ」と回答したのは 26.2％にとどまった。
　表 3-24(3)-2 にある通り、所在地別に見ると、23 区および、市町村部ともに、適切な時間を確保できているとの回答は 70％以上であり、確保できていないとの回答は 30％未満である。
　表 3-24(3)-3 の運営主体別に見てみると、株式会社～その他をはじめ社会福祉法人立などの民間の運営主体では適切な時間を確保できているとの回答が 70％を超えており、公立保育園でも 66％は超えている。
　表 3-24(3)-4 の増配置に着目すると、パターン B と D の自治体独自の増配置がなくとも、適切な時間を確保できているという回答は 70％を超えている。他方で、パターン A と Cのように自治体の増配置がなされていても、適切な時間を確保できていないという回答が

25％を超えている。

全体として、23区と市町村部、運営主体あるいは、自治体や園独自の増配置に関わらず、「会議に必要な適切な時間を確保できている」という回答が多くみられる。

表 3-24(3)-2　業務に適切な時間を確保できているか（会議）（所在地別）

		回答数 N	%	はい		いいえ	
	全体	454	100.0	335	73.8	119	26.2
貴園の所在	23区	286	100.0	206	72.0	80	28.0
	市町村部	162	100.0	125	77.2	37	22.8

表 3-24(3)-3　業務に適切な時間を確保できているか（会議）（運営主体別）

		回答数 N	%	はい		いいえ	
	全体	454	100.0	335	73.8	119	26.2
運営主体	公立	125	100.0	83	66.4	42	33.6
	公設民営	23	100.0	18	78.3	5	21.7
	社会福祉法人	268	100.0	204	76.1	64	23.9
	株式会社〜その他	29	100.0	24	82.8	5	17.2

表 3-24(3)-4　業務に適切な時間を確保できているか（会議）（職員増配置の有無）

		回答数 N	%	はい		いいえ	
	全体	454	100.0	335	73.8	119	26.2
増配置	パターンA　あり×なし	110	100.0	82	74.5	28	25.5
	パターンB　なし×あり	74	100.0	60	81.1	14	18.9
	パターンC　あり×あり	134	100.0	95	70.9	39	29.1
	パターンD　なし×なし	75	100.0	55	73.3	20	26.7

3-24(4)　業務に適切な時間を確保できているか（事務・記録）

表 3-24(4)-1　業務に適切な時間を確保できているか（事務・記録）（全体傾向）

		回答数	%
	全体	453	100.0
1	はい	168	37.1
2	いいえ	285	62.9

図 3-24(4)-1　業務に適切な時間を確保できているか（事務・記録）（全体傾向）

n=454

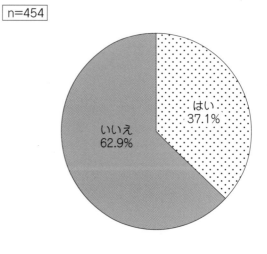

次に、事務や記録などの業務に適切な時間を確保できているかどうかという調査結果である。表 3-24(4)-1、及び図 3-24(4)-1 に見られるとおり、全体として適切な時間を確保できていないという回答が 60％を超える。表 3-24(4)-2 の所在地別では、23区でも市町村

部でも時間を確保できていないという回答は約63%で同じくらいの割合である。

　表3-24(4)-3の運営主体別に見れば、公立が72%と事務や記録を行う時間が確保できていないという回答が目立つ。民間でも、社会福祉法人立では約62%が確保できていないと回答している。他方で、株式会社〜その他や公設民営では業務時間を確保できているのと、いないのとでは半分ずつとなっている。

　そして、表3-24(4)-4職員の増配置の有無で見てみると、パターンAとCの自治体独自の増配置がある方が業務に必要な時間を確保できていないという回答が66%を超えている。こうしてみると、公立や社会福祉法人立などの保育園では職員の増配置に関わらず、業務時間を確保できないというのが見て取れる。

表3-24(4)-2　業務に適切な時間を確保できているか（事務・記録）（所在地別）

		回答数		はい		いいえ	
		N	%				
	全体	453	100.0	168	37.1	285	62.9
貴園の所在	23区	285	100.0	105	36.8	180	63.2
	市町村部	162	100.0	59	36.4	103	63.6

表3-24(4)-3　業務に適切な時間を確保できているか（事務・記録）（運営主体別）

		回答数		はい		いいえ	
		N	%				
	全体	453	100.0	168	37.1	285	62.9
運営主体	公立	125	100.0	35	28.0	90	72.0
	公設民営	23	100.0	12	52.2	11	47.8
	社会福祉法人	268	100.0	101	37.7	167	62.3
	株式会社〜その他	28	100.0	14	50.0	14	50.0

表3-24(4)-4　業務に適切な時間を確保できているか（事務・記録）（職員増配置の有無）

		回答数		はい		いいえ	
		N	%				
	全体	453	100.0	168	37.1	285	62.9
増配置	パターンA　あり×なし	110	100.0	37	33.6	73	66.4
	パターンB　なし×あり	73	100.0	36	49.3	37	50.7
	パターンC　あり×あり	133	100.0	43	32.3	90	67.7
	パターンD　なし×なし	75	100.0	31	41.3	44	58.7

3-24(5) 業務に適切な時間を確保できているか（保育・行事の準備）

表 3-24(5)-1 業務に適切な時間を確保できているか（保育・行事の準備）（全体傾向）

		回答数	％
	全体	454	100.0
1	はい	181	39.9
2	いいえ	273	60.1

図 3-24(5)-1 業務に適切な時間を確保できているか（保育・行事の準備）（全体傾向）

n=454

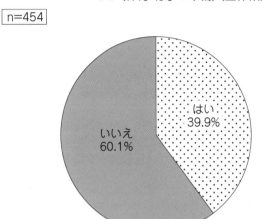

表 3-24-(5)-1 及び図 3-24-(5)-1 に示す通り回答のあった 454 の保育園のうち現在、業務に適切な時間を確保できているか（保育・行事の準備）では「いいえ」が 273 件（60.1％）次いで、「はい」が 181 件（39.9％）であった。このように業務に適切な時間を確保できているかの回答は「いいえ」が 273 件（60.1％）となっている。

次に業務に適切な時間を確保できているかを所在地別に見ると、表 3-24(5)-2 に示す通り最も多かったのは 23 区の「いいえ」が 172 件（60.1％）、次いで 23 区の「はい」が 114 件（39.9％）、市町村部の「いいえ」が 98 件（60.5％）、市町村部「はい」が 64 件（39.5％）となった。

次に運営主体別に見ると、表 3-24(5)-3 の表に示す通り、公立保育園では「はい」が 42 件（33.6％）、「いいえ」83 件（66.4％）、公設民営では、回答数が少なく、「はい」が 13 件（56.5％）「いいえ」が 10 件で（43.5％）、社会福祉法人は最も回答数が多く「はい」111 件（41.4％）、「いいえ」が 157 件で（58.6％）株式会社〜その他は回答数が最も少なく「はい」10 件（34.5％）「いいえ」が 19 件（65.5％）となった。

表 3-24(5)-2 業務に適切な時間を確保できているか（保育・行事の準備）（所在地別）

		回答数 N	％	はい		いいえ	
	全体	454	100.0	181	39.9	273	60.1
貴園の所在	23区	286	100.0	114	39.9	172	60.1
	市町村部	162	100.0	64	39.5	98	60.5

表 3-24(5)-3 業務に適切な時間を確保できているか（保育・行事の準備）（運営主体別）

		回答数 N	％	はい		いいえ	
	全体	454	100.0	181	39.9	273	60.1
運営主体	公立	125	100.0	42	33.6	83	66.4
	公設民営	23	100.0	13	56.5	10	43.5
	社会福祉法人	268	100.0	111	41.4	157	58.6
	株式会社〜その他	29	100.0	10	34.5	19	65.5

表 3-24(5)-4　業務に適切な時間を確保できているか（保育・行事の準備）（職員増配置の有無）

		回答数 N	%	はい		いいえ	
増配置	全体	454	100.0	181	39.9	273	60.1
	パターンA　あり×なし	110	100.0	39	35.5	71	64.5
	パターンB　なし×あり	74	100.0	34	45.9	40	54.1
	パターンC　あり×あり	134	100.0	54	40.3	80	59.7
	パターンD　なし×なし	75	100.0	35	46.7	40	53.3

3-24(6)　業務に適切な時間を確保できているか（保護者対応）

表 3-24(6)-1　業務に適切な時間を確保できているか（保護者対応）（全体傾向）

		回答数	%
	全体	448	100.0
1	はい	233	52.0
2	いいえ	215	48.0

図 3-24(6)-1　業務に適切な時間を確保できているか（保護者対応）（全体傾向）

n=448

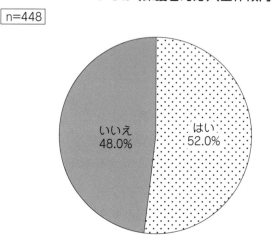

　表 3-24(6)-1、及び図 3-24(6)-1 に示す通り、回答のあった 448 の保育園のうち現在、業務に適切な時間を確保できているか（保護者対応）では「はい」223 件（52.0%）「いいえ」が 215 件（48.0%）という結果であった。

　所在地別にみると、表 3-24(6)-2 に示す通り、業務に適切な時間を確保できているか（保護者対応）について、23 区では「はい」が 148 件（52.9%）、「いいえ」が 132 件（47.1%）、市町村部では「はい」が 81 件（50.0%）、「いいえ」が 81 件（50.0%）と同数であった。

　次に運営主体別でみると、表 3-24(6)-3 で示す通り、公立保育園では「はい」が 56 件（45.9%）、「いいえ」が 66 件（54.1%）、公設民営では回答数が少なく「はい」が 16 件（69.6%）、「いいえ」が 7 件（30.4%）となった。

　社会福祉法人は回答数が最も多く「はい」が 140 件（52.4%）、「いいえ」が 127 件（47.6%）、株式会社〜その他では回答数が少なく「はい」が 16 件（59.3%）、「いいえ」11 件（40.7%）と、全体傾向としては運営主体別では大差みられない。

表 3-24(6)-2　業務に適切な時間を確保できているか（保護者対応）（所在地別）

		回答数 N	%	はい		いいえ	
	全体	448	100.0	233	52.0	215	48.0
貴園の所在	23区	280	100.0	148	52.9	132	47.1
	市町村部	162	100.0	81	50.0	81	50.0

表 3-24(6)-3　業務に適切な時間を確保できているか（保護者対応）（運営主体別）

		回答数 N	%	はい		いいえ	
	全体	448	100.0	233	52.0	215	48.0
運営主体	公立	122	100.0	56	45.9	66	54.1
	公設民営	23	100.0	16	69.6	7	30.4
	社会福祉法人	267	100.0	140	52.4	127	47.6
	株式会社〜その他	27	100.0	16	59.3	11	40.7

表 3-24(6)-4　業務に適切な時間を確保できているか（保護者対応）（職員増配置の有無）

		回答数 N	%	はい		いいえ	
	全体	448	100.0	233	52.0	215	48.0
増配置	パターンA　あり×なし	107	100.0	51	47.7	56	52.3
	パターンB　なし×あり	73	100.0	41	56.2	32	43.8
	パターンC　あり×あり	133	100.0	63	47.4	70	52.6
	パターンD　なし×なし	73	100.0	45	61.6	28	38.4

3-24(7)　業務に適切な時間を確保できているか（休憩）

表 3-24(7)-1　業務に適切な時間を確保できているか（休憩）（全体傾向）

		回答数	%
	全体	455	100.0
1	はい	198	43.5
2	いいえ	257	56.5

図 3-24(7)-1　業務に適切な時間を確保できているか（休憩）（全体傾向）

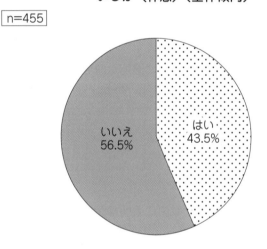

　表 3-24(7)-1、及び図 3-24(7)-1 に示す通り、回答のあった 455 園のうち、「はい」が 198 件（43.5％）、「いいえ」が 257 件（56.5％）と、業務に適切な休憩時間を確保できている園が全体の 43.5％であった。

　所在地別では、表 3-24(7)-2 に示す通り、回答が全体で 455 件となり、198 件が「はい」（43.5％）と答え、257 件が「いいえ」（56.5％）であった。「23 区」は全体で 286 件が回答、134 件が「はい」（46.9％）と答え、152 件が「いいえ」（53.1％）と答えた。「23 区」では大きく差がない傾向が見られた。「市町村部」では全体で 163 件が回答、60 件が「はい」（36.8％）、103 件が「いいえ」（63.2％）と答えた。「市町村部」の方が、「いいえ」と答えた園が多い傾向がみられた。

　表 3-24(7)-3 に示す運営主体別では、回答のあった 455 園のうち、「公立」が 125 件で、53 件が「はい」（42.4％）、72 件が「いいえ」（57.6％）と答え、「公設民営」が 23 件で、11 件が「はい」（47.8％）、12 件が「いいえ」（52.2％）と答えた。「社会福祉法人」が

269件で、110件が「はい」（40.9%）、159件が「いいえ」（59.1%）と答え、「株式会社〜その他」が29件で、18件が「はい」（62.1%）、11件が「いいえ」（37.9%）となった。運営主体別の「公立」、「公設民営」、「社会福祉法人」では、休憩時間を確保できていない傾向であったが、「株式会社〜その他」では、「はい」の回答が「いいえ」の回答を唯一上回っていた。

　職員の増配置の有無については、表3-24(7)-4に示す、「パターンA」（自治体の配置があり、園での配置がない）が110件で、49件が「はい」（44.5%）、61件が「いいえ」（55.5%）と答えた。「パターンB」（自治体の配置がなし、園での配置があり）74件で、35件が「はい」（47.3%）、39件が「いいえ」（52.7%）と答えた。「パターンC」（自治体、園ともに配置があり）134件で、56件が「はい」（41.7%）、78件が「いいえ」（58.2%）と答えた。最後に「パターンD」（自治体、園での配置がない）が75件で、33件が「はい」（44.0%）、42件が「いいえ」（56.0%）と答えた。

　増配置の有無で回答に差はみられなかった。

表 3-24(7)-2　業務に適切な時間を確保できているか（休憩）（所在地別）

		回答数		はい		いいえ	
		N	%				
	全体	455	100.0	198	43.5	257	56.5
貴園の所在	23区	286	100.0	134	46.9	152	53.1
	市町村部	163	100.0	60	36.8	103	63.2

表 3-24(7)-3　業務に適切な時間を確保できているか（休憩）（運営主体別）

		回答数		はい		いいえ	
		N	%				
	全体	455	100.0	198	43.5	257	56.5
運営主体	公立	125	100.0	53	42.4	72	57.6
	公設民営	23	100.0	11	47.8	12	52.2
	社会福祉法人	269	100.0	110	40.9	159	59.1
	株式会社〜その他	29	100.0	18	62.1	11	37.9

表 3-24(7)-4　業務に適切な時間を確保できているか（休憩）（職員増配置の有無）

		回答数		はい		いいえ	
		N	%				
	全体	455	100.0	198	43.5	257	56.5
増配置	パターンA　あり×なし	110	100.0	49	44.5	61	55.5
	パターンB　なし×あり	74	100.0	35	47.3	39	52.7
	パターンC　あり×あり	134	100.0	56	41.8	78	58.2
	パターンD　なし×なし	75	100.0	33	44.0	42	56.0

3-24(8) 業務に適切な時間を確保できているか（掃除・消毒）

表 3-24(8)-1 業務に適切な時間を確保できているか（掃除・消毒）（全体傾向）

		回答数	%
	全体	451	100.0
1	はい	326	72.3
2	いいえ	125	27.7

図 3-24(8)-1 業務に適切な時間を確保できているか（掃除・消毒）（全体傾向）

n=451

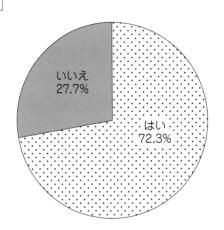

　表 3-24(8)-1、及び図 3-24(8)-1 に示す通り、回答のあった 451 園のうち、「はい」が 326 件（72.3%）「いいえ」が 125 件（27.7%）と、掃除・消毒の業務に適切な時間を確保できている傾向にあった。

　所在地別では、表 3-24(8)-2 に示す通り、回答が全体で 451 件となり、326 件が「はい」（72.3%）、125 件が「いいえ」（27.7%）であった。「23 区」は全体で 283 件が回答、199 件が「はい」（70.3%）、84 件が「いいえ」（29.7%）と答えた。「市町村部」では全体で 162 件が回答、122 件が「はい」（75.3%）、40 件が「いいえ」（24.7%）と答えた。「23 区」「市町村部」ともに回答は同じ傾向がみられた。

　表 3-24(8)-3 に示す、運営主体別では、回答のあった 451 件のうち、「公立」が 124 件で、84 件が「はい」（67.7%）、40 件が「いいえ」（32.3%）、「公設民営」が 23 件で、15 件が「はい」（65.2%）、8 件が「いいえ」（34.8%）、「社会福祉法人」は 266 件で、200 件が「はい」（75.2%）、66 件が「いいえ」（24.8%）、「株式会社～その他」が 29 件で、21 件が「はい」（72.4%）、8 件が「いいえ」（27.6%）となった。運営主体別では同じような傾向があった。

　職員増配置の有無については、表 3-24(8)-4 に示す通り、「パターンＡ」（自治体の配置があり、園での配置がない園）が 108 件で、68 件が「はい」（63.0%）、40 件が「いいえ」（37.0%）と回答。「パターンＢ」（自治体の配置がなし、園での配置があり）は 74 件で、55 件が「はい」（74.3%）、19 件が「いいえ」（25.7%）と回答した。「パターンＣ」（自治体、園ともに配置あり）が 133 件で、98 件が「はい」（73.7%）、35 件が「いいえ」（26.3%）と回答。最後に「パターンＤ」（自治体、園での配置が無い園）は 75 件で、57 件が「はい」（76.0%）、18 件が「いいえ」（24.0%）と答えた。職員増配置の有無では、どのパターンも同じ傾向がみられた。

表 3-24(8)-2 業務に適切な時間を確保できているか（掃除・消毒）（所在地別）

		回答数 N	%	はい		いいえ	
	全体	451	100.0	326	72.3	125	27.7
貴園の所在	23区	283	100.0	199	70.3	84	29.7
	市町村部	162	100.0	122	75.3	40	24.7

表 3-24(8)-3　業務に適切な時間を確保できているか（掃除・消毒）（運営主体別）

		回答数 N	%	はい		いいえ	
	全体	451	100.0	326	72.3	125	27.7
運営主体	公立	124	100.0	84	67.7	40	32.3
	公設民営	23	100.0	15	65.2	8	34.8
	社会福祉法人	266	100.0	200	75.2	66	24.8
	株式会社〜その他	29	100.0	21	72.4	8	27.6

表 3-24(8)-4　業務に適切な時間を確保できているか（掃除・消毒）（職員増配置の有無）

		回答数 N	%	はい		いいえ	
	全体	451	100.0	326	72.3	125	27.7
増配置	パターンA　あり×なし	108	100.0	68	63.0	40	37.0
	パターンB　なし×あり	74	100.0	55	74.3	19	25.7
	パターンC　あり×あり	133	100.0	98	73.7	35	26.3
	パターンD　なし×なし	75	100.0	57	76.0	18	24.0

3-25　業務の中でどの時間を最も充実させたいと考えるか

表 3-25-1　業務の中でどの時間を最も充実させたいと考えるか（全体傾向）

		回答数	%
	全体	441	100.0
1	研修	34	7.7
2	会議	56	12.7
3	事務・記録	84	19.0
4	保育・行事の準備	99	22.4
5	保護者対応	50	11.3
6	休憩	112	25.4
7	掃除・消毒	6	1.4

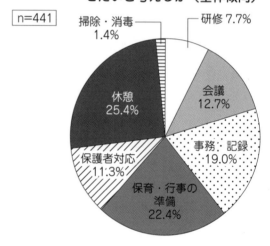

図 3-25-1　業務の中でどの時間を最も充実させたいと考えるか（全体傾向）

　表 3-25-1、及び図 3-25-1 に示す通り、回答のあった 441 の保育園のうち、業務の中でどの時間を最も充実させたいと考えるかについて、最も多かったのは「休憩」であり、112 件（25.4%）であった。次いで、「保育・行事の準備」が 99 件（22.4%）、「事務・記録」が 84 件（19.0%）、「会議」が 56 件（12.7%）、「保護者対応」が 50 件（11.3%）、「研修」が 34 件（7.7%）、「掃除・消毒」が 6 件（1.4%）であった。

　所在地別では、表 3-25-2 に示す通り、「23 区」で最も多かったのは「休憩」であり、64 件（23.4%）であった。次いで、「保育・行事の準備」が 60 件（21.9%）、「事務・記録」49 件（17.9%）、「会議」40 件（14.6%）、「保護者対応」33 件（12.0%）、「研修」25 件（9.1%）、「掃除・消毒」3 件（1.1%）であった。一方、「市町村部」で最も多かったのは「休憩」であり、47 件（29.2%）であった。次いで、「保育・行事の準備」37 件（23.0%）、「事務・記録」34 件（21.1%）、「会議」16 件（9.9%）、「保護者対応」15 件（9.3%）、「研修」9 件（5.6%）、「掃除・消毒」3 件（1.9%）であった。所在地別は「23 区」「市町村部」どち

第 1 章　調査結果

らも、全体傾向と全く同じ結果であった。

　運営主体別では、表 3-25-3 に示す通り、「公立」で最も多かったのは「保育・行事の準備」であり、31 件（26.1％）であった。次いで、「事務・記録」25 件（21.0％）、「休憩」24 件（20.2％）、「会議」18 件（15.1％）、「保護者対応」17 件（14.3％）、「研修」3 件（2.5％）、「掃除・消毒」1 件（0.8％）。「公設民営」で最も多かったのは「会議」であり、6 件（26.1％）であった。次いで「事務・記録」「休憩」が並んで 5 件（21.7％）、「研修」4 件（17.4％）、「保育・行事の準備」3 件（13.0％）、「保護者対応」「掃除・消毒」は回答なしで 0％であった。「社会福祉法人」で最も多かったのは「休憩」であり、80 件（30.4％）であった。次いで「保育・行事の準備」53 件（20.2％）、「事務・記録」50 件（19.0％）、「会議」28 件（10.6％）、「保護者対応」26 件（9.9％）、「研修」23 件（8.7％）、「掃除・消毒」3 件（1.1％）であった。「株式会社～その他」で最も多かったのは「保育・行事の準備」であり、8 件（29.6％）であった。次いで「研修」「会議」「保護者対応」が並んで 4 件（14.8％）、「事務・記録」3 件（11.1％）、「休憩」「掃除・消毒」が並んで 2 件（7.4％）となった。

　職員増配置の有無では、表 3-25-4 に示す通り、「パターン A　自治体独自の増配置あり×園独自の増配置なし」で最も多かったのは「保育・行事の準備」であり、30 件（28.6％）であった。次いで「事務・記録」27 件（25.7％）、「休憩」17 件（16.2％）、「会議」15 件（14.3％）、「保護者対応」12 件（11.4％）、「研修」3 件（2.9％）、「掃除・消毒」1 件（1.0％）であった。「パターン B　自治体独自の増配置なし×園独自の増配置あり」で最も多かったのは「休憩」であり、22 件（31.4％）であった。次いで「事務・記録」15 件（21.4％）、「保育・行事の準備」13 件（18.6％）、「保護者対応」8 件（11.4％）、「会議」6 件（8.6％）、「掃除・消毒」1 件（1.4％）であった。「パターン C　自治体独自の増配置あり×園独自の増配置あり」で最も多かったのは「休憩」であり、40 件（30.5％）であった。次いで「保育・行事の準備」23 件（17.6％）、「事務・記録」19 件（14.5％）、「保護者対応」17 件（13.0％）、「会議」16 件（12.2％）、「研修」14 件（10.7％）、「掃除・消毒」2 件（1.5％）であった。「パターン D　自治体独自の増配置なし×園独自の増配置なし」で最も多かったのは「休憩」であり、22 件（30.1％）であった。次いで「保育・行事の準備」12 件（16.4％）、「事務・記録」13 件（17.8％）、「会議」10 件（13.7％）、「研修」「保護者対応」が並んで 8 件（11.0％）、「掃除・消毒」は無回答で 0％であった。

　最後に、回答者役職別では、表 3-25-5 に示す通り、「園長」で最も多かったのは「休憩」であり、81 件（27.2％）であった。次いで「事務・記録」64 件（21.5％）、「保育・行事の準備」51 件（17.1％）、「会議」39 件（13.1）、「保護者対応」32 件（10.7％）、「研修」27 件（9.1％）、「掃除・消毒」4 件（1.3％）であった。「主任保育士」で最も多かったのは「保育・行事の準備」であり、16 件（25.8％）であった。次いで、「休憩」14 件（22.6％）、「事務・記録」12 件（19.4％）、「保護者対応」11 件（17.7％）、「会議」7 件（11.3％）、「研修」2 件（3.2％）、「掃除・消毒」は回答なしであった。「副主任」で最も多かったのは「保育・行事の準備」「休憩」が並んで 3 件（25.0％）であった。次いで「研修」2 件（16.7％）、「会議」「事務・記録」「保護者対応」「掃除・消毒」が並んで 1 件（8.3％）であった。「リーダー」で最も多かったのは「保育・行事の準備」であり、6 件（50.0％）であった。次いで「事務・記録」が 3 件（25.0％）であり、「研修」「会議」「休憩」が並んで 1 件（8.3％）、「保護者対応」「掃除・消毒」は回答なしであった。「担任（乳児）」で最も多かったのは「保

育・行事の準備」「休憩」が並んで4件（44.4%）であった。次いで「保護者対応」1件（11.1%）であった。「研修」「会議」「事務・記録」「掃除・消毒」は回答なしであった。「担任（幼児）」で最も多かったのは「保育・行事の準備」であり、3件（37.5%）であった。次いで「事務・記録」2件（25.0%）、「研修」「休憩」「掃除・消毒」が同率で1件（12.5%）、「会議」「保護者対応」は回答なしであった。「フリー」で最も多かったのは「会議」であり、3件（42.9%）であった。次いで「研修」「保育・行事の準備」「保護者対応」「休憩」が並んで1件（14.3%）、「事務・記録」「掃除・消毒」は回答なしであった。「その他」で最も多かったのは「保育・行事の準備」であり、11件（50.0%）であった。次いで「会議」5件（22.7%）、「休憩」3件（13.6%）、「保護者対応」2件（9.1%）、「事務・記録」1件（4.5%）、「研修」「掃除・消毒」は回答なしであった。回答者役職別での結果から、「園長」「フリー」以外の現場の保育士は「保育・行事の準備」を選ぶ傾向がうかがえる。

表 3-25-2　業務の中でどの時間を最も充実させたいと考えるか（所在地別）

		回答数		研修		会議		事務・記録		保育・行事の準備		保護者対応		休憩		掃除・消毒	
		N	%														
	全体	441	100.0	34	7.7	56	12.7	84	19.0	99	22.4	50	11.3	112	25.4	6	1.4
貴園の所在	23区	274	100.0	25	9.1	40	14.6	49	17.9	60	21.9	33	12.0	64	23.4	3	1.1
	市町村部	161	100.0	9	5.6	16	9.9	34	21.1	37	23.0	15	9.3	47	29.2	3	1.9

表 3-25-3　業務の中でどの時間を最も充実させたいと考えるか（運営主体別）

		回答数		研修		会議		事務・記録		保育・行事の準備		保護者対応		休憩		掃除・消毒	
		N	%														
	全体	441	100.0	34	7.7	56	12.7	84	19.0	99	22.4	50	11.3	112	25.4	6	1.4
運営主体	公立	119	100.0	3	2.5	18	15.1	25	21.0	31	26.1	17	14.3	24	20.2	1	0.8
	公設民営	23	100.0	4	17.4	6	26.1	5	21.7	3	13.0	0	0.0	5	21.7	0	0.0
	社会福祉法人	263	100.0	23	8.7	28	10.6	50	19.0	53	20.2	26	9.9	80	30.4	3	1.1
	株式会社〜その他	27	100.0	4	14.8	4	14.8	3	11.1	8	29.6	4	14.8	2	7.4	2	7.4

表 3-25-4　業務の中でどの時間を最も充実させたいと考えるか（職員増配置の有無）

		回答数		研修		会議		事務・記録		保育・行事の準備		保護者対応		休憩		掃除・消毒	
		N	%														
	全体	441	100.0	34	7.7	56	12.7	84	19.0	99	22.4	50	11.3	112	25.4	6	1.4
増配置	パターンA　あり×なし	105	100.0	3	2.9	15	14.3	27	25.7	30	28.6	12	11.4	17	16.2	1	1.0
	パターンB　なし×あり	70	100.0	5	7.1	6	8.6	15	21.4	13	18.6	8	11.4	22	31.4	1	1.4
	パターンC　あり×あり	131	100.0	14	10.7	16	12.2	19	14.5	23	17.6	17	13.0	40	30.5	2	1.5
	パターンD　なし×なし	73	100.0	8	11.0	10	13.7	13	17.8	12	16.4	8	11.0	22	30.1	0	0.0

表 3-25-5　業務の中でどの時間を最も充実させたいと考えるか（回答者役職別）

		回答数		研修		会議		事務・記録		保育・行事の準備		保護者対応		休憩		掃除・消毒	
		N	%														
	全体	441	100.0	34	7.7	56	12.7	84	19.0	99	22.4	50	11.3	112	25.4	6	1.4
役職	園長	298	100.0	27	9.1	39	13.1	64	21.5	51	17.1	32	10.7	81	27.2	4	1.3
	主任保育士	62	100.0	2	3.2	7	11.3	12	19.4	16	25.8	11	17.7	14	22.6	0	0.0
	副主任	12	100.0	2	16.7	1	8.3	1	8.3	3	25.0	1	8.3	3	25.0	1	8.3
	リーダー	12	100.0	1	8.3	1	8.3	3	25.0	6	50.0	0	0.0	1	8.3	0	0.0
	担任（乳児）	9	100.0	0	0.0	0	0.0	0	0.0	4	44.4	1	11.1	4	44.4	0	0.0
	担任（幼児）	8	100.0	1	12.5	0	0.0	2	25.0	3	37.5	0	0.0	1	12.5	1	12.5
	フリー	7	100.0	1	14.3	3	42.9	0	0.0	1	14.3	1	14.3	1	14.3	0	0.0
	その他	22	100.0	0	0.0	5	22.7	1	4.5	11	50.0	2	9.1	3	13.6	0	0.0

3-26 理想の保育士配置基準
3-26(1) 理想の保育士配置基準(0歳児)

表 3-26(1)-1 理想の保育士配置基準(0歳児)(全体傾向)

		回答数	%
	全体	425	100.0
0	1人	25	5.9
2	2人	332	78.1
3	3人	67	15.8
4	4人	0	0.0
5	5人	1	0.2
6	6人	0	0.0
7	7人	0	0.0
8	8人	0	0.0
9	9人	0	0.0
10	10人以上	0	0.0

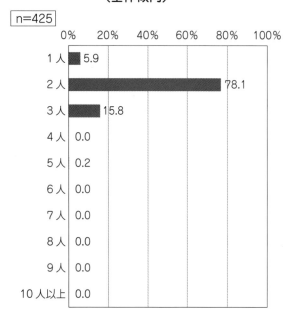

図 3-26(1)-1 理想の保育士配置基準(0歳児)(全体傾向)

　表 3-26(1)-1、及び図 3-26(1)-1 に示す通り、回答のあった 425 件の保育園のうち、理想の保育士配置基準(0歳児)全体傾向で最も多かったのは、「2人」であり、332 件(78.1％)であった。次いで「3人」が 67 件(15.8％)、「1人」が 25 件(5.9％)、「5人」が 1 件(0.2％)であった。このように、現在の保育士配置基準「3人」以下が 99.8％と大半を占めた。

　次に園の特性に基づき所在地別に見ると、表 3-26(1)-2 に示す通り、以下の傾向が見られた。

　「23 区」で理想の保育士配置基準(0歳児)が最も多かったのは「2人」で、200 件(75.8％)であった。次いで、「3人」が 44 件(16.7％)、「1人」が 19 件(7.2％)、「5人」が 1 件(0.4％)であった。一方、「市町村部」でも同様に最も多かったのは「2人」であり、128 件(82.1％)であった。次いで、「3人」が 22 件(14.1％)、「1人」が 6 件(3.8％)あり、その他の回答はない状況であった。

　運営主体別では、表 3-26(1)-3 に示す通り、「公立」で理想の保育士配置基準(0歳児)が最も多かったのは「2人」で、88 件(75.9％)であった。次いで、「3人」が 18 件(15.5％)であり、「1人」が 10 件(8.6％)であった。「公設民営」は回答数が少なく、理想の保育士配置基準(0歳児)が最も多かったのは「2人」で、16 件(72.7％)であった。次いで、「3人」が 6 件(27.3％)であり、その他の回答はなかった。「社会福祉法人」で理想の保育士配置基準(0歳児)が最も多かったのは「2人」で、196 件(77.8％)であった。次いで、「3人」が 41 件(16.3％)であり、「1人」が 14 件(5.6％)であった。「株式会社～その他」も「公設民営」同様、回答数は少ないが、最も多かったのは「2人」であり、25 件(92.6％)で、次に「1人」、「3人」は同件数の 1 件(3.7％)であった。このように全体傾向、所在地別、運営主体別すべてにおいて、現在の保育士配置基準「3人」から、1 人少ない「2人」を理想と考える傾向が見られた。

表 3-26(1)-2 理想の保育士配置基準（0歳児）（所在地別）

		回答数 N	%	1人		2人		3人		4人		5人		6人		7人		8人		9人		10人以上	
	全体	425	100.0	25	5.9	332	78.1	67	15.8	0	0.0	1	0.2	0	0.0	0	0.0	0	0.0	0	0.0	0	0.0
貴園の所在	23区	264	100.0	19	7.2	200	75.8	44	16.7	0	0.0	1	0.4	0	0.0	0	0.0	0	0.0	0	0.0	0	0.0
	市町村部	156	100.0	6	3.8	128	82.1	22	14.1	0	0.0	0	0.0	0	0.0	0	0.0	0	0.0	0	0.0	0	0.0

表 3-26(1)-3 理想の保育士配置基準（0歳児）（運営主体別）

		回答数 N	%	1人		2人		3人		4人		5人		6人		7人		8人		9人		10人以上	
	全体	425	100.0	25	5.9	332	78.1	67	15.8	0	0.0	1	0.2	0	0.0	0	0.0	0	0.0	0	0.0	0	0.0
運営主体	公立	116	100.0	10	8.6	88	75.9	18	15.5	0	0.0	0	0.0	0	0.0	0	0.0	0	0.0	0	0.0	0	0.0
	公設民営	22	100.0	0	0.0	16	72.7	6	27.3	0	0.0	0	0.0	0	0.0	0	0.0	0	0.0	0	0.0	0	0.0
	社会福祉法人	252	100.0	14	5.6	196	77.8	41	16.3	0	0.0	1	0.4	0	0.0	0	0.0	0	0.0	0	0.0	0	0.0
	株式会社〜その他	27	100.0	1	3.7	25	92.6	1	3.7	0	0.0	0	0.0	0	0.0	0	0.0	0	0.0	0	0.0	0	0.0

3-26(2) 理想の保育士配置基準（1歳児）

表 3-26(2)-1 理想の保育士配置基準（1歳児）（全体傾向）

		回答数	%
	全体	435	100.0
0	1人	3	0.7
2	2人	30	6.9
3	3人	245	56.3
4	4人	127	29.2
5	5人	27	6.2
6	6人	2	0.5
7	7人	1	0.2
8	8人	0	0.0
9	9人	0	0.0
10	10人以上	0	0.0

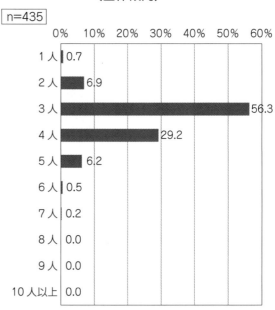

図 3-26(2)-1 理想の保育士配置基準（1歳児）（全体傾向）

　表3-26(2)-1、及び図3-26(2)-1に示す通り、回答のあった435件の保育園のうち、理想の保育士配置基準（1歳児）全体傾向で最も多かったのは、「3人」であり、245件（56.3%）であった。次いで「4人」が127件（29.2%）、「2人」が30件（6.9%）、「5人」が27件（6.2%）となり、「3人」「4人」が85.6%と大半を占めた。

　次に園の特性に基づき所在地別に見ると、表3-26(2)-2に示す通り、以下の傾向が見られた。
「23区」で理想の保育士配置基準（1歳児）が最も多かったのは「3人」で、156件（56.9%）であった。次いで、「4人」が76件（27.7%）、「2人」が23件（8.4%）、「5人」が18件（6.6%）であった。一方、「市町村部」で最も多かったのは「3人」で、85件（54.5%）であった。次いで、「4人」が51件（32.7%）、「5人」が9件（5.8%）、「2人」が7件（4.5%）あった。

　運営主体別では、表3-26(2)-3に示す通り、「公立」で理想の保育士配置基準（1歳児）が

最も多かったのは「3人」で、67件（56.3%）であった。次いで、「4人」が37件（31.1%）であり、「2人」が9件（7.6%）、「5人」が6件（5.0%）であった。「公設民営」は回答数が少なく、理想の保育士配置基準（1歳児）が最も多かったのは「4人」で、9件（40.9%）で、次いで、「3人」が7件（31.8%）、「3人」、「5人」で、同件数の3件（13.6%）であった。「社会福祉法人」で理想の保育士配置基準（1歳児）が最も多かったのは「3人」で、145件（56.2%）であった。次いで、「4人」が73件（28.3%）であり、「5人」が18件（7.0%）、「2人」で、17件（6.6%）であった。「株式会社～その他」も「公設民営」同様、回答数は少なく、最も多かったのは「3人」であり、20件（71.4%）であった。次いで、「4人」が7件（25.0%）、「2人」が1件（3.6%）であった。このように全体傾向、所在地別、運営主体別すべてにおいて、現在の保育士配置基準「6人（加算あり5人）」から2～3人少ない「3人」を理想と考える傾向が見られた。

表 3-26(2)-2　理想の保育士配置基準（1歳児）（所在地別）

		回答数 N	%	1人		2人		3人		4人		5人		6人		7人		8人		9人		10人以上	
	全体	435	100.0	3	0.7	30	6.9	245	56.3	127	29.2	27	6.2	2	0.5	1	0.2	0	0.0	0	0.0	0	0.0
貴園の所在	23区	274	100.0	1	0.4	23	8.4	156	56.9	76	27.7	18	6.6	0	0.0	0	0.0	0	0.0	0	0.0	0	0.0
	市町村部	156	100.0	2	1.3	7	4.5	85	54.5	51	32.7	9	5.8	1	0.6	1	0.6	0	0.0	0	0.0	0	0.0

表 3-26(2)-3　理想の保育士配置基準（1歳児）（運営主体別）

		回答数 N	%	1人		2人		3人		4人		5人		6人		7人		8人		9人		10人以上	
	全体	435	100.0	3	0.7	30	6.9	245	56.3	127	29.2	27	6.2	2	0.5	1	0.2	0	0.0	0	0.0	0	0.0
運営主体	公立	119	100.0	0	0.0	9	7.6	67	56.3	37	31.1	6	5.0	0	0.0	0	0.0	0	0.0	0	0.0	0	0.0
	公設民営	22	100.0	0	0.0	3	13.6	7	31.8	9	40.9	3	13.6	0	0.0	0	0.0	0	0.0	0	0.0	0	0.0
	社会福祉法人	258	100.0	3	1.2	17	6.6	145	56.2	73	28.3	18	7.0	1	0.4	1	0.4	0	0.0	0	0.0	0	0.0
	株式会社～その他	28	100.0	0	0.0	1	3.6	20	71.4	7	25.0	0	0.0	0	0.0	0	0.0	0	0.0	0	0.0	0	0.0

3-26(3)　理想の保育士配置基準（2歳児）

表 3-26(3)-1　理想の保育士配置基準（2歳児）（全体傾向）

		回答数	%
	全体	435	100.0
0	1人	1	0.2
2	2人	2	0.5
3	3人	50	11.5
4	4人	140	32.2
5	5人	205	47.1
6	6人	33	7.6
7	7人	2	0.5
8	8人	0	0.0
9	9人	0	0.0
10	10人以上	2	0.5

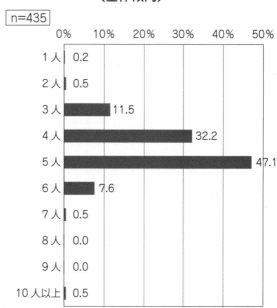

図 3-26(3)-1　理想の保育士配置基準（2歳児）（全体傾向）

表 3-26(3)-1、及び図 3-26(3)-1 に示す通り、回答のあった 435 件の保育園のうち、理想の保育士配置基準（2 歳児）で最も多かったのが「5 人」であり 205 件（47.1%）であった。次いで、「4 人」が 140 件（32.2%）、「3 人」が 50 件（11.5%）、「6 人」が 33 件（7.6%）、「2 人」が 2 件（0.5%）、「8 人」が 2 件（0.5%）、「1 人」が 1 件（0.2%）、「10 人以上」2 件（0.5%）であった。このように理想の保育士配置基準（2 歳児）では、現在の保育士配置基準 6 人以下が（99.1%）と大半を占めた。

次に、園の特性に基づき、理想の保育士配置基準（2 歳児）を集計すると、以下のような傾向が見られた。

まず、所在地別では、表 3-26(3)-2 に示す通り、「23 区」で保育士配置基準（2 歳児）が最も多かったのは「5 人」で、125 件（45.6%）であった。次いで、「4 人」が 90 件（32.8%）、「3 人」が 36 件（13.1%）、「6 人」が 19 件（6.9%）、「2 人」が 2 件（0.7%）、「7 人」が 1 件（0.4%）、「10 人以上」1 件（0.4%）であった。「市町村部」でも最も多かったのは「5 人」であり、77 件（49.4%）であった。次いで、「4 人」が 49 件（31.4%）、「3 人」が 14 件（9.0%）、「6 人」が「13 件」（8.3%）、「7 人」が、1 件（0.6%）、「1 人」1 件が（0.6%）、「10 人以上」が 1 件と 1% にも満たない状況であった。このように、所在地別に見ても大きな差はなく、現在の保育士配置基準「6 人」と比較して、1 〜 2 人少ない「5 〜 4 人」を理想の保育士配置基準（2 歳児）とする回答が 79.3% を占めた。

運営主体別では、表 3-26-(3)-2 に示す通り、「公立」で理想の保育士配置基準（2 歳児）が最も多かったのは「5 人」で 54 件（45.4%）であった。次いで、「4 人」が 35 件（29.4%）、「3 人」が 23 件（19.3% であり、「6 人」以下 99.1% を占めていた。「公設民営」は 22 件と回答数が少なく、「5 人」が 9 件（40.9%）、「4 人」が 7 件（31.8%）、「6 人」が 4 件（18.2%）、「3 人」が 2 件（9.1%）であった。「社会福祉法人」で最も多かったのは「5 人」で 125 件（48.4%）、次いで「4 人」が 84 件（32.6%）、「3 人」が 22 件（8.5%）、「6 人」が 21 件（8.1%）で、「6 人「」以下が 97.6% を占めたが、「2 人」が 2 件（0.8%）、「1 人」が 1 件（0.4%）、7 人が 1 件（0.4%）、「10 人以上」が 2 件（0.8%）と社会福祉法人のみ少数意見があり、現在の保育士配置基準「6 人」よりも上回る人数を理想とする園もわずかであった。「株式会社〜その他」も「公設民営」同様、回答数は少なく、最も多かったのは「5 人」「4 人」が同数の 12 件で（42.9%）、「3 人」が 3 件（10.7%）、「6 人」が 1 件（3.6%）であった。このように全体傾向、所在地別、運営主体別において大きな変化はなく、現在の保育士配置基準「6 人」から 1 人少ない「5 人」を理想と考える傾向が見られた。

表 3-26(3)-2　理想の保育士配置基準（2 歳児）（所在地別）

		回答数 N	%	1人		2人		3人		4人		5人		6人		7人		8人		9人		10人以上	
	全体	435	100.0	1	0.2	2	0.5	50	11.5	140	32.2	205	47.1	33	7.6	2	0.5	0	0.0	0	0.0	2	0.5
貴園の所在	23区	274	100.0	0	0.0	2	0.7	36	13.1	90	32.8	125	45.6	19	6.9	1	0.4	0	0.0	0	0.0	1	0.4
	市町村部	156	100.0	1	0.6	0	0.0	14	9.0	49	31.4	77	49.4	13	8.3	1	0.6	0	0.0	0	0.0	1	0.6

表 3-26(3)-3　理想の保育士配置基準（2歳児）（運営主体別）

		回答数 N	%	1人		2人		3人		4人		5人		6人		7人		8人		9人		10人以上	
	全体	435	100.0	1	0.2	2	0.5	50	11.5	140	32.2	205	47.1	33	7.6	2	0.5	0	0.0	0	0.0	2	0.5
運営主体	公立	119	100.0	0	0.0	0	0.0	23	19.3	35	29.4	54	45.4	6	5.0	1	0.8	0	0.0	0	0.0	0	0.0
	公設民営	22	100.0	0	0.0	0	0.0	2	9.1	7	31.8	9	40.9	4	18.2	0	0.0	0	0.0	0	0.0	0	0.0
	社会福祉法人	258	100.0	1	0.4	2	0.8	22	8.5	84	32.6	125	48.4	21	8.1	1	0.4	0	0.0	0	0.0	2	0.8
	株式会社〜その他	28	100.0	0	0.0	0	0.0	3	10.7	12	42.9	12	42.9	1	3.6	0	0.0	0	0.0	0	0.0	0	0.0

3-26(4)　理想の保育士配置基準（3歳児）

表 3-26(4)-1　理想の保育士配置基準（3歳児）（全体傾向）

		回答数	%
	全体	430	100.0
0	6人未満	52	12.1
6	6〜9人未満	85	19.8
9	9〜12人未満	200	46.5
12	12〜15人未満	11	2.6
15	15〜18人未満	71	16.5
18	18〜21人未満	11	2.6
21	21人以上	0	0.0

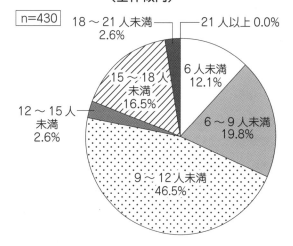

図 3-26(4)-1　理想の保育士配置基準（3歳児）（全体傾向）

　表 3-26(4)-1、及び図 3-26(4)-1 に示す通り、回答のあった 430 件の保育園のうち、理想の保育士配置基準（3歳児）で最も多かったのは、「9〜12人未満」であり、200件（46.5%）であった。次いで、「6〜9人未満」が 85 件（19.8%）、「15〜18人未満」が 71 件（16.5%）、「6人未満」が 52 件（12.1%）、「12〜15人未満」11 件（2.6%）、「18〜21人未満」11 件（2.6%）であった。このように理想の保育士配置基準（3歳児）では「6〜9人未満」「9〜12人未満」が 66.3% と大半を占めた。

　次に、園の特性に基づき、理想の保育士配置基準（3歳児）を集計すると、以下のような傾向が見られた。

　まず、所在地別では、表 3-26(4)-2 に示す通り、「23区」で保育士配置基準（3歳児）が最も多かったのは「9〜12人未満」で 131 件（48.5%）であった。次いで、「6〜9人未満」が 53 件（19.6%）、「15〜18人未満」が 41 件（15.2%）、「6人未満」が 34 件（12.6%）、「18〜21人未満」が 7 件（2.6%）、「12〜15人未満」が 4 件（1.5%）であった。「市町村部」でも最も多かったのは「9〜12人未満」で 67 件（43.2%）であった。次いで、「6〜9人未満」が 31 件（20%）、「15〜18人未満」が 29 件（18.7%）、「6人未満」が 18 件（11.6%）、「18〜21人未満」が 3 件（1.9%）であった。このように所在地別に見ても大きな差はなく、現在の保育士配置基準「15人」より少ない「6〜9人未満」「9〜12人未満」が 68.1% と半数を占めた。

　運営主体別では、表 3-26(4)-3 に示す通り、「公立」で理想の保育士配置基準（3歳児）

で最も多かったのは「9～12人未満」が63件（52.9%）であった。次いで、「6～9人未満」が22件（18.5%）、「15～18人未満」が18件（15.1%）、「6人未満」が12件（10.1%）であり、「6～9人未満」「9～12人未満」が71.4%と大半を占めた。現在の保育士配置基準「15人」より少ない人数を理想とする件数が多いが、現在の15人に近い「12～15人未満」を理想とする件数は0件で、15人を境に、それよりも多い人数「15～18人未満」「18～21人未満」を理想とする件数も22件（18.5%）と「6～9人未満」22件（18.5%）同等となっている。

「公設民営」は22件と回答数が少なく、「9～12人未満」が10件（45.5%）、「6～9人未満」が6件（27.3%）、「15～18人未満」が3件（13.6%）、「6人未満」が2件（9.1%）、「18～21人未満」1件（4.5%）であった。公立と同様「12～15人未満」を理想とする件数は0件で、15人を境にそれよりも多い人数「15～18人未満」が3件（13.6%）、「18人～21人」1件（4.5%）、「6人未満」が2件（9.1%）同等となっている。

「社会福祉法人」で最も多かったのは「9～12人未満」で118件（45.9%）であった。次いで「6～9人未満」と「15～18人未満」が47件と同等数で（18、3%）、「6人未満」が33件（12.8%）、「12～15人未満」が8件（3.1%）、「18～21人未満」が4件（1.6%）と現在の保育士配置基準「15人」を境に、理想とする配置基準が、もっと多くても良いと答えている方も同等いることが読み取れる。

「株式会社～その他」も「公設民営」同様、回答数は少なく、最も多かったのは「6～9人未満」であり、9件（37.5%）であった。次いで「9～12人未満」が6件（25%）、「6人未満」が4件（16.7%）、「12～15人未満」3件（12.5%）、「15～18人未満」が1件（4.2%）、「18～21人未満」が1件（4.2%）であった。

全体傾向、所在地別、運営主体において大きな変化はなく、現在の保育士配置基準「15人」より少ない「9～12人未満」が半数ほどとなっているが、その他では現在の「15人」を境に少ない人数を理想とする件数と「15人」より多い人数を理想とする件数がほぼ同等であることが読み取れる。

表3-26(4)-2　理想の保育士配置基準（3歳児）（所在地別）

		回答数 N	%	6人未満		6～9人未満		9～12人未満		12～15人未満		15～18人未満		18～21人未満		21人以上	
	全体	430	100.0	52	12.1	85	19.8	200	46.5	11	2.6	71	16.5	11	2.6	0	0.0
貴園の所在	23区	270	100.0	34	12.6	53	19.6	131	48.5	4	1.5	41	15.2	7	2.6	0	0.0
	市町村部	155	100.0	18	11.6	31	20.0	67	43.2	7	4.5	29	18.7	3	1.9	0	0.0

表3-26(4)-3　理想の保育士配置基準（3歳児）（運営主体別）

		回答数 N	%	6人未満		6～9人未満		9～12人未満		12～15人未満		15～18人未満		18～21人未満		21人以上	
	全体	430	100.0	52	12.1	85	19.8	200	46.5	11	2.6	71	16.5	11	2.6	0	0.0
運営主体	公立	119	100.0	12	10.1	22	18.5	63	52.9	0	0.0	18	15.1	4	3.4	0	0.0
	公設民営	22	100.0	2	9.1	6	27.3	10	45.5	0	0.0	3	13.6	1	4.5	0	0.0
	社会福祉法人	257	100.0	33	12.8	47	18.3	118	45.9	8	3.1	47	18.3	4	1.6	0	0.0
	株式会社～その他	24	100.0	4	16.7	9	37.5	6	25.0	3	12.5	1	4.2	1	4.2	0	0.0

第1章 調査結果

3-26(5) 理想の保育士配置基準（4・5歳児）

表 3-26(5)-1　理想の保育士配置基準（4・5歳児）（全体傾向）

		回答数	%
	全体	430	100.0
0	10人未満	35	8.1
10	10～15人未満	123	28.6
15	15～20人未満	154	35.8
20	20～25人未満	102	23.7
25	25～30人未満	9	2.1
30	30～35人未満	7	1.6
35	35～40人未満	0	0.0
40	40人以上	0	0.0

図 3-26(5)-1　理想の保育士配置基準（4・5歳児）（全体傾向）

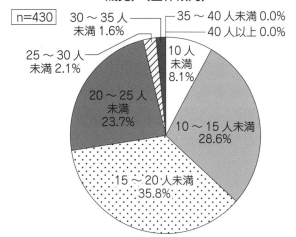

　表 3-26(5)-1、及び図 3-26(5)-1 に示す通り、回答のあった 430 件の保育園のうち、理想の保育士配置基準（4・5歳児）で最も多かったのは、「15～20人未満」、154件（35.8％）であった。次いで、「10～15人未満」が123件（28.6％）、「20～25人未満」が102件（23.7％）、「10人未満」が35件（8.1％）、「25～30人未満」が9件（2.1％）、「30～35人未満」7件（1.6％）であった。

　次に、園の特性に基づき、理想の保育士配置基準（4・5歳児）を集計すると、以下のような傾向が見られた。

　まず、所在地別では、表 3-26(5)-2 に示す通り、「23区」で保育士配置基準（4・5歳児）が最も多かったのは「10～15人未満」の90件（33.3％）であった。次いで、「15～20人未満」が88件（32.6％）、「20～25人未満」が61件（22.6％）、「10人未満」が18件（6.7％）、「30～35人未満」が7件（2.6％）、「25～30人未満」が6件（2.2％）であった。一方「市町村部」で最も多かったのは「15～20人未満」の64件（41.3％）であった。次いで、「20～25人未満」が39件（25.2％）、「10～15人未満」が32件（20.6％）、「10人未満」が17件（11.0％）、「25～30人未満」が3件（1.9％）であった。このように所在地別でみると、23区では「10～15人未満」、市町村部では「15～20人」未満が多いという結果になった。

　運営主体別では、表 3-26(5)-3 に示す通り、「公立」で理想の保育士配置基準（4・5歳児）への回答が最も多かったのは「10～15人未満」の45件（37.8％）であった。次いで、「15～20人未満」が37件（31.1％）、「20～25人未満」が27件（22.7％）、「10人未満」が5件（4.2％）、「25～30人未満」が3件（2.5％）、「30～35人未満」が2件（1.7％）なった。

　「公設民営」も「10～15人未満」が9件（40.9％）、「15～20未満」が7件（31.8％）、「20～25人未満」が4件（18.2％）、「10人未満」と「30～35人未満」が共に1件（4.5％）であった。

　「株式会社～その他」も「10～15人未満」が最も多く9件（37.5％）、次いで「15～

20 人未満」が 6 件（25.0%）、「10 人未満」と「20 〜 25 人未満」がいずれも 4 件（16.7%）、「30 〜 35 人未満」が 1 件（4.2%）となった。

「公立」「公設民営」「株式会社〜その他」ではいずれも「10 〜 15 人未満」という回答が最も多かったが、「社会福祉法人」の回答で最も多かったのは「15 〜 20 人未満」の 102 件（39.7%）であった。次いで「20 〜 25 人未満」が 63 件（24.5%）、「10 〜 15 人未満」が 58 件（22.6%）、「10 人未満」が 25 件（9.7%）、「25 〜 30 人未満」が 6 件（2.3%）「30 〜 35 人未満」が 3 件（1.2%）であった。

このように、運営主体でみると「社会福祉法人」では 15 〜 25 人未満を望む回答が多いのに対し、「公立」「公設民営」「株式会社〜その他」では 10 〜 20 人未満を望む回答が多い結果となった。

表 3-26(5)-2　理想の保育士配置基準（4・5 歳児）（所在地別）

		回答数		10人未満		10〜15人未満		15〜20人未満		20〜25人未満		25〜30人未満		30〜35人未満		35〜40人未満		40人以上	
		N	%																
	全体	430	100.0	35	8.1	123	28.6	154	35.8	102	23.7	9	2.1	7	1.6	0	0.0	0	0.0
貴園の所在	23区	270	100.0	18	6.7	90	33.3	88	32.6	61	22.6	6	2.2	7	2.6	0	0.0	0	0.0
	市町村部	155	100.0	17	11.0	32	20.6	64	41.3	39	25.2	3	1.9	0	0.0	0	0.0	0	0.0

表 3-26(5)-3　理想の保育士配置基準（4・5 歳児）（運営主体別）

		回答数		10人未満		10〜15人未満		15〜20人未満		20〜25人未満		25〜30人未満		30〜35人未満		35〜40人未満		40人以上	
		N	%																
	全体	430	100.0	35	8.1	123	28.6	154	35.8	102	23.7	9	2.1	7	1.6	0	0.0	0	0.0
運営主体	公立	119	100.0	5	4.2	45	37.8	37	31.1	27	22.7	3	2.5	2	1.7	0	0.0	0	0.0
	公設民営	22	100.0	1	4.5	9	40.9	7	31.8	4	18.2	0	0.0	1	4.5	0	0.0	0	0.0
	社会福祉法人	257	100.0	25	9.7	58	22.6	102	39.7	63	24.5	6	2.3	3	1.2	0	0.0	0	0.0
	株式会社〜その他	24	100.0	4	16.7	9	37.5	6	25.0	4	16.7	0	0.0	1	4.2	0	0.0	0	0.0

3-27　配置基準が改善された場合、保育園として、また職員としてどのようなメリットがあると考えるか

「配置基準が改善された場合、保育園として・また職員としてどのようなメリットがあると考えますか。」という設問（自由記述）に対しては、406 件の回答があった。

調査研究委員会では回答を分析するにあたって、3-9（P46）及び 3-13（P54）における 11 のキーワードをもとに、回答（自由記述）のカテゴリ分けを行った。

結果として、「子供たちとのかかわり」に該当する回答が最も多く、284 件となった。カテゴリ分けが困難な「その他」を除くと、次いで多かったのは「休憩時間の確保」の 95 件、「子供の記録や保育の計画の作成」73 件であった。

第 1 章　調査結果

キーワード	該当数
1.　子どもたちとのかかわり	284
2.　けがや事故を防止するための取り組み	54
3.　子どもの記録や保育の計画の作成	73
4.　会議・園内研究会	29
5.　外部研修への参加	23
6.　事故簿やヒヤリハット等危機管理の対応	17
7.　保護者対応	67
8.　クラス内での情報共有	43
9.　地域の子育て支援	7
10.　休憩時間の確保	95
11.　その他	110

【代表的な回答（回答原文ママ）】

①子どもたちとのかかわり（284件）

- 子ども一人ひとりに向き合えることで、子どもたちの保育が充実し、職員のやりがい、働きがいが引き出せる。また保護者対応に時間が割けるようになることで、保護者との連携がスムーズになる。

- 年令に応じての愛着関係をしっかり構築し、将来的に自己肯定感につながっていくことで専門性の必要性を示せる。職員として子どもとじっくり関わっていくことが出来、心の余裕や、見守る余裕から保育を続けていきたいという継続につながる。

- 家庭での育児力の低下や家族の在り方が複雑になってきた分、支援の必要な家庭が増えていると感じる。そう言った家庭の背景を背負って保育園で生きづらさを抱えているお子さんが多く、学級崩壊につながるような案件もある。私たちは親に代わることは出来ないが第二の養育者として、家庭では困難な愛着関係を形成する場合に保育園がなっていけると考える。

- 指針にある丁寧な保育の実現と振り返りに基づく実践が叶い、子どもへの対応、保護者対応が適切になり、保育の質の向上につながる。職員一人あたりの物理的な負担が減り、複数での対応、業務分担も叶い、精神的な負担の軽減が離職率の減少にもつながる。職員の負担が減ることで、保育や業務への余裕が生まれ、良好な人間関係の構築、丁寧な職員指導につながる。休憩取得と有休取得の確保、充実につながる。

②けがや事故を防止するための取り組み（54件）

- 主体的な活動をおこなっていく中で個々に寄り添いながらの保育がより丁寧におこなえると思う。現在の状況では厳しい中おこなうこともあり改善されることで職員にとってもよい環境でありよりよい保育につながる。そしてより良い保育がおこなわれることはこどもたちの最善の利益であり保護者、こどもにとって安心安全な保育園心身共に健や

105

かな成長をとげられることと思う。

- 個別に支援を必要とする子が増え、家庭での経験不足から、今までの保育では想定しなかったようなけがを負う子が増えているように感じる。その分、保育士も安全対策に注力しなければならず、のびのびとした保育が出来なくなるのではないかと危惧している。保育士の数が増えれば、一人ひとりの精神的な負担が軽減するのではないかと考えている。

③子どもの記録や保育の計画の作成（73件）

- 子ども一人一人に丁寧に関わることで、保育が安定して運営できる事務や残業の負担が減る
- もっとじっくり子ども達と向き合える。書類や製作などの時間の確保。休みや1時間休暇の確保。

④会議・園内研究会（29件）

- 職員は気持ちに余裕が持てる。事務業務も軽減される。打ち合わせや会議など、話し合いの時間をつくり出して、目的や保育内容を共有して、保育ができる。危険を守ることができる。
- 子どもひとりひとりに丁寧な保育を提供することが出来る。なおかつ、職員が保育準備や、研修、会議を充分に行う時間の確保が出来る。保育士の心のゆとりが又保育に良い影響をもたらす（笑顔で保育）という良い循環。
- 子ども一人ひとりに向き合えることで、子ども達の保育が充実し、職員のやりがい、働き甲斐がひきだせる。また、保護者対応に時間が割けるようになることで、保護者との連携がスムーズになる。

⑤外部研修への参加（23件）

- 保育士の労働環境の改善につながり、慢性的な人手不足の解消が見込まれる。また子どもだけではなく職員一人ひとりを大切にし心身共に健康働き続けることが保障できる可能性が広がる。専門性の向上に努めるために、内部研修や外部研修により多く参加することが可能となる。
- 保育士に余裕が出来れば、子どもに対して余裕をもって関わることが出来、虐待等の不適切な保育を防いだり、事故防止に繋がる。また外部研修等に参加する機会を増やすことが出来、保育の質を高めることに繋げられる。
- 配置基準が改善される事で、事務仕事の時間を確保できたり休みを取りやすくなったりと業務による負担が軽減できる。また、研修に行く機会も増え、保育に関する研鑽を深める事ができる。保護者対応の時間も多く取れるようになる事で、保護者の安心感・信頼感に繋がると考える。

⑥事故簿やヒヤリハット等危機管理の対応（17件）

- 子どもとの関わりか増えることで、ケガ、事故、トラブル（ケンカ等）を未然に回避できるようになり、もっと自発性や個々の特性を伸ばす保育ができる。職員間での良い意

味で意識が変わり、保育に余裕や向上心が増し、ストレスは軽減する。働きやすくなり、離職率が下がり、園全体がうまくまわり、結果保護者にトラブルだけでなく、もっと子どもの姿、様子を伝えて信頼関係が増していき、メリットしかない。また、給料上がらなくても、現在の負担が複数職員で対応できるのなら、不満は出なくなると思う。

- 子どもたちの育ちをしっかりと捉えて保育することができる。「先生見て！」の視線や表情にすぐ気づくことができる。けがや事故が起こらないように保育することができる。職員の考えている思いをお互いに会議の時間で共有できる。事務の時間を勤務時間内で終わらせることでき、自分の時間ができ心身ともにリフレッシュできる。

⑦保護者対応（67件）

- 余裕を持って保育ができ精神的余裕が生まれ仕事が長く続けられる。怪我のリスクが減り保護者との信頼関係が強くなる。個人的配慮が必要な子に丁寧に関わることができ、子どもの安心感が高まる。

- 園としては、保育活動の充実が図れる。個別配慮がしっかりと出来る体制であれば、制作一つでも個を尊重した内容の実践ができる。また、保護者とのコミュニケーションも密に取れるようになり、保育園と家庭での共育ての実現ができる。核家族化、コロナ禍などの影響で孤立している保護者も多く、保育園での支援が必要不可欠なため。職員としては、気持ちに余裕をもって保育を行うことで、子どもへのプラス面での影響が大きくなると思われる。職員の急な休みや、早番遅番の手薄時間、個別配慮が必要な際のもどかしさ、事務作業時間に時間を取れないモヤモヤなど、全てが解決する。保育士も人間なので、気持ちの余裕がないと子どもに対しても余裕を持った関わりは難しいときがある現状。

- 保育の質の向上が図られると思う。→保育士が情報交換しやすくなるため。働きやすい環境になることで保育士のモチベーションも変わり、保護者に対してのアプローチも変化すると考える。

- 今まで以上に子どもに携わる時間が増え、子どもの成長を見つめることができる思う。今でも書類や行事準備等で持ち帰り等はほぼないが、勤務時間の中での割り振られる時間も増え、より子どもたちを楽しませる保育をする為の準備ができるようになると思う。ただ配置人数が多ければいいのではないと感じている。あくまでも責任の所在がはっきりしている中で、より心に余裕を持って子どもに携わることができれば色々な角度から子どもたちを見ることができるし、保護者の気持ちに寄り添って、悩み事や不安な気持ちを受け止め話を聞くことができる。やはり保護者との信頼関係があってこそいい保育ができると思うので、子どもたちにしっかり向き合ってあげられる余裕ができるのではないかと思う。子どもたちや保護者の笑顔や安心した様子が見えれば、仕事に誇りを持って遣り甲斐も感じることができるだろうと思う。

⑧クラス内での情報共有（43件）

- 子どもの成長や保育に必要な、情報共有や園内研修などを実施する時間が持てる。また、保育準備や保育環境を整える時間、事務時間がもてる。何よりも保育士等が、個々の子どもにゆったりと関わることができる、気持ちと体の余裕が生まれる。休憩時間の確実

な確保や積極的な休暇の取得などを促進できる。
- 少人数での保育が実現できることで、子どもへの理解、職員間の共有を持つ時間が確保される。また、園外での外部研修にも積極的に参加でき、保育内容を学び、園内研修へとつなげることが出来る。職員の精神的負担を軽減することが出来る。

⑨地域の子育て支援（7件）
- 現在の配置基準では保育できないので、資格のない会計任用職員の力を借りている。職員の疲弊が改善され、よい保育を目指し、職員の意識が変わると期待したい。また、支援の必要な子どもが増加しているので、保育士が増員されれば、もっと丁寧に子どもと向き合える。地域との関わりを求められているが、現状、保育と保護者対応で手いっぱい。地域との連携まで求められているが、人員が増えれば地域との関わりや関係施設との連携も増えるのではないか。

⑩休憩時間の確保（95件）
- 全てのことが、職員の大きな努力によって、保てている。保育も危機管理も事務も最大限に優先している。その事が心のゆとりを持てていないようにも感じる。休憩時間や休暇など安心してリフレッシュできる環境があるとよいと思う。
- 一人ひとりの子どもの発達をしっかり捉え、共有し、すべての職員がその子の育ちにつながる対応が出来るようにしたいと考えます。全体を見守るばかりでなく、子ども達としっかり一緒に遊びこむ時間を多く作れる事により、保育士のやりがいや資質も上がると考えます。

⑪その他（110件）
- 職員の健康を保ち、保育士として働きながら安心して子育てできる環境を作ることができる。働く環境が整っている職場は離職率も低くなると考えられます。
- 配置基準が改善されれば、職員の採用に効果があると思う
- 保育士一人ひとりの気持ちにゆとりが生まれ、子ども達にも丁寧に関わることが出来るので、適切な保育を行い、保育の質の向上につながる。

3-28　配置基準に関して思うこと・課題等

　「現在の配置基準に関して、あなたが思うこと・課題等があればご記入ください」という設問（自由記述）に対しては、369件の回答があった。
　調査研究委員会では回答を分析するにあたって、3－27同様に11のキーワードをもとに、回答（自由記述）のカテゴリ分けを行った。
　結果として、カテゴリ分けが困難な「その他」を除くと、3－27同様に「子供たちとのかかわり」に該当する回答が最も多く、152件となった。次いで「保護者対応」の51件、「けがや事故を防止するための取り組み」の39件と続いた。

第1章　調査結果

キーワード	該当数
1. 子どもたちとのかかわり	152
2. けがや事故を防止するための取り組み	39
3. 子どもの記録や保育の計画の作成	35
4. 会議・園内研究会	13
5. 外部研修への参加	8
6. 事故簿やヒヤリハット等危機管理の対応	28
7. 保護者対応	51
8. クラス内での情報共有	12
9. 地域の子育て支援	4
10. 休憩時間の確保	31
11. その他	188

【代表的な回答（回答原文ママ）】
　それぞれのカテゴリーの主な回答として、以下の回答がみられた。
①子どもたちとのかかわり（152件）

- 3歳以上の子供に対する基準が現実的ではない。実際に30人の4.5歳児を1人で見ている現場があるのだろうか？不適切な保育を取り上げる前に、この基準で適切な保育ができるはずがないと訴えたい。また、年齢ごとの集団の人数の上限はないので、配置基準さえクリアしていれば、0歳児が15人に保育士5人、1歳児が25人に保育士5人などが可能であるが、年齢に対しての適切な子供の人数はそんなに多くはない。例えば、0歳児は保育士の配置基準は3対1だが、一つの部屋で一緒に過ごす子供の人数の上限は8人までのように、クラスの上限人数を決めるべきだと思う。そうでないと、部屋の広ささえ確保すれば、30人を超えるの4.5歳クラスや、20人を超える1歳児クラスなど、とても安定して過ごせるとは思えないクラス運営を押し付けられる。最近は保育をサービスとして、親の負担軽減を目玉にしている園もある中、保護者の要求はエスカレートし、保育士の負担が増えている。保育士不足で、質の悪い保育士でも経験のない保育士でも、配置基準を守るためにはと目を瞑って雇用している現実もあるのではないか。保育士の配置基準を、見直すことは必要であるが急激な保育士の増加は、質の悪い保育士の雇用を増やすことにもなる。配置基準の見直しだけでなく、集団の人数に着目することで、保育士を急激に増やさず、子供が安心して過ごせるようにできるのではないかと思う。
- 国は、子どものいる家庭への支援を進めているが、70年前の配置基準すらそのままで変えてもらえなかった。子どもの育ちを支えている保育園の改革は後回し。世界の基準を見ても、日本の基準はとても厳しく、現代の子どもの姿から必要な人員配置になっていない。保育士の労働環境の改善もしてほしい。保育士は、ずっと我慢をしながら仕事をしているが、不適切な保育（虐待）やケガの増加など、労働環境が悪いと良い保育は

できないのではないかと思う。

- 実際、今の配置基準で保育をしていく中、1日1日を過ごしていくことは可能であったとしても、子どもたちに対して十分な関わり、環境設定、事務的な事などをしっかりと、時間が取れているか考えてしまいます。雑務が残ってしまい作業が、膨らんでいきます。そのあと残業してと悪循環になってしまいます。意見を公に聞いていただける事も嬉しく感じます。また、担当者の方々には現場に来て1日の流れを見て感じて欲しいです。子どもたちの素直な笑顔、生き生きとした活動、様々なことを吸収しようとする力を見て、子どもたちへの大事な時間を確保できる改善を作って頂きたいです。　社会や家庭からの要望を、取り入れている保育の現場を改めて検討して頂きたいです。　現場の職員の思い、子どもたちへの計らいをして子どもたちの未来をと考慮して頂きたいと思っています。

②けがや事故を防止するための取り組み（39件）

- これだけ現場でたくさんの事故や事件が起きている現実を社会はもっともっと深刻に受け止めて欲しい。命を預かる仕事として誇りを持ってやっているが、やったことない人たち（社会）は、こちらの仕事への理解が乏すぎる。実際に5人1歳児を同時にみれるのか。その中で人権を尊重しながら、でも事故は起こさずに保育を進めることの難しさをわかってほしい。これは保育の専門的な勉強をしているしていないに関係することではない。

- 保育所保育指針に則り、指導計画を作成し、保育の質を高め子どもの主体性を大切にした保育を展開したいという気持ちはあっても、現状の人数では安全を見守り一日を無事に終えることに注力を注ぐしかない。個々の子どもに寄り添いたくても寄り添えない、多岐にわたる家庭状況の子どもや保護者に丁寧に対応したくてもままならず、求められていることにこたえる努力をしたくてもできないのが今の現状である。時代の変化に伴う指針の改定に配置基準や労働環境がそぐわず、保育士等は心身ともに追い詰められているのを感じる。

- 厳しい勤務環境であるため、退職者が多く保育不足を感じる。規定ギリギリの人数配置であるため、退職や急な欠勤で人為不足になるが、そのまま保育を運営せざるおえない状況である。また、人の入れ替わりが激しいため、保育が安定せず、子どもと保育者の信頼関係も職員間の連携も不安定な状況が続きがちである。いつもその日をどうにか、怪我なく乗り越えることに精一杯で、子どもたちに寄り添った保育や、発達をねらいとした活動、自立に向けた必要な援助など、保育園として行うべき役割が果たせていないように感じる。大人が足りないことで、その皺寄せは子どもたちの生活や遊びの時間や機会を減らすことに繋がってしまっている。・新しい保育者が入ってきても、必要な指導や保育方針、注意事項を丁寧に伝える時間を設けることができないため、すぐに辞めてしまったり、質があがらない。保育者1人分のカウントとして勤務してもらっているが、実績が見合わないため全体の質が落ちていく悪循環である。

③子どもの記録や保育の計画の作成（35件）

- 一人担任は時間が十分ではないと感じている。勤務時間内に取り組める時間を確保する

ことはしているものの、保育士としての事務作業・保護者対応等、分担できる相手が少ない為。

- 保育者数としては、人数が確保していても、保育士として子どもと関わっていくことも多く必要な為に個別対応が同時に必要な場合には人手不足を感じてしまうことも少なくない（幼児1人担任）
- クラス配置の人数を多くするのではなく、フリーの職員が多くなる方法をとってほしいです。休憩時間の確保、休みの確保、事務作業時間の確保ができるといいと思います。
- 配置基準どおりの人員配置では、子どもたちとのかかわりや安全面での配慮・書類作成や保護者対応等充分に行えないため、常に基準以上の職員を雇用しています。労働環境の改善のためにも配置基準の見直しと同時にそれに見合った委託費についても検討をしていただかないと、ただでさえ職員の採用が難しい中、保育所の運営にも大きな影響があると思います。

④会議・園内研究会（13件）

- 保育園は、発達支援児がたくさんいる中で、加配されない中で保育している　又、配置基準ということだけではなく、1ヶ所の空間に対しての子どもの数が重要だと考える。たとえ大人がたくさんいたとしても、子どもが安定してすごせるよう、環境刺激を調節することが重要。又、保育園利用者は、18：00以降までいるにも関わらず、遅番の配置基準は昼と格差がある　現在園長副園長の事務も繁雑である　地域交流、労務、保健、雇用の人探し、雇用の面接や事務手続き、職員の健康診断や貸与被服の発注など保育について考える時間はない。
- 日本は子どもに対する投資が少なすぎる。未来を背負う子どもたちを育てる手間、人、お金の優先順位が低いということは、先の見通しがないことを世界に知らしめていることになる。不適切な対応をしないために、保育士個人のスキルを上げることは必要だが、それだけに頼らず、人的環境を整えることに国が取り組むべきだと思う。手遅れにならないうちに。
- 全て時間帯に、多数の職員が必要なわけではなく、必要とされる時間帯がどのクラスも手が必要になってしまい、それ以外の時間帯は、手が空いてしまったりします。その間に非常勤の方にクラスに入ってもらい、話し合いをすることもありますが、主の活動をする時、朝夕の保護者対応時は、クラスから抜けづらいなど、人数だけいれば良いという問題ではない。

⑤外部研修への参加（8件）

- 0、1、2才児の子の保育を丁寧に行わないことで、3、4、5才児になってからの育ちに影響しているのではないか。きめ細かい成長に促した丁寧な保育を保育士が学ぶことが必要不可欠だと思う。
- ここ10年位で、気になる子が年々増加傾向にあり、障害申請までできない子どもの対応が、昔のままの配置基準では到底カバーしきれていない。長年勤めているが、確実に子どもの質が変わってきており、30人を1人で保していた自分でさえ、現状の保育に1人で対応するには相当の怖さを覚える。それを他の保育士に基準内だからといって任

せなくてはならない現状を早急に改善してほしい。有休や研修参加も取り易い勤務体制にして、心身共に健やかな状態で保育に臨めるようになることを切に願う。

- 保育士の仕事は、書類の作成や午睡時の安全対策、育児困難家庭への対応、専門職としての研修等、年々業務が増えていっている。しかしながら、配置基準が変わらないと、増えた分の業務が、現在在籍している職員にのしかかってしまうため、早急な見直しが必要だと思います。

⑥事故簿やヒヤリハット等危機管理の対応（28件）

- これだけ現場でたくさんの事故や事件が起きている現実を社会はもっともっと深刻に受け止めて欲しい。命を預かる仕事として誇りを持ってやっているが、やったことない人たち（社会）は、こちらの仕事への理解が乏すぎる。実際に5人1歳児を同時にみれるのか。その中で人権を尊重しながら、でも事故は起こさずに保育を進めることの難しさをわかってほしい。これは保育の専門的な勉強をしているしていないに関係することではない。

- 保護者の要求、ケガに対する過剰反応など、子どもたちへの配慮が昔よりも多くなった。また危機管理上記載する書類、記録が異常に多い。昔のままの配置基準では無理を感じる。

- 保育所保育指針に則り、指導計画を作成し、保育の質を高め子どもの主体性を大切にした保育を展開したいという気持ちはあっても、現状の人数では安全を見守り一日を無事に終えることに注力を注ぐしかない。個々の子どもに寄り添いたくても寄り添えない、多岐にわたる家庭状況の子どもや保護者に丁寧に対応したくてもままならず、求められていることにこたえる努力をしたくてもできないのが今の現状である。時代の変化に伴う指針の改定に配置基準や労働環境がそぐわず、保育士等は心身ともに追い詰められているのを感じる。

⑦保護者対応（51件）

- 子どもの育ちの変化、保護者の対応等を考えてみても、数十年前とは大きく異なり「話を伝える」ことの難しさや集団と、個を大切にする両面からも、保育士はギリギリのところで頑張っているので、見直しが進むことを期待します。

- 様々の個性を持った子どもが増えたので、個別の対応をしっかりするためには人数が必要。同士に保護者からの要望が多岐にわたっているため、対応するため。

- 現在、保育園は様々な問題を抱えています。経験不足等様々な事情から集団生活が困難な子ども達の個別対応や育児不安を抱える保護者への対応が実現すると思う。

⑧クラス内での情報共有（12件）

- 特例保育児が多く、職員の当番も増えている中、職員間の打ち合わせの時間の確保が難しくなっている。又保護者対応の時間も充分取れているとは言えない　打ち合わせの時間もそうだが、更に職員間のコミュニケーションを円滑にしていくことも大きな課題の1つと思う。

- 大人が多ければ良い保育ができるとは思わないが、共有したり考える時間がないと、次

の保育につながらない。

- 育ちの困難さを抱えている子どもが増えている。1人1人の発達に寄り添い、子も保護者も支援できる余裕のある環境が必要だと思う。1人で抱え込まず、複数て共有することで、直な離職の考えもストップできるのでは。

⑨地域の子育て支援（4件）

- 保護者の支援に時間と人が必要である。また、地域の子育て世帯への支援今後の課題である。

⑩休憩時間の確保（31件）

- 個別配慮の必要な子が増えている。配置が増えれば全ての子に充分に手をかけてあげられる。今はそれができずもどかしい。現場の実態を知ってほしい。休息が十分に取れないことも辛い。

- 午睡中の危険は重々承知の上だが、「午睡中も定数」の考え方は現実的ではない。職員の休憩時間確保をする為には午睡の基準を改善できないか？（人数を減らす、または3対1の場合、1人有資格者がいれば2人は無資格者でも良いなど）何かあれば内線で直ぐに駆けつけられる体制は整っている。また、施設側は労基法に基づき、休憩時間確保にも努めているが、保育士の抱えている仕事量を見直さない限り定時出勤、定時退社は難しい。現状は残業を避ける為に休憩時間にも保育事務や保育準備に充てている職員がいる。

- 0歳児、1歳児、2歳児の配置基準は早急に見直してほしい。また支援の必要な子が増えている中、配置基準だけでは対応しきれない状況もある。職員の働き方改革が進む中ではあるが、制度が利用できない状況がある。また職員に急な休暇が必要になった時にも、安心して休みが取れる人員配置が必要であると考える。

⑪その他（188件）

- 保育士になりたいと思う様な魅力のある仕事に現状はなっていない。配置基準を見直すにあたっては、保育の給与もしっかりと見直し、教員と同等の身分になる事を切に望んでいます。今の給与は低すぎます。未来を担う人間の根幹基礎となる時期に携わる職業としての認識がとても低い様に思います。

- 現場を知らず、配置基準の決定を行なっている事に違和感があります。こども家庭庁が発足した事でこども真ん中社会をかかげるのであれば、まず、そこに携わる職員のことも考えていただきたいです。私たちは、一人一人の園児に寄り添い、子どもたちが幸せに心豊かに生活してほしいと願っています。現在、当園でも支援を必要とする発達障害のお子様も多く存在しています。そのこども達が生きやすさを感じられる日々の生活の提供をするためには、この配置基準の見直しは是非とも必要であると考えます。保育士不足と言われている現在、職員がこの職業で働く事に意味を持ち、誇りと意欲を持って取り組めるよう考えていただきたいです。

- 配置基準の改善とともに、子ども集団の規模を縮小させることが同時に必要。・どの年齢でも対1で考えるのではなく、集団に大人が2人以上いることが望ましいと考える

（OECD加盟国の多くがそのように定めているのではないかと）・配置基準とともに保育士の専門性の向上を図ることが必要。資格要件のこれ以上の緩和を防ぎ、保育士という職を国が深くとらえていかないことには、保育の質の向上は望めないと思う。

第2章

ヒアリング調査

1　ヒアリング調査のあらまし

2　ヒアリング調査報告

第2章　ヒアリング調査

第2章　ヒアリング調査

1　ヒアリング調査のあらまし

（1）調査対象

　アンケート調査にて設問「区市町村独自の増配置」「自園独自の増配置」への回答があり、なおかつ園名の回答があることを条件に、増配置のパターン（A～D）において、所在地、運営主体の区分を考慮の上選出し、協力いただいた10か所11園。

	所在地	運営主体	パターン	掲載ページ
①	23区	公立	A	P119
②	市町村部	公立	A	P123
③	市町村部	公立	A	P126
④	23区	私立	B	P129
⑤	23区	私立	B	P132
⑥	市町村部	公設民営	B	P136
⑦	市町村部	私立	B	P140
⑧	23区	私立	C	P143
⑨	市町村部	公立	C	P147
⑩	市町村部	私立	D	P150

「パターンA」：「区市町村独自の増配置　あり　×　自園独自の増配置　なし」
「パターンB」：「区市町村独自の増配置　なし　×　自園独自の増配置　あり」
「パターンC」：「区市町村独自の増配置　あり　×　自園独自の増配置　あり」
「パターンD」：「区市町村独自の増配置　なし　×　自園独自の増配置　なし」

（2）実施方法

　調査研究委員が該当保育園へ訪問し、ヒアリング項目（P240、241）に則って具体的な園の状況等についてヒアリングを行った（1か所のみオンラインで実施）。

（3）実施時期

　2023年8月17日～10月26日

2　ヒアリング調査報告

【掲載順について】

- 前頁掲載の（1）調査対象（一覧表）の順に従って掲載しています。

【掲載（回答）内容について】

- 所在する自治体や、園名が特定できないよう、回答内容を一部加工（匿名化）しています。
- 回答内容はヒアリングを行った時点（2023 年 8 月 17 日〜 10 月 26 日）の情報です。

第2章　ヒアリング調査

ヒアリング報告①（パターンA）

所在地	23区
運営主体	公立
区市町村独自の増配置	あり
自園独自の増配置	なし

※オンラインで2園から同時にヒアリングを実施した結果です。

①園全体の定員及び各年齢の定員、各年齢に対する職員配置状況（非公開）

②障がい児保育以外で加配を行っている場合、具体的に各年齢どのように配置してるか
　　a 保育園：5歳児の現員10名ですが、配慮が必要な子が4名いるので1名加配。内1
　　　　　　　名がてんかん発作があるので健康管理のため必ず2名体制を取っている。
　　b 保育園：3歳児の配慮が必要な子3名に対して加配1名。
　　　　　　　医療的ケア児に対して看護師（臨時的任用職員）及び正規保育士1名を加配。

③独自配置をすることで、メリット・デメリットはどのようなことが考えられるか
　　a 保育園：1歳児に対して5：1の配置ができている。メリットは一人ひとりを丁寧に
　　　　　　　見ることができ応答的な保育につながる。デメリットはない。
　　b 保育園：a保育園と同様であるのとインクルーシブ保育や気になる子の対応など丁寧
　　　　　　　な保育に繋がる人員になると思う。
　　　　　　　デメリットはない。

④上記に関連して、集団の適正規模は各年齢で何人ほどだと考えるか
　　a 保育園
　　　0歳児2：1（集団と個別対応の両立のため）
　　　1歳児5：1
　　　2歳児5〜6：1
　　　3歳児10：1（15〜20が適当と考えるが理想を言えば10人以上）
　　　4歳児10：1（15〜20が適当と考えるが理想を言えば10人以上）
　　　5歳児10：1（15〜20が適当と考えるが理想を言えば10人以上）

　　b 保育園
　　　0歳児2：1
　　　1歳児5：1
　　　2歳児5〜6：1
　　　3歳児7〜8：1（気になる子やパンツトレーニングの長期化を加味して、通年では
　　　　　　　　　　なくてもこのくらいが理想）
　　　4歳児10：1（15〜20が適当と考えるが理想を言えば10人以上）
　　　5歳児10：1（15〜20が適当と考えるが理想を言えば10人以上）

⑤保育を進める中で、職員不足を感じる場面はあるか

　a 保育園

　　在籍人数を考えると人数的には足りているが、個別の関わりや0歳児のミルクの時に順番待ち、シフトの調整などもあり、もう少し人手はあった方が良い。

　b 保育園

　　a 保育園と同様に人数的には足りているが、職員の急な休みや子どもの発熱等の対応で人手が必要な場面もある。個別の関わりなども考えると、もう少し人手はあった方が良い。

⑥限られた人数の中、安全管理面でどのような工夫をしているか（あるいはどのような課題があるか）

　a 保育園

　　a 保育園は人員が確保されているので日中の保育は問題ないが、延長保育・土曜保育などの正規職員の配置に課題があり、もう少し配置増ができると良い。

　b 保育園

　　b 保育園では土曜保育の利用者が多く、20名ほどの登園があり、いつもと違う環境での保育は非常に厳しいと感じている。また、17時以降の遅番・延長番は、正規職員も少なく、日中の保育の中で感じる緊張感以上のプレッシャーや子どもの遊びや動きを制限しなくてはならないことも多く課題と感じています。

⑦職員の急な休みにどのように対応しているか

　a 保育園

　　保育士等は園内の調整で対応している。看護師が休みの場合、体調不良児の対応は、近隣の公立保育園の看護師に相談等の協力を得ながら対応をしている。

　b 保育園

　　自園でも（a 保育園と）同様の対応をしている。医療的ケア児がいるため、看護師は2名在籍。急な長期休みがあった場合は、区内保育園の看護師で連携しながら対応をしている。

⑧自治体ごとに加配の内容、有無が異なる中、区市町村加算の中で助かっているものはあるか・（与えられた中でやるしかないので）全部助かっている。

　a 保育園

　　区の1歳児の5：1の加配は、助かっている。他の自治体の事例などがあれば教えてほしい。

　b 保育園

　　自園でも同様に区の1歳児5：1の加配は助かっている。

120

第2章　ヒアリング調査

⑨日々の保育を進める中で特に重視したいこと、そして配置基準が改善された際にはどのような場面に時間をかけたいか。

a 保育園

　一人ひとりに寄り添っていく保育を、一番重視していきたいと思います。集団の中でも、個別に丁寧に対応できることが大切と考えているからです。

b 保育園

　一人ひとりの対応は同じですが、私は新任園長なので安全管理などに気を付けている。問題が起きた時は、保護者に対しては改善策を示しご理解いただけるよう、丁寧な対応を心がけている。

⑩気になる子の実態について（増えてきているか）。そしてそれに対してどのような加配を望む（どうあるべきだと考える）か

a 保育園

　保育している中で気になる子が増えてきていると感じる。自園では、20代30代の保育士が多い。経験年数が少ない職員も多いので、安心して保育していくためには、ある程度経験年数が必要と感じている。また、保育のノウハウを若い職員に伝えていくことが必要だと思うので、経験のある職員の配置が必要。

b 保育園

　気になる子は増えてきている。就学までになんらかの支援をしたいし、関係機関へつながると良いと思ってはいますが、現状としてなかなかそこまでは至っていない。加配というところで考えるともちろん保育士は必要ですが、心理士などの専門的なアドバイスができる職員の配置があると心強く、適切な対応をすることができると思う。区では、年に数回心理士の訪問がありますが、もっと身近な環境に相談できる専門の職員がいて、子どものことを共有できるとよいと思います。

⑪職員の休憩時間をどのように確保しているか

a 保育園

　乳児クラスは子どもから離れて食事をとるなどで休憩をとっています。幼児クラス（3～5歳児）は合同で休息をとっているので、その間に交代してそれぞれ取るように声掛けをしている。休憩時間というところでは課題がある。

b 保育園

　確実に休憩時間が取れているかといえば、取れていないと思う。そういった場合でも短時間に分けて取るなどの工夫をしながら対応している。

⑫地域支援事業に力を入れることはできているか（あるいは今後力を入れたいと考えているか）

a 保育園

　新型コロナ以前は、地域の行事や商店街の中の憩いの場で、数か月に1回ほど園児

の発表や消防訓練の参加などの交流をもっていた。園の行事でも、夏まつりや運動会などに地域の方を招待していた。新型コロナも落ち着いてきたので、今後は地域交流の再開を考えている。公立園、私立園含めて近隣の保育園や小学校との交流をしていきたい。

b 保育園

　新型コロナも落ち着いてきたので、今年度は民生委員の方に園へきていただいたり、複合施設内の地域センターを利用している敬老会の方に年長児がつくったプレゼントを渡したりした。交流を通して地域の方や高齢者の方々とつながっていきたいと思っている。区ではオープンスクールがあり、近隣の小学校とも連携をとり、就学に向けて年長児が授業体験や学校見学など計画的に参加させてもらっている。）

⑬配置基準が改善されたとして、保護者対応において今より充実したり、あるいは可能になること

a 保育園

　限られた人数の中でシフトを組んで時差出勤をしているが、人員が充実することで遅番の保護者に対応できる職員の確保ができ、遅番の時間帯でのお迎えが多い保護者に対して、担任が直接保護者対応ができ、子どもの様子について共有することができると思う。保育士の人数が増えることによって見る目が増えるので、より子どもに手を掛けてあげられることを考えている。

b 保育園

　a 保育園と同様に、今は、保護者対応の時間を、なかなか取れないということがある。また、課題や問題を抱えている家庭が増えてきていることも感じている。そのような家庭に目を向けていくなどきめこまかい保護者への対応が、人が増えることでできるのではないかと思っている。また、少人数の保育で一人ひとりを大切にかかわる応答的保育や質の高い保育が人員が増えることによって、実現できると思う。

【その他】
園のある地域について

a 保育園

　住宅街の中にある保育園で、大きいグランドがある公園が隣接している。近隣の保育園や小学生がお散歩や遊びに来たり、地域の方が利用している。保育環境としては恵まれていると思う。

b 保育園

　近隣に公園が少なく、遊ぶ場所に苦労している。園外保育の移動の際も人込みの中を移動しなくてはならない時がある。

第2章　ヒアリング調査

ヒアリング報告②（パターンA）

所在地	市町村部
運営主体	公立
区市町村独自の増配置	あり※
自園独自の増配置	なし

※障害児への加配

①園全体の定員及び各年齢の定員、各年齢に対する職員配置状況

年　齢	定　員	現　員	正規職員配置	非常勤職員配置	備　考
0歳児	10	8	1	2	
1歳児	10	10	1	1	食事時は1名増員
2歳児	14	14	2	0	食事時は1名増員
3歳児	16	17	2	3	
4歳児	40	15	2	2	
5歳児		15	2	0	
合　計	90	79			
	園長1・主査2名・保育士12 保健師看護師1・栄養士1・調理師2・用務員1（非常勤職員）・嘱託医2・非常勤				

・定員と現員が違うが、今年度はこちらの現員で終了。
・3，4，5歳児で異年齢児保育も行っている（日常は年齢ごとのクラスで保育をしている）。
・2歳児の市の配置基準は7名に対し1名の保育士である
・加配人数　3歳児3名　4歳児3名　5歳児2名
・園全体で3歳児クラス以上の障害児加配2名程度の受け入れとなっているが、在籍園児の途中申請で加配児は増えて、受け入れ人数は超えている。

②障がい児保育以外で加配を行っている場合、具体的に各年齢どのように配置しているか
自治体による独自の増配置が無い中、保育においてどのような工夫をしているか

・アレルギーの子はいるが、重篤はなし
・園独自で増やしてはいない
・加配職員に非常勤（有資格者）を置いているが、対応の面で正規職員だとありがたい。

③独自配置をすることで、メリット・デメリットはどのようなことが考えられるか

・園の独自配置は無し。

④上記に関連して、集団の適正規模は各年齢で何人ほどと考えるか

・配置基準より手厚く人を配置しているが、当園の現在の園児数で適正と考えている。

⑤保育を進める中で、職員不足を感じる場面はあるか

・当番回数が多い時。

・急な休みの時。
・今年度は産育休職員が2名おり、代替職員として非常勤職員を置いているので、常勤職員の数が例年より少なくなっている。
・当市は1歳になるまで別室という決まりがある為、1歳未満の園児がいる場合には早遅時番に保育室を分けて保育するため、その時期は大変だと感じる。

⑥限られた人数の中、安全管理面でどのような工夫をしているか（あるいはどのような課題があるか）
・8月より市が登降園システムを導入し、保護者に9時までに出欠の連絡をシステムで入れてもらうことになった。保護者の入力がない場合にはシステムから連絡がいくようになっているが、保護者がその連絡を見ていない場合もあるため、その際は保護者に電話を入れるようにして、連絡なしで未登園の児童がいないか確認している。
・夏季期間の保育にてプールを実施の際には監視するための職員をたてている。

⑦職員の急な休みにどのように対応しているか
・フリー職員2名がクラス担任に入りながらやりくりはできている。
・当番職員が急遽休み等の場合には別の職員の勤務時間を延ばして対応している。

⑧自治体ごとに加配の内容、有無が異なる中、区市町村加算の中で助かっているものはあるか
・加配が必要と判断しても保護者の同意が得られず対応できない時、当市ではクラス加配という申請が通れば、クラスに非常勤職員を1名入れてくれる。それを利用しているところもある。

⑨日々の保育を進める中で特に重視したいこと、そして配置基準が改善された際にはどのような場面に時間をかけたいか。
・職員の研修。

⑩気になる子の実態について（増えてきているか）。そしてそれに対してどのような加配を望む（どうあるべきだと考える）か
・加配園児数　3歳児3名　4歳児3名　5歳児2名
・園全体で3歳児クラス以上の障害児加配2名程度の受け入れとなっているが、在籍園児の途中申請で加配児は増えて、受け入れ人数は超えている。

	加配児	気になる子
3歳児	3	数名
4歳児	3	数名
5歳児	2	数名

・アレルギー児対応について、クラスにいるアレルギー児のアレルギー食材が違う場合、クラスに2名いる場合では1名ずつテーブルを変えて専属で職員もつかなくてはいけないので、人のやりくりが大変だと感じている。

⑪**職員の休憩時間をどのように確保しているか**

・3，4，5歳児は一緒に昼寝し寝ついたら、非常勤職員、派遣職員が保育にあたり見守るようにしている。

・非常勤職員の休憩は優先的にしっかり取れているが、常勤職員はあまり取れていない現状がある。

⑫**地域支援事業に力を入れることはできているか（あるいは今後力を入れたいと考えているか）**

・園見学は日程を決めて行い、多くの方が来ている

・地域支援として園庭開放を実施している。製作や離乳食講習会、在園児との交流や育児相談など好評である。

⑬**配置基準が改善されたとして、保護者対応において今より充実したり、あるいは可能になることとして、どのようなことがあると考えるか**

・今も潤った配置基準だが、改善されれば保護者とコミュニケーションや話ができるベース作りができると思う。

・5歳児は就学に向けた取り組みや書類もあるので常勤職員が2名担任がよいと思っている。

＜その他の回答等＞

◎**自治体の配置のみで対応できているということは、自治体の恩恵を受けている、という見方もできるが・・・**

・その中で助かっていること（メリットなど）

　加配が必要と判断しても保護者の同意が得られず対応できない時、当市ではクラス加配という申請が通れば、クラスに非常勤職員1名を加配職員としてつけることが出来る。

・逆に課題があるか（そうだけど物足りないなど）

　2歳児の市の配置基準は7名に対し1名の保育士であるが、国や東京都の配置基準である6名に対し1名の保育士として、現在の定員14名に対して常勤職員の配置を3名にしたいと感じる。

ヒアリング報告③（パターンA）

所在地	市町村部
運営主体	公立
区市町村独自の増配置	あり
自園独自の増配置	なし

①園全体の定員及び各年齢の定員、各年齢に対する職員配置状況

年　齢	定　員	現　員	正規職員配置	非常勤職員配置	備　考
0歳児	9	9	3		
1歳児	10	12	2	1	月額職員
2歳児	12	12	2		
3歳児	20	22	1	1	
4歳児	25	25	1	1	4歳充実保育士
5歳児	25＋（医療的ケア児1）	26	2		医療ケア児1名
合　計	102	106	11		
	園長1名・副園長1名・保育士13名（フリー保育士2名を含む）・保健師看護師1名・栄養士1名・調理師2名・用務員1名・嘱託医1名・非常勤フリー保育士2名・訪問看護師1名・事務1名（週1回）				

②障がい児保育以外で加配を行っている場合、具体的に各年齢どのように配置しているか 自治体による独自の増配置が無い中、保育においてどのような工夫をしているか

・気になるお子さんが4歳児に数名いるが加配は市の基準でクラス運営に支障をきたす場合に配置される。一人ひとりの発達保障のために人を配置できる制度がほしい。

・4歳児は市独自の配置で4歳児充実パートの配置があるので4歳児の運営は助かっている。4歳のみの制度。

③独自配置をすることで、メリット・デメリットはどのようなことが考えられるか

・1歳児が6：1のところを当市は5：1にしている。また弾力化で1歳児10人をプラス2人にしているので月額職員を入れて12人を3人で見る体制をとっている。

④上記に関連して、集団の適正規模は各年齢で何人ほどと考えるか

・市独自で訪問看護師、4歳充実保育士、会議パートなどの配置はあるが適正人数は各年齢全体でもう一人ずつ配置してほしい。

⑤保育を進める中で、職員不足を感じる場面はあるか

・主任レベルの職員2名が退職し新卒採用をしたので一気に若返った。

・丁寧な保育を行いたいが寄り添ってあげられない時がある。実際、個別対応が必要な食事面も0歳は3：1だが2：1にしている。0歳はアレルギー児もいるため実際、保健担当や栄養士が入ってフォローしている。

・幼児クラスも主体的な保育をしたいが一人担任のため難しい活動もある。

・子ども一人ひとりに丁寧に対応するためには、全体的に各クラス一人ずつの配置が望

ましい。人が増えない中でみんな頑張っている。保育の質の向上のためにも、保育士の声をもっと取りあげてほしい。待遇改善もしてほしいという声が聞かれる。公立の為、3年～5年の異動あり。

⑥**限られた人数の中、安全管理面でどのような工夫をしているか（あるいはどのような課題があるか）**

・安全面はヒヤリハットや苦情ファイル、市のマニュアル等を活用し、職員会議で実際に園内研修でデモンストレーションを行っている。若い職員が多いので副園長に議題を出してもらい取り組んでいる。
・横のつながりがあり、日常の人数確認もお互いに確認し合うことができ、安心感がある。
・職員会議で幼児ブロック、乳児ブロックの会議で次の課題への振り返りをしている。

⑦**自治体ごとに加配の内容、有無が異なる中、区市町村加算の中で助かっているものはあるか**

・4歳児充実保育士（4歳のみ）
・週に1回　園長、副園長の事務補佐として9:00～16:00まで事務の配置がある。
・支援が必要なお子さんがいる場合は担当園長に申請し、担当園長が見に来る。申請が通れば介護パートを配置できる。
・会議パート（会議の間保育に入る人員）の配置ができる。
　1クラス2人　11:00～15：00任用は市が行っている。

⑧**日々の保育を進める中で特に重視したいこと、そして配置基準が改善された際にはどのような場面に時間をかけたいか。**

・子どもの気持ちに寄り添った丁寧な保育
・幼児の主体的な活動の充実
・職員の負担軽減（業務や保護者対応等）
・人材育成…市はOJTの配置が一人はあるが4月に研修もなくすぐに担任配置のため新任も厳しいのでは。話し合う時間もない現状。

⑨**気になる子の実態について（増えてきているか）。そしてそれに対してどのような加配を望む（どうあるべきだと考える）**

・気になるお子さんは各クラスに4～5名はいる。特に4歳児には7～8名と多い。障害児のお子さんも4歳児に在籍している。
・5歳児は医療的ケア児のお子さんに一人つき経鼻、酸素吸入がありボンベを常に持ちついて回る。
・市は再任用職員を1名つけてくれている。現在は数園のみ行われている。今後も再任用職員の活用が進み私立公立の連携も含め増えていくと良い。また市は『並行保育』として週に1回施設から4歳の医療的ケア児のお子さんが園に来ていたので、受け入れにあまり抵抗はなかった。医療的ケア児の受け入れが現在市内数園で行われてい

るが、園数が増えたら訪問看護で今後まかなえるのかは心配。

	加配児	気になる子
3歳児		4〜5名
4歳児	1	7〜8名
5歳児	1	4〜5名

⑩職員の休憩時間をどのように確保しているか

・休憩時間は皆、1時間としているが30分で切り上げ業務に戻っているのが現状。コロナの影響もあり、それを機に休憩の形態が変わったように思う。別別に部屋を用意しているが食べてすぐ移動などが多くなり休憩もそのスタイルになっているように思う。

・数ヶ月前からICT化の一環として登園管理システムを導入したが、使用するのは登降園管理と園だよりのみなので今後、日誌等へと進み効率化につながればと思う。

⑪地域支援事業に力を入れることはできているか（あるいは今後力を入れたいと考えているか）

・市が各園取り入れている事業で「○○の会（集いの場）」を設けている。
地域センターで保育士が出前保育を行う。また『○○広場』として園で保育士がイベントするところに事業として助産師さんを呼ぶこともある。親が子育てが楽しくなる場づくり、自分も出来るという子育てへの自信をつけてもらうねらい。

・令和4年度より、1歳の誕生日を迎えた子が各園にきてわらべうたや物を使わないでできる遊びを保健師が教えている。保育士は褒め役となる。

・市のとりくみとして子ども発達支援の先生の子育て講座もプラスして行っている事業がある。今後全園にどう広げていくかを考えている。

・1歳から1歳半検診の間が空くので子育てのフォロー（切れ目ない子育て支援）を行っている。地域からは保育園の垣根が高いといわれることもあるので、だれもが利用しやすい保育園となり、地域の子育て支援を進めていくことが課題。

⑫配置基準が改善されたとして、保護者対応において今より充実したり、あるいは可能になることとして、どのようなことがあると考えるか

・保育士は自分の時間で残って保護者対応をしている。配置基準が改善されれば遅く来て面談したり保育参観での対応もしてもらえたりとより保育園を知ってもらえると思う。

・保育参観は令和5年度より再開している。タブレットや配信をどう活用するかは今後の課題。

第2章　ヒアリング調査

ヒアリング報告④（パターンB）

所在地	23区
運営主体	私立
区市町村独自の増配置	なし
自園独自の増配置	あり

①園全体の定員及び各年齢の定員、各年齢に対する職員配置状況

年　齢	定　員	現　員	正規職員	非常勤職員	その他・備考
0歳児	12	9 職員数が足りないために	3	8時間パート（有資格者）	看護師
1歳児	15	15	3	8時間の非常勤	
2歳児	15	15	3		看護師（食事のアレルギーの為）
3歳児	21	21	2	8時間パート（有資格）	8月に区要支援児認定2名
4歳児	21	20	5		要支援児1名
5歳児	21	21			
合　計	人	101人	人	人	

②障がい児保育以外で加配を行っている場合、具体的に各年齢どのように配置してるか

1歳児に、区の講習を受けてみなし保育士として勤務できるパートが1人。

2歳児は15人だが、3人を配置。アレルギーの子がいて、食事の時は看護師が対応。

3歳は、保育士2人と有資格の8時間パート1人。

③独自配置をすることで、メリット・デメリットはどのようなことが考えられるか

人がいればよいということはない。

今年度は保育室の環境の問題があり、人は多めに配置されている。

④上記に関連して、集団の適正規模は各年齢で何人ほどだと考えるか

0歳　2対1　　1歳　4対1　　2歳4対1　3歳　12対1　4,5歳24対1

長時間保育の子が多く、支援児もいて職員の手は必要だが、0,1,2歳の乳児期にしっかり手をかけて見ていれば、幼児は大丈夫と考える。

※参考に、埼玉県では現在、1歳児は4対1となっている。

⑤保育を進める中で、職員不足を感じる場面はあるか

食事は丁寧に関わり手をかけていきたい。食事の時間帯に職員不足を感じる。

⑥限られた人数の中、安全管理面でどのような工夫をしているか（あるいはどのような課題があるか）

・0歳児ではベットを利用することもある。その子の安心できる場として、ベットで過

ごし安全も守っている。子どもは求めるときにだっこすることで、再び満足したら遊びだす。子どもが集中して遊べる世界を広げたいということからも、ベットの利用も進めている（誰からも邪魔されず遊べる空間を保障するため）。

・乳児は担当制を行っている。職員数が足りていないことから、現在は９名の園児の受け入れである。

・園庭が小さいので散歩によく行くが、散歩は大人が３人は付き添うようにしている。水あそび、散歩など前もってわかる保育活動で、人が足りない時はパートさんの勤務時間を調整し、活動ができるようにしている。全体を見て、活動内容によって主任も保育に入る。

⑦職員の急な休みにどのように対応しているか

　　⑥同様だが、朝夕で急遽パートさんに長めに働いてもらうこともある。

⑧自治体ごとに加配の内容、有無が異なる中、区市町村加算の中で助かっているものはあるか

　　区の加配内容がよくわかっていない。加配されていたとしても、それでは足りない。

⑨日々の保育を進める中で特に重視したいこと、そして配置基準が改善された際にはどのような場面に時間をかけたいか。

　　乳児にはしっかり手をかけて保育をしたい。この時期に手をかけることで、幼児は問題ないと考えている。

　　丁寧に関わることで身辺の自立を確立する配置基準の改善ができたら良いと思う。

⑩気になる子の実態について（増えてきているか）。そしてそれに対してどのような加配を望む（どうあるべきだと考える）か

　　・気になる子は、加配申請、巡回指導に出している。

　　・巡回指導のアドバイスをもらっている。

⑪職員の休憩時間をどのように確保しているか

　　１時間通して取ることが難しい場合は、30分ずつ分けてとっている。

⑫地域支援事業に力を入れることはできているか（あるいは今後力を入れたいと考えているか）

　　子育て広場で、法人が子育て支援をしている。

　　子育て広場に来た妊婦さんには、細やかに声をかけるようにし、講座などがある場合には声をかけている。

⑬配置基準が改善されたとして、保護者対応において今より充実したり、あるいは可能になることとして、どのようなことがあると考えるか

　　保護者対応は丁寧に十分行うように努めている。第一子の子も多く、こまめに声をか

けている。

夏フェスの縁日ごっこを、1週間楽しめる日として設けた。最後の日は年長がカレーライスを作り、保護者1名を招待して夕食を一緒に食べた。今後も、保護者を巻き込んでの事業をしていきたいと考えている。一緒に子育てを楽しめるようにしたい。

絵本コーナーでは、帰りがけに親子で一緒に絵本を読んでいる。金曜日は絵本の貸出日となっている。

＜その他の回答等＞

私は着任したばかりで、細かいところはよくわかりませんが、今年度は、カリキュラムから、日誌の書き方、子どもの主体性について学びあいをしている。

行事は、行事のための練習ではなく、保育活動の延長でやっていくことを伝えている。今現在、保育の方法や考え方を園内で学びあっている状況。

| ヒアリング報告⑤（パターンB） |

所在地	23区
運営主体	私立
区市町村独自の増配置	なし
自園独自の増配置	あり

①園全体の定員及び各年齢の定員、各年齢に対する職員配置状況

年　齢	定　員	現　員	正規職員	非常勤職員	備　考
0歳児	9	9	3	1（有資格）	・保育補助（無資格）3名 ・看護師1名 ・事務1名 ・用務1名
1歳児	15	15	3	1（有資格）	
2歳児	18	18	3	1（無資格）	
3歳児	23	23	2	2（フリー・有資格）	
4歳児	23	23	2		
5歳児	23	23	2		
合　計	111	111			

- 幼児（子ども園の為）2・3号児20名・1号児3名。
- 幼児異年齢保育の為、フリー保育士2名。
- マネージャー（副主任）2名

②障がい児保育以外で加配を行っている場合、具体的に各年齢どのように配置してるか

- 園庭がないため、園外保育に力を入れている。寄り道をしながら1チーム12人位の子どもに、おとな2名×6グループの他に、乳児の活動があるため職員が必要で多くなっている。

③独自配置をすることで、メリット・デメリットはどのようなことが考えられるか

- メリットは、たくさん出掛けられるなど、活動がふくらませられる。
- デメリットは、「視野が狭くなるのかな…」
- 園長自身が公立で勤務してきた際に、配置基準1歳の担任だった際に、いろいろな場面で5：1の環境を強いられ、絶対に5人の子どもを見る、保育する、移動するなどをしてきた。その中で養われた保育士の感覚があった。
- 当園の職員は若い人が多く、当園が初めて勤めた保育園という職員が多い。どうやって園全体を見ていくのか、子どもとあそんでいくのかに着目し、集中する視点を持ったり、距離感やタイミングを養うのが課題。また、園内ではそんなに無いが、大人が多いと「監視する声」が多くなることがあるのではないか（気になって声を掛けやすい）
- □若い職員について、職員の平均年齢は？
- 開園当初は、1・2年の経験職員が多かった。
- 非常勤を含むと少し上がるが、正規職員は30歳くらい。（事務の方より）

④**上記に関連して、集団の適正規模は各年齢で何人ほどだと考えるか**
・アメリカやスウェーデンなど全然違う数値の中で、さすがに2歳児が6：1であったのに、3歳児が20：1というのは、どうなのだろうか？1歳の差であるのに……。3歳の子どもの姿に、「『なんでもできるぞ』と割といろんなことに挑戦する」、その子どもたちを、一人で20人見るのは・・・。
□ちなみに年齢ごと、適正な一集団の人数は？（人を増やす配置基準の話題の中で〜）
・12〜13人か、または20人以下（幼児）。
・自身の経験では、3歳児を13：1でみていたが、食事のときなどフリーの人が入った。その子の特性を理解し、行動を1日は把握できるが、多くなると特性を理解した上での関わりは何とも言えない。

⑤**保育を進める中で、職員不足を感じる場面はあるか**
・職員は多いが、不足を感じることはある。
・幼児の食事が11:00〜13:00の長い間に自分で選んで食べる。そのような状況の中で、何時、休憩にいくのか、記録を取るのか、自分の中での振り返りなど、ノンコンタクトタイムの確保が課題。
・昼寝をしない子（子どもが選択）の対応、昼間の事務、交代で休憩する際の保育を対応する人（休憩保障）。
・行事の準備。
□実働や休憩は？
・実働8時間・休憩45分。

⑥**限られた人数の中、安全管理面でどのような工夫をしているか（あるいはどのような課題があるか）**
・今の人数でこの環境で考えると、フロアーが広いのでトランシーバーを個々に持ち、言葉で助けを求め、確認しあい、事務所の人が対応する。
・マネージャー（副主任）が2名いる。フリーとして3名が一時保育を含み対応。
□「安全管理面とは？」
→ヒアリングの質問として考えた頃に、子どもを散歩先に忘れる・バスの置き去りなどの事件がニュースになっていた。人数確認の意識や方法を保育者と話しあった。
・現在は、トランシーバーを用いて言葉で報告することで、自身の頭でも確認し行動することにつながっている。

⑦**職員の急な休みにどのように対応しているか**
・マネージャー（副主任）が対応。

⑧**自治体ごとに加配の内容、有無が異なる中、区市町村加算の中で助かっているものはあるか**
・区の法外援護費（パート保育加算、行事費加算・バス遠足など、健康診断加算、研修費ほか）、他の地域より手厚いのではないか。助かっている。

□法人内の格差があるのではないか？
・違いがある。　例えば）健康診断など自己負担がある場合もある。

⑨日々の保育を進める中で特に重視したいこと、そして配置基準が改善された際にはどのような場面に時間をかけたいか。
・大人の声。必要最低限の言葉がけ。余計な言葉を大人が掛けないことは、凄く重要なことだと思う。
・子どもたち同士のやり取りの中に、ずかずか入らない。それを大事にすること『余白』を大切にしている。空間づくりの中でも、ちょっとそっと静かになれる、一人になれるところを大事に考えている。
・集団生活でずっといると、その騒めきに疲れる。「ふっ」となれる場所をつくる。
□保育士同士が会話する時間はあるのか？
・つい最近まで昼礼（14：00〜14：30）に担任の代表が参加していた。
　子どものエピソード、保護者対応などを話していたが、ノートが終わらない、クラスで話せないなどがあり、現在は夕礼を実施している。
・夕礼（16:00〜）で、昼間はクラスで話せるようになったとの意見も一部聞かれる。

⑩気になる子の実態について（増えてきているか）。そしてそれに対してどのような加配を望む（どうあるべきだと考える）か
・途中で転園してくることが多い。前の園で上手くいかず転園してきたことなどが、口コミ（ネットワーク）で広がっている。集団生活が上手くいかない子がいる実態がある。
・実際に集団生活が苦手な子がちょこちょこいるが、しかし、園の中であまり目立ってはいない。
□区の発達相談センターの巡回があるが、受けているのか、昨年からの対象児が増えているのか？
・巡回の対象児は増えていないように思う。
・4・5月の新しい子が増えるときには、大人の人手が必要になる。時期的に対応してもらえたらと思う。

⑪職員の休憩時間をどのように確保しているか
□ノンコンタクトタイムについて
・休憩室で休憩している。
・開園当初から、休憩は取るように徹底していたことで、取ることが普通になっている。
□クラスの中で相談しての休憩方法、クラス内の見通しを持ってとるのか？
・交代で取っている。
・0歳児クラスでは、4・5・6月で3ヶ月子が複数入った現状があり、生活リズムが整わない、休憩がうまく取れなかった際には、マネジャー（副主任）が入り、休憩の保障を含め保育の見直しをする。客観的に見て整理している。

第2章　ヒアリング調査

⑫**地域支援事業に力を入れることはできているか（あるいは今後力を入れたいと考えているか）**

・ひろば活動は、いろいろ進めている。

・カフェやイベントなどを開催し、少しずつ地域に定着してきている。

・カフェについては現在週3日で活動しはじめている。

・地域の話合いに参加するようになり、話し合いの場所にカフェを使ってもらうなど、地域の方と親しくなる。

⑬**配置基準が改善されたとして、保護者対応において今より充実したり、あるいは可能になることとして、どのようなことがあると考えるか**

・保護者とおもちゃ作りなど活動をすることが有るので、その際には居てもらえるとよい。

□有休の取得について、また夏季休暇は？

・前年分を取れるようにしている。夏季休暇はない。

・長期の休暇が取れたらと思う。

・働く側のモチベーションが上がる。

ヒアリング報告⑥（パターンB）

所在地	市町村部
運営主体	公設民営
区市町村独自の増配置	なし
自園独自の増配置	あり

①園全体の定員及び各年齢の定員、各年齢に対する職員配置状況

年　齢	定　員	現　員	正規職員	非常勤職員
0歳児	9	9	3	2
1歳児	15	15	3	2
2歳児	18	18	3	1
3歳児	24	24	2	1
4歳児	24	24	1	1
5歳児	26	22	1	1
合　計	116人	112人	13人	8人

②障がい児保育以外で加配を行っている場合、具体的に各年齢どのように配置しているか

・配置状況に記載の通り、この人数でやりくりしている。

配慮を要する子どもが登園していてもいなくても、そのクラスに職員を多く配置しているので、丁寧な保育、保育の質を上げるための話し合いに繋がっている。

③独自配置をすることで、メリット・デメリットはどのようなことが考えられるか

・メリットとしては保育体制に穴が開かないようにしている。子どもの保育時間だけでの人の配置ではなく、職員同士が引継ぎできるような時間を含めた体制にしている。例えば、17:30に退勤する職員の後の体制として17:30から人を入れるのではなく、引継ぎができるように16:30から人を入れるなど。

・デメリットといえるか分からないが、人を配置基準より多く配置し日頃その職員人数で保育を行っているため、配置基準通りの人数でもいつも通りの人数がいないと不足していると感じてしまうところ。

④上記に関連して、集団の適正規模は各年齢で何人ほどだと考えるか

・保育士1人に対して0歳児クラスは子ども2人、1歳児クラスは子ども3人が良いと考えている。集団の適正規模としては、現在の定員が良いと考え、それ以上では厳しいと考えている。

⑤保育を進める中で、職員不足を感じる場面はあるか

・保護者対応が多くなる夕方、お迎えの時間に職員不足を感じている。非常勤職員を含めて配置基準より多く人を配置しているが、常勤職員でないと伝えにくいことも多く、当番の常勤職員が対応しているが、お迎え時間も集中しているため、保護者から見て保育人数を少なく感じたり、配慮が必要な子どもにしっかりついて保育してほしいと

感じたりするという意見をもらうこともある。

⑥**限られた人数の中、安全管理面でどのような工夫をしているか（あるいはどのような課題があるか）**
・幼児クラスは夕方16時30分頃から合同保育にしているが、その時の学年や子どもの様子により、配慮を要する子どもが多い場合には、配慮を要する子どもに負担がないよう、そのクラスだけを単独保育にしたり、合同保育する時間をずらしたり、その子どものいるクラスの部屋で合同保育を行ったりするなど、配慮を要する子どもに負担がないよう夕方の時間の時間の保育環境を大きく変えない等の工夫を行い、いかに配慮を要する子どもの対応だけにかかりきりにならないでも良いようにしている。

⑦**職員の急な休みにどのように対応しているか**
・その日の保育体制にあわせて非常勤職員に動いてもらって対応している。非常勤職員が難しい体制の際には主任が入って対応している。
・通常の常勤職員の当番勤務による体制は、非常勤職員に入ってもらっているが、それでも難しい場合には、非常勤職員の勤務を延長してもらってカバーしている。

⑧**自治体ごとに加配の内容、有無が異なる中、区市町村加算の中で助かっているものはあるか**
・自治体独自の増配置はなし。

⑨**日々の保育を進める中で特に重視したいこと、そして配置基準が改善された際にはどのような場面に時間をかけたいか。**
・各年齢の子どもたちがその年齢の特徴を出して過ごすことが出来る保育を大事にしている。ありのままの姿に対応してもらえるんだと子どもたちが感じられるように保育を進めていきたいと考えている。配置基準が改善された場合には、子どもとの関わりの時間、食事の時間、午睡の時間など丁寧な保育と共に子どもの命を守る場面などに今よりもっと時間をかけたいと考えている。

⑩**気になる子の実態について（増えてきているか）。そしてそれに対してどのような加配を望む（どうあるべきだと考える）か**
・気になる子や認定は無くても配慮を要すると感じる子どもは増えていると感じている。以前であれば5歳児クラスでは担任が1人で保育を見ることが出来ていたが、現在は家庭環境が大きく要因して配慮を要する子どもや家庭が増えており、いろいろな子どもが入園してくるが、配慮を要したり対応が難しかったりする保護者も多くなったと感じる。時代と共に保護者も変わってきていて、保護者の保育に対する見方と保育士の専門性から見た保育の見方が違ってきていると感じる。（配置基準以上に配置していても、例えば夕方、職員が退勤して人が少なくなっていくことに、ちゃんと見ていてくれるのか、人が少ないのではと不安を伝えてくる保護者もいる）
・自治体は入園前に気になる子どもや家庭の状況について把握していないと感じる。入

園を希望する家庭に対して、園の状況等は園に聞いてほしいと言われることも多い。園全体で配慮を要する子どもや家庭について、園やクラスなどで配慮を要する子どもや家庭が多くあっても、保護者の希望で入園になるため、また在籍中の子どもが年度途中で加配になることもあるため、年度により要支援児、要支援家庭の数に偏りが大きい。

・今までも障害児の受け入れについて各園に偏りがありすぎないようにと自治体に訴えていたが、今年度より公立、公設民営、民間が委員会を立ち上げ、受け入れの人数など園ごとに偏りがあり過ぎないようになど自治体と話し合いを行っている。
障害児だけでなく配慮を要する気になる子どもに対しても、自治体は全て入所受入れしているので、受け入れることのできる体制が作れるように補助してほしいと考えている。

⑪職員の休憩時間をどのように確保しているか

・職員の休憩時間は各クラス内で回しており、当日の保育体制を考慮して主任が現場全体に声をかけ、休憩時間が取れないということがないようにしている。クラス内で休憩を回すことが大変な体制のときには他のクラスにも応援に入って、休憩時間をとれるようにしている。

・休憩時間を常勤職員も非常勤職員も取れるように13時30分まで勤務する職員がいる。会議を昼の時間に設定しているため、会議等のときには勤務時間を15時まで延長してもらって、休憩や会議ができるように対応している。（契約内容にも延長して勤務してもらうことを含めている。）

⑫地域支援事業に力を入れることはできているか（あるいは今後力を入れたいと考えているか）

・現在、複数の保育チームを設けており、その中の地域支援チームで、年間計画を立てて地域の方を呼んで行っている。10〜12組程度の予約を受け付けて行っている。地域支援を行うために、保育体制のカバーができる体制にしていて、ここでも非常勤職員に勤務を延長してもらうなど相談をしながら進めている。

⑬配置基準が改善されたとして、保護者対応において今より充実したり、あるいは可能になることとして、どのようなことがあると考えるか

・常勤職員を増やすことが出来れば、子どもの受け入れ時、お迎え時に保護者対応しながらも、今よりもっと子どもに寄り添った丁寧な保育ができると考えている。日中はさらに、子どもの成長過程に向き合える保育が充実する。現在は状況により、大人の都合でできないこともあり（要支援児につく、電話対応、インターホン対応など子どもに待ってもらうこともある）、保育の資質向上、保育士の資質向上につながると考える。

＜その他の回答等＞

・昨今の不適切保育について、絶対にあってはならないことだが、人手不足、人の余裕が

ないことも背景になっていると考えている。子ども主体の保育とは何か、今の配置基準で子ども主体の保育が出来ているのか、人の余裕がないから子どもに手をかけられないのではないか、子どもに対して言葉だけの指示になってはいないか、など子ども主体の保育について振り返り、保育士の資質向上に繋がる配置基準だと良いと考える。保育士自身、もっと自分たちの保育士としての専門性を発信していくことで、保育士の地位向上にもつながると考える。

ヒアリング報告⑦（パターンB）

所在地	市町村部
運営主体	私立
区市町村独自の増配置	なし
自園独自の増配置	あり

【園の特徴】

祖父母と同居や、近隣祖父母が在住、パート職の保護者が多い。

短時間認定の家庭が1割程度。

開所時間　7：00〜19：00

7：00〜8：00までの登園児は少ない。

夕方も17：00すぎは少なく、18：00過ぎの延長利用者は2〜3名程度。

朝夕の保育は合同保育で対応できる。

①園全体の定員及び各年齢の定員、各年齢に対する職員配置状況

年齢	定員	現員	正規職員	非常勤職員	その他・備考
0歳児	9	9	3	1（週3日）	看護師が入る
1歳児	13	13	4（内1名契約社員）	1（派遣）	
2歳児	18	17	4（内1名契約社員）		
3歳児	20	19	3（内2名契約社員）		
4歳児	20	21	2		
5歳児	20	21	2（内1名契約社員）		
合計	100	100			フリー （契約2、パート3、派遣1）

※常勤看護師2名配置

※常勤14名（内2名看護師）＋園長、主任

※契約社員＝常勤職員と同じ時間働くが勤務時間は固定、変則勤務なし。書類も日誌のみ。月案、児童票は担当しない。

フリー保育士　2名（契約社員）

パートフリー　9：00〜13：30　1名（週3日）

　　　　　　　16：00〜18：30　1名（週5日）

　　　　　　　11：30〜13：30　1名（週2〜3日）

②障がい児保育以外で加配を行っている場合、具体的に各年齢どのように配置してるか

　障害児として認定され加配されている子ども2歳児1名。この子につきっきりではなく、2歳児クラス全体も含めて見てもらっている。各クラスにグレーの子は数名いるため、契約職員で工夫して全体をみるようにしている。

③独自配置をすることで、メリット・デメリットはどのようなことが考えられるか

　メリット→休暇がとりやすくなる。子ども一人ひとりへの対応がしやすくなる

第2章　ヒアリング調査

　　　　人員が必要のない時（グレーの子が欠席、クラスで数名欠席等）畑の作業したり、普段できない雑務ができる。
デメリット→人件費率の上昇

④上記に関連して、集団の適正規模は各年齢で何人ほどだと考えるか
　　正規職員を増やしたい。各クラスに対しての正規職員配置を認めて欲しい

⑤保育を進める中で、職員不足を感じる場面はあるか
　　休憩がとりづらいが工夫し、60分ずつとれている

⑥限られた人数の中、安全管理面でどのような工夫をしているか（あるいはどのような課題があるか）
　　昼寝中に各クラスの環境を確認する。看護師が2名いるので、0歳児クラスだけではなく、全クラスの子どもたちの視診をすることができている。
　　駐車場が狭いので、送迎の重なる時間（夕方16時過ぎごろ）交通整理をする。

⑦職員の急な休みにどのように対応しているか
　　出勤している職員（フリー等）で工夫している。正規職員が足りない場合、合同保育にするなどして工夫する。どうにもならない時は市内に同法人園があるので応援を依頼する。

⑧自治体ごとに加配の内容、有無が異なる中、区市町村加算の中で助かっているものはあるか
　　・元々公立園で指定管理からのスタート。無償貸与
　　・市の単独補助→給食費第二子無料、休日保育補助
　　・中規模工事は自費で行った

⑨日々の保育を進める中で特に重視したいこと、そして配置基準が改善された際にはどのような場面に時間をかけたいか
　　保育を充実させたい。休暇をとりやすくしたい。現在有給休暇取得率93％
　　現在、4〜50代の職員が多いので若い世代を増やしたい。

⑩気になる子の実態について（増えてきているか）。そしてそれに対してどのような加配を望む（どうあるべきだと考える）か
　　加配の仕組みが、この子に対してこの人、と、1対1の配置で申請しなければならない。
　　1対1で関わる必要のある重度の子もいるが、中には、常時ではなく場面によって大人の手が必要な子もいるので、対応を柔軟にして欲しい。
　　クラスに対して一人保育補助者として加配してくれるなど。

⑪職員の休憩時間をどのように確保しているか

　　　休憩1時間確保している。11：30～14：00までに交代でとる。

　　　休憩は充実している。1日の労働時間7.5時間

⑫地域支援事業に力を入れることはできているか（あるいは今後力を入れたいと考えているか）

　　　子育て広場A型を行っている。園庭遊びができます、などの呼びかけはしているが、コロナ以前ほど集まらない。

　　　コロナ以前に戻すよう努力工夫する。

⑬配置基準が改善されたとして、保護者対応において今より充実したり、あるいは可能になることとして、どのようなことがあると考えるか

　　　お迎え時の時間保護者との情報共有の充実、保護者との面談の充実

　　　保護者との対話の時間を増やしたい。

　　　保護者支援の必要な家庭が増えているので、市との連携を充実させたい。

＜その他の回答等＞

　土曜日出勤は3週に一回出勤。　契約職員は月に1回出勤

　今後、補助金がいただけるのであれば、職員研修を充実させたい。

　元公立保育園のため、小学校と隣接していて、園庭と校庭がつながっている。扉があり、災害時には小学校へ避難できる。

第2章　ヒアリング調査

ヒアリング報告⑧（パターンC）

所在地	23区
運営主体	私立
区市町村独自の増配置	あり
自園独自の増配置	あり

①園全体の定員及び各年齢の定員、各年齢に対する職員配置状況

年齢	定員		正規担当保育士	正規フリー保育士	非正規保育士	非正規保育補助（子育て支援員）	看護師	栄養士（調理補助）	清掃	嘱託医	事務
本園	104	園長 1									
1歳児	12 ※1		3								
2歳児	14		2								
3歳児	26		3 ※2	2	11	6 (2)	1	4 (2)	4	1	1
4歳児	26		2								
5歳児	26		2								
分園	28	副園長（有資格） 2									
0歳児	6		2								
1歳児	10		2	2 ※3	5	3	1	1 (2)	0		
2歳児	12		2								
計			18	4	16	11	2	9	4	1	1

※1　1歳児は、弾力運用在籍14名

※2　内1名派遣職員

※3　内1名派遣職員

②障がい児保育以外で加配を行っている場合、具体的に各年齢どのように配置してるか

・障がい児の受け入れはしているが、現在は在籍していない。

・フリー保育士・朝専任（7：05〜15：05）・延長専任（10：35〜19：35）の職員を配置している。非正規職員の中にも朝夕の職員がいる。

・配慮の必要な子や療育に通っている子はいるので、加配ではないが、配置基準以上の通常体制の中から、＋αの職員が柔軟に動きながらサポートしている。

③独自配置をすることで、メリット・デメリットはどのようなことが考えられるか

・朝、延長専任職員を置くことで、職員の定着に繋がり、長く働き続けることができる。

・日中の子どもたちの様子をしっかり見ることができる。

・毎日、「14時会議」を実施している。クラス単位や乳児・幼児グループ単位で動かずに、体制等について園全体を職員一人ひとりが把握することができる。これにより園全体で明日の保育を考えることができる。

④上記に関連して、集団の適正規模は各年齢で何人ほどだと考えるか

0歳児：2人（災害時に命を守るため。丁寧な保育をするため。）

1歳児：3人
2歳児：4人
3歳児：6人
4歳児：12人（グループ活動など、集団として活動しやすい人数）
5歳児：12人（　　　　　　　　〃　　　　　　　　　）

⑤保育を進める中で、職員不足を感じる場面はあるか
・職員の休み・休憩・研修の保障、夏場の活動（プールの監視員等）・散歩活動の人員、など安全な保育を行う上で十分ではない。

⑥限られた人数の中、安全管理面でどのような工夫をしているか（あるいはどのような課題があるか）
・散歩活動の際は、事前に人数や時間、活動内容を所定の用紙に記入する。
出発の際に、園長または副園長が園児・引率職員の人数、体調・機嫌の様子・持ち物をその用紙をともに確認する。散歩先に到着した時・散歩先から帰園する時は園に連絡を入れる。
人数確認を徹底する。園に戻ってきた時にも人数確認を行う。
携帯電話や警備会社と連動した機器も所持して散歩に出ている。
・園内の環境について設備点検担当を決めて、チェック表を用いて破損等を日々確認している。日々の保育の中でも担当以外の管理職の職員が保育室を回り、確認している。
・外部の講師を招いて、安全管理や危機管理に関する研修を実施し、保育者の意識を高めるための取り組みを行っている。
・避難訓練は毎月、防犯訓練（不審者対応・侵入者対応等）は年3回実施している。
・設備等で対応できるものは、整えていく。しかしながら、設備等に安心せず、「いつ事件や事故は起こるかわからない」という意識を常に持ちながら、管理職の職員が園内に発信している。保護者にも園だよりやICTシステムの配信を利用して伝えている。これにより安全管理に対する意識を高めていく。
・「ヒヤリハット会議」を月に一回実施している。ここでは全体で共有する事例を報告する。各クラスからヒヤリハットを担当する職員が出席し、クラスに周知している。
・職員同士が指摘し合える環境を作るようにしている。指摘することを正常化する。日頃から運営側の職員が示すようにしている。
・暑さ指数計を活用して、戸外の活動の可否について看護師と副園長と協議して判断している。水遊び時には監視を設け、暑さ指数のチェックをしながら事故がないように活動を行う。時間を制限するなどしながら、園庭で泥遊びなどもしている。

⑦職員の急な休みにどのように対応しているか
・休みについて事前に連絡を取り合い、体制について相談し、決まった体制を園長及び全体に報告する。「14時会議」をすることで全職員が体制を把握しているからこそ、急な休み等にも柔軟に対応できる。
・どうにもならない時には、宿舎借り上げを利用している通勤30分以内の職員が協力

第2章　ヒアリング調査

してくれている。

⑧自治体ごとに加配の内容、有無が異なる中、区市町村加算の中で助かっているものはあるか
・（与えられた中でやるしかないので）全部助かっている。
※区は加算に関する説明会を年に一回実施してほしいと思っている。園によって差異があってはいけない。額についてはもっと上げてほしい。

⑨日々の保育を進める中で特に重視したいこと、そして配置基準が改善された際にはどのような場面に時間をかけたいか
・「子どもたち自ら感じて考えて行動できるように。保育者はその前後をお手伝いする環境を作る。アシストする。」ということを重視する。
・子ども一人ひとりにそそぐ時間を多くしたい、充実させたい、というのが我々の願い。子どもたちを見ていても、二十数人がいれば、目立つ子・気にかかる子に目がいきがちだが、それ以外の子に保育の中で時間をそそぐことが難しいと感じる。配置基準が改善されれば、そういった子に目がいくのではないか、より豊かな保育ができるのではないか、と思う。
・散歩を充実させたい。遠くの公園に行くこともできる。
・安全の確保につながる。
・保育をする中での保育者の心の余裕が生まれる。

⑩気になる子の実態について（増えてきているか）。そしてそれに対してどのような加配を望む（どうあるべきだと考える）か
・以前あった要配慮児加算の復活を切に望む。要配慮であることに気づかれないまま小学校に就学している子もいるので、そういった子に寄り添っていきたい。

⑪職員の休憩時間をどのように確保しているか
・複数の職員がいるので、最初は11時頃から活動の節目に合わせて休憩に入る。午睡時も休憩に入る。
14時頃までには全員休憩をとる。会議も昼に行うので、そこに合わせて休憩が回るようにしている。確保はできている。
・就業規則に休憩しなければならないと定めている。しっかり休むことが午後の保育において子どもの安全を守ることに繋がる。休憩も仕事のうちと伝えている。

⑫地域支援事業に力を入れることはできているか（あるいは今後力を入れたいと考えているか）
・事業には取り組んでいる。保育運営は地域の理解と協力のおかげなので、今後も取り組んでいきたい。しかしながら、専任職員がいるわけではないので、できる範囲で無理をせず行っているのが現状。子どもたちが地域からも大切にされていると思えるような経験を得られるように地域の方と関われるような取り組みを考えている。

・区の地域活動事業や都のサービス推進事業にある地域支援事業は全て行っている。

・新型コロナウイルスが5類に移行し、参加者も少しずつ増えてきている。

⑬配置基準が改善されたとして、保護者対応において今より充実したり、あるいは可能になることとして、どのようなことがあると考えるか

　・保育者が心と時間に余裕が持てるようになることで、保護者の方と子どもの育ちを共有する時間が増える。お迎え時にゆっくりと色んなお話しをすることができる。また、お迎えに限らず色んな場面で時間を作ることができる。

＜その他の回答等＞

　・事務時間について

　ICT システムを活用し、日誌とノートの連動など時間の短縮につながっている。職員が上手に利用している。カリキュラム会議を月に一回行い、効率よくやっている。

　職員が手厚い時には、午後に事務のために抜ける時間を確保する。持ち帰って仕事をしていることはない。超勤などもしていない。経験が必要だが、8時間以内に終わらせる。子育て世代の帰らないといけない職員が多くいることも強み。

第2章 ヒアリング調査

ヒアリング報告⑨（パターンC）

所在地	市町村部
運営主体	公立
区市町村独自の増配置	あり
自園独自の増配置	あり

①園全体の定員及び各年齢の定員、各年齢に対する職員配置状況

年　齢	定　員	現　員	正規職員	非常勤職員	その他・備考
2歳児	12	11	2（派遣1）	会計年度職員1	加配1
3歳児	20	9	2	会計年度職員1	加配1
4歳児	20	15	2	会計年度職員1	加配1
5歳児	23	14	2	会計年度職員1	加配1
合　計	75人	49人	8人	4人	4

②障がい児保育以外で加配を行っている場合、具体的に各年齢どのように配置してるか
・新入園がいるクラスや気になる子どもがいるクラスに加配をして手厚くしている。

③独自配置をすることで、メリット・デメリットはどのようなことが考えられるか
　メリット：配置基準よりも保育士が配置されており、個々にじっくり関わることがで
　　　　　　き、目が行き届く。　保護者と話す時間もとれている。
　デメリット：保護者側からみるとそれが当たり前のように感じてしまい、おたより帳の
　　　　　　　記載の仕方や迎え時に手厚い保護者対応を要求される。（乳児から幼児に
　　　　　　　代わる時が難しい）
　　　　　　　例）一日の子どもの様子を迎えの時に時系列で話して欲しい。
　　　　　　　　　おたより帳にもっと詳しく様子を書いて欲しいなど

④上記に関連して、集団の適正規模は各年齢で何人ほどだと考えるか
　＊適正規模　　2歳児　→　15名　　保育士3名配置
　　　　　　　　3歳児　→　20名　　保育士2名配置
　　　　　　　　4歳児　→　20名　　保育士2名配置
　　　　　　　　5歳児　→　20名　　保育士2名配置

⑤保育を進める中で、職員不足を感じる場面はあるか
　＊早番・遅番などの当番の順番周りが早いため正職員が負担となっている。
　＊感染症により急遽職員の休みが入った場合など。

⑥限られた人数の中、安全管理面でどのような工夫をしているか（あるいはどのような課
　題があるか）
　＊今年度より保育室が1階のみとなったことにより、避難がスムーズにできるように
　　なっている。

147

＊防犯カメラが北と南についておりモニターを事務所で見て確認することが出来る。

＊散歩に同行する保育士の人数を手厚くしている。

＊土曜日のように職員が少ないときに非常事態となり助けが欲しい際には正職に回す
SOS　LINE がある。

⑦職員の急な休みにどのように対応しているか

　＊会計年度職員、フリー、主任が対応している。それでも対応出来ない場合は合同保育
にしている。

⑧自治体ごとに加配の内容、有無が異なる中、区市町村加算の中で助かっているものはあ
るか

　＊元々、配置基準以上の正職保育士がいる

⑨日々の保育を進める中で特に重視したいこと、そして配置基準が改善された際にはどの
ような場面に時間をかけたいか

　＊安全安心の保育。

　＊こども主体の保育、日々の保育の中で築いていく保護者との信頼関係。

⑩気になる子の実態について（増えてきているか）。そしてそれに対してどのような加配
を望む（どうあるべきだと考える）か

　＊増えてきている。

　＊気になる子どもが年々多くなってきているので、加配だけをつけるのではなく、環境
設定や、特性を保育士全員が共通理解をして関わることが望ましい。

⑪職員の休憩時間をどのように確保しているか

　＊日々の休憩時間は 13 時〜 15 時の午睡時間内に交代で取るように担任同士で調整し
ており、時間内の会議の日には、12 時〜 13 時、15 時〜 16 時等の変則的な取り方
をしている。

⑫地域支援事業に力を入れることはできているか（あるいは今後力を入れたいと考えてい
るか）

　＊園庭開放、2 歳児以下の遊びの広場を行っている。

⑬配置基準が改善されたとして、保護者対応において今より充実したり、あるいは可能に
なることとして、どのようなことがあると考えるか

　＊現在においても保護者との連携を大切に考えており、個別相談、面談等に力を入れて
いる。

＜その他の回答等＞

　保護者面談、保護者茶話会など10名以下での集まりなど実施。
子どもたちが、遊びやすい園庭スペースがあるので、他園との交流（園庭遊び）なども設定
し大切に活動している。

　地域支援事業にもなるが、七夕会、節分会、クリスマス会、正月あそび、園庭あそびなど
の行事参加）

　PR活動　チーム○○
　活動内容　　PR　市報、市のホームページに情報をのせる
　　　　　　　ロビー展示
　　　　　　　チラシポスター制作
　　　　　　　保護者対応の勉強会
　　　　　　　学校教育についての勉強会
　　　　　　　臨床心理士を交えてこども支援の勉強会
　　　　　　　役所と協力し情報収集

ヒアリング報告⑩（パターンD）

所在地	市町村部
運営主体	私立
区市町村独自の増配置	なし
自園独自の増配置	なし

①園全体の定員及び各年齢の定員、各年齢に対する職員配置状況

年　齢	定　員	現　員	正規職員配置	非常勤職員配置	備　考
1歳児	15	15	1	3	看護師　1
2歳児	18	18	3	3	
3歳児	29	29	3	3	保育補助　2
4歳児	30	30	2	1	加配職員　4
5歳児	30	28	1	1	加配職員　1
合　計	122	120	10	11	8

②園独自の増配置をしない（できない）理由

Ａ：法人内の在籍人数で対応しているが、常時募集はしている。（ハロワークのみ）

③自治体による独自の増配置が無い中、保育においてどのような工夫をしているか

Ａ：職員の急な休みがあった場合、職員室に配置表があり、すぐにどのクラスから補充に入れるか確認できるようになっている。

④保育を進める中で、職員不足を感じる場面はあるか

Ａ：もっと人がいると良いと思っている。法人としては常に募集はしている。

法人に見合った方、希望と合った方がいない。

フリー保育士（正規）がいると有難い。

⑤限られた人数の中、安全管理面でどのような工夫をしているか（あるいはどのような課題があるか）

Ａ：虐待や事故のニュースがあった時に法人の園長会で会議をし、リーダに伝え、クラス職員に伝える。非常勤職員会議を行い、共有している。

ヒヤリハットや事故があった場合、起こった時に原因や改善策を話合い対応している。

Ａ：毎月の避難訓練、毎年、9月1日に引き渡し訓練を行っている。不審者対応訓練。誤嚥に対する注意、プール時の監視の徹底、移動の際の点呼等の徹底をしている。

※熱中症警戒アラートが出ている場合や監視をおけない場合、プールができないことをあらかじめ園だよりで伝えてある。

⑥障がい児保育以外で加配を行っている場合、具体的に各年齢どのように配置してるか

Ａ：加配の必要な園児は、怪我をしないようにその子が過ごしやすいように連携をして保育をしている。加配担当の職員との会議（話を聞く）を設けている。

A：職員が学んできているので、かかわり方がわかってきた。保育士の中で気付きがある。
　　NPO法人市民センター（仮称）から巡回指導年3回（春・秋・2月頃）ある。園児を観てもらった後、カンファレンスをしている。その中で、センターの方から保育の現場では加配が難しいという話があることがある。

	加配児	気になる子
1歳児	0	0
2歳児	0	2
3歳児	0	2
4歳児	4	0
5歳児	0	0

⑦独自配置をすることで、メリット・デメリットはどのようなことが考えられるか

　　A：独自に加配をしている。男性職員にもお願いしている。心配な声もあったが、問題なく対応できている。児童のニーズに対して即戦力になる職員（正規）が必要だと感じている。

⑧上記に関連して、集団の適正規模は各年齢で何人ほどと考えるか

　　A：20人くらい
　　　　待機児童対策で法人は、園を増やしてきた。

⑨職員の急な休みにどのように対応しているか

　　A：職員の急な休みがあった場合、配置表があり、すぐにどのクラスから補充できるか確認できるようになっている。（③での回答と同様）

⑩自治体ごとに加配の内容、有無が異なる中、区市町村加算の中で助かっているものはあるか

　　A：何かある時は、法人の園長会統括園長が市の園長会に要望を出している。
　　　　民間の園長会もあるため、情報交換を行ったり、市と合同研修を行っている。

⑪日々の保育を進める中で特に重視したいこと、そして配置基準が改善された際にはどのような場面に時間をかけたいか。

　　A：子どもたちが楽しくいられるように、クラスだけではなく、今よりも園全体で個々に対応していける。優しく、丁寧にかかわっていきたい。
　　　　保護者とのコミュニケーションの時間、個人面談の時間をもっと持てると思う。

⑫気になる子の実態について（増えてきているか）。そしてそれに対してどのような加配を望む（どうあるべきだと考える）

　　A：加配の必要な園児、気になる子が多い。怪我をしないようにその子が過ごしやすいように連携をして保育をしている。加配担当の職員との会議（話を聞く）を設けている。（⑥での回答と同様）

⑬職員の休憩時間をどのように確保しているか

　　A：正規職員は、昼15分・午後30分、トータルで45分の休憩となる（私用で外出する時は1時間取れる）。
　　　　パート職員は、労働時間によって違い、8時間未満の方は45分
　　　　8時間以上の方が1時間
　　　　休憩室や外出などをし、リフレッシュして午後の保育につなげている。

⑭地域支援事業に力を入れることはできているか（あるいは今後力を入れたいと考えているか）

A：落ち着いている地域。

民営化して2年目なので、あまり行えていないが、今年度（R5年度）からボランティア受け入れや中学生の職場体験、保育所体験やサービス推進事業で取り組んでいる物等取り組み始めている。玄関前に地域関係のポスターを貼っている。

⑮配置基準が改善されたとして、保護者対応において今より充実したり、あるいは可能になることとして、どのようなことがあると考えるか

A：子どもたちが楽しくいられるように、クラスだけではなく、園全体で個々に対応していける。優しく、丁寧にかかわっていきたい。（⑪での回答と同様）

保護者対応の充実、じっくり優しく丁寧にかかわれると思う。

＜その他の回答等＞

- 土曜日保育に関しては、保護者が仕事の場合のみ受け入れている。
- 職員の定着率、本園で採用された職員は殆ど残っているが、途中採用の場合、1、2年で退職している人もいる。理由は、自分の目指す保育とは違う。多い人数の中でコミュニケーションをとりながら楽しく働ける環境を作らなければと思っている。当法人では、働き方を変えることができる。例えば正規から非常勤になってまた、正規に戻ることができる環境になっている。

第3章

座談会

・・

―保育園のライフワークバランスについて―

　今回の「配置基準の見直し～見直すことで、こんな風に変わっていける！～」調査への回答をもとに、「保育園のライフワークバランスについて」をキーワードとして設定し、令和6年2月に調査研究委員会で座談会を行い、意見を交わしました。

　なお、各園の実情や意見を率直に伺うこと等を目的に、座談会の記録は匿名化しております。

第3章　座談会

座談会

司会者

　本日はお忙しい中お集まりいただき、ありがとうございます。保育部会調査研究委員会では、今回、「配置基準の見直し〜見直すことで、こんな風に変わっていける！〜」をテーマに調査を行いしました。

　前回調査研究委員会が調査した「保育園における働き方改革と保育業務の実態」調査の中で、現状の配置基準に問題があるという結果が見えましたので、今回は少し「配置基準」に深掘りした形で調査を行いました。

　調査を行っていく中で、様々な課題や、配置基準が見直されることによるメリットが見えてきました。その中で、「労働環境のゆとり」や「保育のゆとり」、「人材不足」、「保育士の質の向上」など、いろいろと御意見をいただいたのですが、今回はその中から共通して見えてきたこととして、『保育園のライフワークバランス』をテーマに、報告書作成に関わった委員の皆さんから忌憚のない意見をいただければと思っておりますので、よろしくお願いいたします。

司会者

　それでは、このテーマについて調査を通して感じたことを、皆さんご発言いただければと思います。

委員Ａ（市町村部・私立園園長）

　まずは、今回の調査研究ですが、配置基準が75年前から今までずっと変わらずにきましたが、子どもたちを取り巻く環境は変わりました。保護者の働き方も、女性の社会進出で当たり前のようにフルタイムで働く、というのが現状です。東京の保護者は基本的には都内まで、電車通勤なども1時間、2時間かかる中で働かれていること。そしてそれによって子どもたちの保育時間が10時間を超えている状況もあり、今12時間、13時間、14時間開所を求められている園もたくさんあるかと思います。

　その中で私たち保育者が、どのように保育業務に当たって働いていくのか。保育士不足も課題と言われていますが、現状、職員が働きやすさとやりがいを持って働くために、今の配置基準では到底子どもとじっくり向き合う時間の確保が難しくなっている。私はそこが大きな問題かと思います。

　保育園はどうしても女性が多い職場なので、仕事をしながら自ら子育てをするのは当たり前、という職員が、各保育園でも多いのではないかと思います。子育て以外にも、介護を抱えている職員もいます。資格を取ってキャリアアップをしたり、体力勝負の仕事なので、しっかり休養を取って疲労回復をするなど、生活と仕事の調和を図りたいという方がとても多くなっているのを今回の調査研究でも、いろいろと感じたところです。

　職員が置かれている状況を、私たち各園の園長たちは、十分に配慮していかなければ、保育士が離職してしまう世の中で、いかに仕事と生活のバランスが取れるようにし、長く楽し

155

くやりがいを持って保育の仕事に打ち込めるという環境を提供すること。そして子どもに向き合う時間も多く取り、なおかつ職員同士で共有したり、保育の中で日々困っているいろいろなことを助けてあげようとか、「私の手が空いているので一緒にやるわ」といったことも実際にあるのではないかと思っています。

そのために今の配置基準が改善されて、子どもたちのためにこれが資質向上につながればと思い考えているところです。ですので、本当に子どものためでもあり職員のためでもあるこの配置基準が、いい方向で大きく変わってくれるとよいなと、常々思っているところです。

委員B（23区・公立園園長）

やはり長時間保育だとか、子どもを取り巻く環境が日々変化していく中で、保育の配置基準は全然変わっていません。

その中で、行政（自治体）からはいろいろな保育サービスをやりなさいと言われたり、医療的ケアなど、支援が必要な子どもの保育も幅広くやっていく中で、様々な調査でも言われていますが、日常の保育業務の中で、当たり前の休憩時間や休暇すら取れていません。

女性が多い職場というところでは、育休や部分休などは制度としてはあるけれども、果たしてそれを誰でも取りやすい環境になっているかというと決してそうではありません。私が就職した頃というと、もう30年前ほどになりますが、そこから何かが変わって、とても働きやすくなっただろうかと考えたときに、あまり変わっていないというのが実状です。

ICT化など新しく入って便利になってきているところもありますが、手のかかる子が増えたり、保護者対応もより丁寧にやっていかなければいけない。保育の様子を発信し見える化しましょう、というところに日々追われて……追われてといいますか、そこが大事なのですけれども、自分たちがやりたいことを着実に、安心・安全な保育を提供していくといったところでは、本当にこの配置基準を見直して、職員が心の余裕を持って保育ができるようになるといいなと考えています。

委員C（市町村部・私立園園長）

「ライフワークバランス」をキーワードにということで、いろいろ私も考えました。実際、A先生もおっしゃっていましたしB先生もおっしゃっていましたけれども、保育園で長時間保育がスタンダードになるにつれて、どの時間を取っても配置基準をクリアしていることが一番大切なのではないかと思ったりしています。

保育は「質」と考えたときに、確実にこの配置基準に手を加えなければいけないのではないかと思ったりしています。

今回の調査について、後半の自由記述の回答では、配置基準が改善された場合のメリットがいくつか書かれています。問21・22については、キーワードで分けた子どもたちの関わり、事故を防止するための取り組み、子どもの記録や保育計画の作成などなど、とても大切なことが書かれてあると改めて感じました。今回この調査をするにあたって、具体的な課題がこのように出てくるのだと思いました。

これらの課題を解決するには、「人への投資」が確実に必要になってくるのではないかと思っています。

委員 D （市町村部・私立園園長）

先ほど先生方もおっしゃっていましたが、配置基準が変わらない中で、子どもの環境や保護者の状況が変わり、本当にグレーゾーンと呼ばれるお子さんが増えたことも事実だと思います。また、保育士が保護者対応にとても不安を感じていることが多く、保育士の離職の問題にもなるのかなと思っています。早番や遅番に子どもが大変多くなる状況があります。そこを当番制で回すことも、だんだんと厳しくなってきて、追加で入っていただいたりする職員が増えてきました。

また、保育時間が長くなったことで、子どもも疲れが見えてきたり、その中でちょっとしたトラブルなども増えてきました。そこに何人かでも保育士がいれば解決できることも、保育士不足でなかなか対処できないのが現状です。不規則な勤務時間だったり、残業や持ち帰り仕事もあるかと思いますが、ICT が導入されてからは保育園内で全て処理しなくてはいけませんので、家への持ち帰りは時間的にみれば少なくなったかなと思います。しかし、その代わりに保育時間内でやる仕事が、保育士の休憩時間などをかなり圧迫しているかなと思っています。

その中で保育士が上手に「ライフワークバランス」を取っていくためには、リフレッシュする時間や休憩時間、また子どもから離れる時間をつくっていきたいと思っていますが、それがなかなかできないのが現状だと思っています。

司会者

ありがとうございます。今 D 先生がおっしゃった「休憩」というところは、この問題を考えるにあたって 1 つのキーワードになってくるのではないかと思っています。

保育園内でやるべき仕事が増えたために休憩が取れないことは、実際に各保育園は課題として持っているのではないでしょうか。前回の保育園における働き方改革の調査では、「休憩時間が取れているか」という質問に、平均 35 分という数字が出ています。労基法上は 45 分とか 1 時間と定められているのに、保育の世界では 35 分がやっとというところも課題になってくるのではないかと思いながら、先生のお話を聞いていました。

委員 E （市町村部・私立園園長）

今回、配置基準をテーマにお話し合いをさせていただいて、保育士の働き方というか、座談会テーマの「ライフワークバランス」ですか、そこを考えていかなければいけないということは、私も強く思いました。

働く側のバランスが整うと不満がなくなると思うのです。女性はどうしても、出産など人生の中で大きなことがあると、男性よりも離職率が高いと思います。そうすると保育の現場は大半が女性の職場なので、どうしても離職率が高くなってしまいます。ですが、このライフワークバランスが整っていけば、離職率も下がると思うのです。

今は高齢化が進んでいるので、職員たちは出産だけではなく介護の問題も抱えなければいけません。その中で保育の仕事が重くなってしまうと、どうしても自分の生活を犠牲にするような形になってしまいます。そうではなく、両方のバランスが取れるように、私たち（園長）は職員のことを考えて改善していかなければいけないのだなと非常に実感しています。

では、そのためにどうすればいいのかという話ですが、配置基準が変わってくれれば職員

の人数が増えますから、そういった中でお互いにやりくりができるのかなと思っています。配置基準が70年前から変わっていないというのは、今、女性がとても進出してきていますし、女性の働き方が非常に変わってきていますので、その時代と同じでは到底無理な話です。

　保育は福祉の仕事なのだからサービスして当たり前といった風潮が世の中にある、それがそもそも間違っています。私たちも労働者でそれぞれ抱えているものがあるのですから、奉仕ばかりはできない。もちろんしますよ。ですが、それだけではないととても感じますので、バランスよく生活ができればいいのかなと非常に思います。ですので、この配置基準のことを考えると、このようにたくさんのことが網羅されていくのだと実感しました。

司会者

　やはり、福祉現場で職員不足の問題にも関わってくるのかなと思います。うちも職員不足でいろいろ募集をかけるのですけれども、9時から16時だったらいるという話があると思うのです。ですから、いかにライフワークバランスを考えている保育士さんが増えてきているのかなと肌感覚で感じます。その中で、11時間、12時間という長い時間の保育をどう担保して、子どもたちのためにやっていかなければいけないのかなと感じたところです。

委員F（市町村部・私立園園長）

　改めて「ライフワークバランス」というテーマでお話をと言われた中で、先生方ほど考えがきちんとまとまっていないなと今皆さんのお話を聞きながら思いました。ただ、やはり働く側の条件を整えるために、雇う側がどれだけ満たしていかなければいけないのかと改めて感じているといいますか、働く側の人たちが求めてくるようにもなっているので、それを充足していくには超勤問題であったり、あとは先ほどあったように、うちもICT化をこれから入れますので、持ち帰れなくなったときの対応というのがあるのだなと改めて気づきました。

　今お聞きしながら考えたのは、福祉であるのにという部分をどうやって保っていけばいいのだろうと。働く側の中にも福祉の現場で働いているという意識は、やはり大事なのかなと。そこを共通認識にしていかないと、自分たちのライフワークバランスを整えていくけれども、そこが福祉の施設であること、その条件を満たしていくのは雇用者側だけなのかという部分が、本当に難しい。そこを守ることが大切であるのだけれども、守るためにこれからどうしていったらいいのだろうと、改めて考えるきっかけになっているなと思います。

　少子化が進んでいて子どもが少なくなってきたときに、子どもの人数を考えた配置基準に入れていけるのだろうかと思っているところです。問題提起としては、いろいろと考えてしまうのですが、まとまっていないのですが、そのようなことを考えています。

委員G（市町村部・私立園園長）

　保育園のライフワークバランスは、今回の調査で取り組んでいた配置基準の見直しが動いてくると、解決されるのかなと思っています。配置基準の見直しがされれば、ライフワークバランス、仕事以外の生活も充実する。具体的にどのようなところかと考えると、職員の負担をいろいろな面で減らす。書類の作成に時間を費やしたり、子どもとの関わりをもっとゆっくりとできたり、グレーの子も含め子どもとの関わりを深めたり、あとは研修の時間確保や

有休の取得などです。

　結局は配置基準の見直しによって、ライフワークバランスというところで、仕事と生活の
すみ分けではないけれども、休むときにはしっかり休むことができるようになります。また、
それが保育の仕事の魅力の１つになると思います。子どもとの関わりだけではなく、その
ようにライフワークバランスがしっかりとしている、どちらも充実してできる仕事だと打ち
出せるといいなと考えています。

　うちも朝７時から夜８時までの保育をやっていて、子育てをしながらだと早番、遅番が
できない職員がいます。年によっては、非常に少人数で当番を回して、下手をすると３〜４
日に１回当番が回ってくる職員もいます。今は介護で当番ができない職員も実際に増えて
きています。介護はこれからの時代、しばらくの間絶対に課題になると思います。子育ては
減ってくるかもしれませんが、同じように介護の時代が来ているのは肌で感じています。そ
ういった当番の負担などもあります。看護師ではありませんが夜勤があって、学校などでも
実習生に聞くと、やはり夜８時までの勤務は結構大変ですよねと言われたりします。そういっ
たところでも、違った意味でのライフワークバランスの”難しさ”のようなものが勝手に独
り歩きしているというイメージがあります。

　あと、人材不足は本当にここ数年、うちも大きな課題になっています。そこにも（配置基
準）がつながってくるでしょう。どの項目を取っても、共通であるような共通でないような、
と思っていたのですけれども、改めてこのように自分で活字にして並べてみたり、皆さんの
お話を聞いて、どこかが足踏みしてしまっているとうまく回っていかないところがあるのだ
なと思います。今回また、いろいろな意味で見直す機会になりましたので、自分にとっても
よかったなと思っています。

委員 H（市町村部・私立園園長）

　今回、私も改めてライフワークバランスとはどのようなことだろうと少し調べたりもしま
した。個人的には、言葉のとおり仕事と生活の時間を均等にすることなのかと認識していた
のですけれども、内閣府が出しているものをたまたま目にしました。皆さん、もう御存じだ
と思うのですが、私はそこまで知らなくて勉強不足だったと思ったのですが、「国民一人一
人がやりがいや充実感を感じながら働き、仕事上の責任を果たすとともに」と示されていま
した。

　保育士として、やりがいや充実感はどこで感じるのだろうと職員と話をしてみたのですけ
れど、やはり保育士である以上、子どもたちの成長をともにしているというだけで、やりが
いや充実感は感じているところです。それと、仕事上の責任を果たすというところも、健康
な状態で保護者さんにお返しするなど、いろいろな面で責任もとても感じながら果たしてい
るなと感じました。

　内閣府のページではその後の文に「人生の各段階に応じて多様な生き方が選択・実現でき
る社会」と示されているのですが、ここが園としては、皆さんのお話にあったように、出産
や介護、小中高の子どもたちを育てているといういろいろな段階の職員がいる中、バランス
よく実現できているのだろうかと振り返ると、やはりここに配置基準が関係してくるのかな
と思いました。その配置基準の改善によって、生き方が選択できるとか、実現できる社会と
いうところも、保育士もバランスよくなっていくのかなと思いました。

ですからやはりこの調査は非常に重要なことだと感じましたし、先生方のお話にありましたように、保育士は子どもが大好きで、もっと子どもと関わったり、先ほどのキーワードにあったようなことをしたいと思っている職員がいる中、そこがなかなか実現できないところが、とても残念なところです。当園でも休憩を取るなど、なかなかできずにいますので、配置基準が早く見直されて整備されると、とてもいいと思います。

　しかし、そこに至るまでにまた時間がかかりそうだと感じている中で、園長としては職員一人ひとりがやりがいや充実感を常に持っているのかを、どのように感じたり伝えたりしていけばいいのか。面談で、そのようなお話をすることはあるのですが、さらに保育の仕事のどのようなところで、その責任や充実感ややりがいを感じさせられるかを、今後考えていきたいとも感じました。

司会者

　ありがとうございます。やはり、やりがいが必要なのでしょうね。先ほど休憩のお話も出たと思うのですけれども。うちの園でも、なかなか休憩を取ることが難しいです。どうなのでしょうか。本当に45分の休憩を取るのに10分、15分ずつ刻んで取っている等、そういうところが果たして魅力ある、やりがいを感じる状況なのだろうかと、皆さんのお話を聞いて私も疑問符が浮かんだ状況です。

委員Ｉ（市町村部・私立園園長）

　今回私がヒアリングのために訪問した先が公立保育園で、そちらは子どもと離れて休憩も取れて、いいなと思いました。

　子どもの保育の時間が長くなり、早番・遅番というところで、1人でも子どもが残れば必ず残っていなければなりません。そこの難しさもあると思うのです。それと、女性の出産もありますけれども、研修時間がなかなか取れないこともあります。配置基準を見直すのは、やはり大事だと思うのです。それから今回の調査で区市町村の格差も少し感じられました。地域区分の補助金も違うのかなと思いました。子ども一人ひとりを丁寧に見るためにも、第一は配置基準の見直しかなと思います。

　職員がまだ採れているけれど、配置基準というところをもう少し見直ししてほしいです。

委員Ｊ（市町村部・私立園園長）

　私もライフワークバランスということで考えたのですけれども、先生方がおっしゃっていることをそうだな、そうだなと思いながら聞いていました。私としては、ざっくりですけれども、保育士でも私生活の両方を充実させていることなのかなと考えています。

　今、働き方の多様性も問題になっています。うちの園ですと、職員が育児時間を取っていたり、長く当番ができないので短時間勤務を希望します、という方も結構いらっしゃいます。そこを30名少しの職員で回していくといいますか、運営していくといいますか、保育を進めていくのにとても困っているところです。

　子育てと、今は介護に関わる職員がちらほら出てきたところですので、これからますます働き方の多様性が出てくるのかなと思いながら、うちは子どもが少なくなっている地域でもあり、いろいろなことが波のように押し寄せているような状況があります。

第3章 座談会

そのような中、今回の調査では配置基準が改善された場合のメリットを、7つのキーワードに分けましたが、その7つの内容、関わりだったり事故のことだったり研修だったり、仕事をしていく上では全て必要なことです。もちろん今までも、ヒヤリハットのことでも何でもきちんとやってはいるのですが、時間がなかったり人手がなかったりすると、そのあたりに力を注げないというか。

ほかにやることがあるから研修になかなか行けない、記録が後になってしまう、ということがあります。保育が最優先になりますので、そちらにまず時間を使ってしまい、いろいろな事務作業が後になってしまって、残りながら仕事をしてしまうことで、キーワードの一つひとつが満足には回っていないと、今回の調査結果を見て思いました。それらも配置基準が改善されると、1つがうまくいくとすべてが回り出す、動き出すというか、少し進めていけるのかなと思いました。

子どもたちとの関わりももちろんですが、保育士としての仕事の質が全体的に上がっていくことによって、充実したり、あとは仕事での満足があったり、そのようなことも感じられると思いました。本当にいろいろな問題が目白押しですので、どこから手を付けていこうかな、という状況なのですけれども、やはり配置基準の見直しが良い方向に進んでいくといいなと考えています。

司会者

皆さん一通りお話いただいたかと思います。ありがとうございました。

今回調査をした中で、「理想的な配置基準」という項目があります。結果を見ると0歳児で1対2もしくは1対1、1歳児で1対3、2歳児で1対5～1対4、3歳児で1対10～1対7、4歳児で1対12～1対13、5歳児で1対15～1対12ぐらいの間です。

現場の先生が考える理想的な職員配置に対して、国が今回出してきた配置基準の見直しは全然達していないと思いますが、このアンケート結果で取り上げた理想的な配置という基準になったときに、どう子どもと関わっていけるか。理想的な配置になったところで、先生方が子どもたちにどう、還元というのは少し違うかもしれませんけれども、どう子どもたちと関わりができるのか、お考えがあったらお聞きしたいのですが。

委員C（市町村部・私立園園長）

理想がかなったときに、どう子どもたちと関わることができるか。配置が厚くなれば、確実に厚く子どもと接することができると思います。いわゆるグレーゾーンの子に対しての対応もできるようになってくるのではないかなと思ったりします。

もう一つ、保育園の役割はどんどん増えています。例えば保護者対応も含めてなのですけれども、先ほど「子ども」とどう関わることができるかというお話がありましたが、それ以外に「保護者」とどう関わるかもプラスαの要素として出てくるかと思います。以前、調査研究委員会では、メンタルヘルスが気がかりな保護者に対する対応の調査研究を行ったことがありますけれども、各保育現場でも、そういった保護者に関する対応というのは、非常に多くなってきているのかなと思います。そういったことも、理想配置がかなったときに、より専門性を発揮することができるのではないかと思っています。例えば、メンタルヘルスに関しては、なかなか保育園として知識が確保できないというところがあった場合でも、研修

161

に参加したり、単純な話、今の倍研修に行ければ、より保育者の専門性は高くなってくるのかと思ったりしています。

司会者

調査の中で出てきた理想の配置基準になったら、このようなことができるよ、あんなことができるよということがあれば、お話ししていただきたいと思うのですが、他の方はいかがでしょうか。

委員B（23区・公立園園長）

先ほどお話にあったように1つが変わると全てが少しずつ、というところでは、本当に休憩が取れるようになれば、子どもといらいらせずに関われるようになったり、少しリフレッシュをして自分のプライベートで楽しいことをして引き出しに何か蓄えたものを保育で生かす、そういったことができるのかなと思いました。

今回の調査結果の話とは違うのですけれども、先日、早寝・早起き・朝御飯の講演会を聞いたときに、その先生が、早寝・早起き・朝御飯の3つを一遍にやるのは無理だけれども、保護者に話すときに1点突破すると全てが連鎖してよくなってくるという話をしていました。今日その話を思い出したのですけれども、なかなか配置基準は国からも即座には答えが出てこないと思いますが、何か1個思ったり、一歩踏み出すだけで、いろいろなことが少しずつ変わってくるのかなという気がしました。

司会者

ありがとうございます。今回調査や提言をふまえて、すぐに配置基準が見直されることは難しいと思いますが、今まで皆さんから出てきた、何か1個変わればというところで、ある種の提案のような形で、報告書を読んでくださった方に、「まず休憩を取るようにしようよ」とか、思ってもらえればと思います。今回の調査で出てきた話の中で、やはり労働環境のゆとりとか保育のゆとりというところで、いかに職員がゆとりを取るかが結構なテーマになってきているのかなと思います。

委員A（市町村部・私立園園長）

保育園の役割が増えていることや、あとはこの理想の配置基準になったときに、いろいろと変わってくることが現場レベルで目に浮かんで、具体的にこのようなことが変わるのではないかということがいくつも出てくるなと大変感じたところです。

今、報道などでもいろいろある不適切な保育事故・事件でも、実際に保育のゆとり、職員のゆとりが追い詰められているのではないかと、とても感じています。私も現場時代に持ち帰り仕事も、残っていろいろとやったこともありますが、保育の中でいろいろなことを先生たちと共有したり立案したり、どのように取り組んでいこうかと思ったときに、やはり子どもを観察する時間であったり、あとはその子たちをぼんやりと見ているようで、自分で、ああなったらいいのかな、でもこういうことがあるのかな、このようになっていったらいいな、でも去年こういうことをやっていたしといったように、今年度だけの切り取りではなく前年度や次年度のことなど、私たちはいろいろなことを考えながらやっている職種だと思ってい

ます。

　ですので、あれもやらなければ、これもやらなければ、あれも終わっていない、これもまだだ、あといくつタスクがあるんだ・・・というような、そしてタスクも永遠に減っていかないという環境の中にいると思います。その中で、職員数が増えてきたところで、代われる人がいたり一緒に考えを相談できる人がいたり、保育のいろいろな思いを共有することは、子どもを多面的に見ていくことになります。私はこう見ていたけれども、あなたはこう見ているのだねということですね。

　保育の答えは1つではありませんし、自分だけの経験が実は他とマッチしていなかったことも往々にしてあります。そういったところで、相手に、「あなたは間違えているよ」と伝えるのではなく、そのような考え方もあるね。では少しやってみようか、と。やってみてうまくいかなくても、ではこのようにしてみよう、といった感じの"ゆとり"がある環境が一番かなと思います。そうなると、1対1というのは、もしかしたら大げさかもしれませんが、今の配置基準以上の配置にならないと、1つだけでもうまくできるようにという希望というか、頑張ろうと思う私たちの気持ちがくじけてしまう。

　今回のこの調査研究委員会で、いろいろと皆さんとお話ができて、うちだけではなかったのだという思いや、いろいろな園からのいろいろなアンケート結果を見ても、この話し合いをすることに大きな意味があったのだと思いました。

　「ライフワークバランス」については、仕事とプライベートを分けて、どちらもバランスよく取りましょう、というよりも、まずは生活がベースで、生活をするために働く、だからお金が一番、時間が一番、という考えの職員も、今は大変増えているなと思っています。何のために生活しているのかと思うと、ボランティアではありませんので無償では働けませんし、生きてもいけませんので、そういう考え方の人が、これからどんどん増えていくと思います。

　保育のために我が子の行事を休めないことが、どうなのだろうということがきっと当たり前になってきます。今もそうだとは思いますけれども、子どもが3人いる保育士などは、わが子の公開授業には3回に1回しか行けないとか、そういう現状ももしかしたらあるのではないかと思うと、これからは生活の中の仕事、その中での保育士の仕事について、配置基準をはじめ、みんなで考えていかなければいけないのだなとすごく感じました。

司会者

　ありがとうございます。職員の子どものことも考えながら、園長としていろいろと考えなければいけないのかなと思いました。

委員G（市町村部・私立園園長）

　配置基準が見直されるまでの間、うちの園で何ができるか今考えていました。いくつか出ている中で取り組んでいることも実際にあります。例えばバースデー休暇を、強制とは言わないのですけれども、一応そこは平等にあるものですから誕生日は優先的に、でも誕生日の月だけだと厳しいので、その前後を入れての3か月で、というものをやってみたりしています。休憩も、休憩室にお菓子を用意しておいて、取りやすいようしています。それも職員発信でいろいろとやってはくれているのですが、やはりこの保育園の中で利用率は、行事ど

おりの利用率です。行事があるときには全然お菓子は減っていません。行事がないときには、皆45分以上もいられる環境にあります。そこのばらつきが気になります。

　有休を取るといっても、1〜2年はきちんと取るのですが、それに合わせて前後、長期休暇のような取り方ができなくなっています。それは結局、人材不足が絡んでいたり、研修がたまってしまったり、職員の急な休みが入ってしまったりというところで、なかなかうまくいかないなというのを実感しているところです。

　あとは、社会的に共働きが当たり前に近くなってきている中、育休を取る男性職員は割と多いです。逆にそれは、男性も取っていいのだよということをお母さんたちに示して欲しいということで、ぜひ取ってくださいとやっているのですけれども、それ以降の男性の働き方も、子育てに、前はお母さんがやっていたことにお父さんも参加する職員が増えまして、当番から抜ける男性職員も出てきました。そういう現状を見ても、保育園は変わっているなと大変実感しています。男性職員も増えてはきているのですが、女性と変わらないような働き方だと実感しているところです。

　ですので、来年はそれ以外に何かやっていきたいと思うのですが、何ができるのかなと思いながら今聞いていました。

司会者

　ありがとうございます。バースデー休暇というのはすばらしいですね。

委員E（市町村部・私立園園長）

　やはり配置基準が変われば職員の気持ちにゆとりが出ますので、子どもと向き合っていくことを手厚くできるかなと思います。余裕があれば、お互いに職員同士で譲り合ったり支え合ったりができていくのではないでしょうか。今はぎりぎりのところでやっていますから、お迎えにきたお母さんと1人が話しこんでしまうと、私1人でこんな人数を見ているのだから早く戻ってきてとなってしまいます。人数がある程度確保できれば、それはなくなると思います。とにかく、職員がゆったりと働けるようになると思います。配置基準が変われば職員の気持ちに余裕ができて、そうしたら子どもにも手厚くできますので、子どもにとっても非常にメリットがあるかなと思います。

司会者

　過去に委員会では「人が増えるとその分職員が楽をする」という懸念も意見として出されていたようなきがするのですが、今後配置基準の見直しをしたときに、そうならないように何かお考えはありますか。

委員E（市町村部・私立園園長）

　人というのは制度が変わるとそれに慣れてしまいます。それが当たり前になっていきますから、本来ならもう少し余裕があるはずだよという、今度は職員教育が必要になっていくのかなと思います。

　例えば、皆が大変なようだから保育園で1人職員を抱えるから、本当は1人多いのだからねと言っても、そのときは分かってもらえるのですけれども、次の年に抱えていた分を減

らすと、職員は減らされたという感覚になります。それでは駄目なのです。本当は多かったのだという認識を持ってくれないといけない。

　ですから、配置基準が変わってそれが定着していくと、今度はそれが当たり前になっていってしまうので、私たちがいろいろな運動をしてこのように変わってきたのだときちんと職員に伝えていかないといけないというのは、今思っています。変わればよくなることだけではなくて、そういったデメリットも絶対にあるはずです。

　保育料に関してでも、今までは幼児クラスになると給食費だけになってよかったわと言っていたのに、第2子の乳児が無料で来ていると、幼児になったらお金を取られると言う保護者がいます。それもいろいろな運動をしてきて勝ち取ってきたことなのです。そういうことをきちんと伝えていかなかったら、そこが当たり前になってしまいますので、そこは難しいなと思います。

　配置基準は昔から全然変わっていませんけれど、実際には現場（保育園）が何とかしていますよね。配置基準どおりの保育はできないのです。昔、それこそ私たちが就職した頃はそれでやっていたけれども、今は、はるかに多い人数を配置している。それだけ補助金を申請したり、いろいろな別のお金がついてきているので、そこでやりくりをしているのですけれども、そういうことをきちんと職員に伝えていかないと、そこは分かってもらえません。運動してきて勝ち取ったことは、このようにして勝ち取ってきたのだということを伝えていく必要があると、とても思っています。ですから、デメリットも必ずあると思います。

司会者

　ありがとうございました。

　テーマの「ライフワークバランス」に関して、たくさん意見をいただきました。

　今回の調査について最後に一言ずつお言葉をいただけたらなと思いますので、発言をお願いします。

委員B（23区・私立園園長）

　今年から一緒にやらせていただいたといいましても、本当に中途半端で申し訳なかったなと思っています。自分の区の中で情報交換するのもなかなか難しい中、このように私立の皆さんの御意見を聞いたり情報共有をさせていただいたことは、本当にありがたかったなと思います。

　やはり、皆子どもが大好きで、子どものためにと仕事を頑張っているのだという思いを新たにというところがあります。今回得たことを持ち帰って、もちろん自分の園だけではなく区にも流して、皆で頑張っていくことができたらいいなと思っています。

委員J（市町村部・私立園園長）

　私たちのほうのように市町村部だったりしても、先生方が困っていることや注力していることは、子どもの保育なので同じなのだなととても実感しました。ですので、皆さんもそれぞれの保育園で頑張っていらっしゃるので私も頑張ろうと、いつも勇気をもらって帰っていました。

委員E（市町村部・私立園園長）

　前回の働き方改革の調査にも参加させていただいているのですけれども、働き方改革ばかり進んでしまっても無理だというところから、配置基準を考えてくれないことにはどうにもという流れできていますので、皆さんの意見を聞いて、そうかと思うことが非常にたくさんありました。一時は、この働き方改革は邪魔だとすごく思ったのですけれども、そうじゃないな、ライフワークバランスを考えていくためには働き方改革をして、職員の生きがいをつくっていかないといけないなと反省したり、また次に進めようと思ったり、本当にいい刺激になりました。

委員C（市町村部・私立園園長）

　来年度、国の配置基準が変わります。３歳、４～５歳の改善はとてもよいことだと思うのですけれども、まだまだ０歳児、１歳児には手つかずということを考えたときに、ここが本丸なのではないかと思ったりしています。今回、調査研究委員会で提言することが国にも伝わって欲しいと思います。

　山は少し動いたとは思いますけれども、実際は各法人単位で加配はしている状況だと思いますので、今回の配置基準の変更が現状に近づいたというだけかもしれません。ですが、継続して言っていくことが、きっと配置基準改善につながっていくことだと思いますので、これからも東社協保育部会として言い続けていくことが大切なのではないかと思っています。

　今回、座談会が始まる前半で、保育園は福祉であるというお話が出たかと思います。まさにそのとおりで。私たちは託児施設ではなく福祉施設なのだというプライドを持って、行政に対していろいろと物を言っていきたいと感じた今回の調査研究でした。

委員F（市町村部・私立園園長）

　今年から参加させていただき、本当に慣れない中でアンケート調査などいろいろなものに取り組むことで、自分にとっても大変勉強になりました。また、同じ地域の保育園にヒアリングに行くことによって、同じ地域なのに違う状況の中で保育をしていることを知ることができました。また、今日も話がありましたけれども、地域区分で23区内にいることでの恩恵にあずかっているのかとか、いろいろなことを知る時間になりました。

　自分自身が本当に勉強が足りないのですが、東社協という団体の中に所属をしている保育園なのですが、実際にそちらに取り組む初めての機会になったことでは、本当に自分自身には足りないことが多いのですが、皆さんの意見やいろいろな調査の結果などから知ることがたくさんあったなと今思っています。

委員G（市町村部・私立園園長）

　前回お話しさせていただいて、１年目ということで右も左も分からない中という印象でずっときていたところが、ここにきてやっとどんなことに取り組んできていて、それが今年始まってつながっていたということを理解しながら、今日は随分いろいろな話を理解することができたなという印象です。また、２年の任期ということで来年がありますので、結果を楽しみにまた来年やっていけたらと思っています。

　また、東社協という団体を、保育研究大会なども全国を見に行ったりもしていたのですけ

れども、職員によって、あとは園によってなかなか知る機会が、私のように参加させてもらっていても難しさを感じるので、温度差がすごくあるなと思っています。当市でも加盟していない園があったりしますので、そういった中でやっていくのは本当に大変なのですが、また来年やらせてもらえればと思っています。

委員A（市町村部・私立園園長）

今回はこのような場に関わらせていただいて、私も園長としてもまだ未熟な年数でもありますので、ほかの園長先生方のお話や自分の自治体以外の状況などもお話ししながら伺うことができて、本当に参加できてよかったと思います。今回の研究の中で、やはり指針が変わったりICT化がされたりということがこの5年、6年、7年であったと思うのですが、職員の働き方はそのままで、子どもたちのためにとどんどん変わっています。ICT化も導入間もなかったときは、仕事は減ってはいないというのが現状で、実際は導入してから何年かたたないとその効果は得られない。実際に園でしかできない業務になってくるので、持ち帰り残業自体はかなり減っているかなと自園では思っているところですが、なかなかすぐの効果には現れない中で、今回職員のライフワークバランスについて皆さんとお話ができたことが本当によかったなと思います。これが配置基準を変える大きな意見の1つになってくると、本当にいいなと思っています。

ほかの先生方がおっしゃっているとおり、未就学の時期は一生の基本的な人格形成をしていく大切な時期です。私たちの仕事は、物でもお金でもなく人を通して培っていく大変すばらしい仕事であり、そこがやはり福祉なのかなと思いますので、今後もここを真ん中に据えてこういったお話を皆さんと、例えば全国レベルでできれば本当によいなと思っています。

委員K（市町村部・私立園園長）

本日は、ありがとうございました。私も初めてこの東社協の調査研究委員会に、最初は少し分からない中参加させていただいたのですが、今日のような座談会でお話をすることによって、他園の皆さんの状況から当園に参考にできることもたくさんありました。地域の代表者がこのように集まって、保育のために一生懸命調査をすることも、実はこの会に参加して知りましたので、やはり参加させていただいてよかったなと思っております。

せっかくこのように皆さんが頑張って調査をしていますので、少しでもこの調査の結果がよい方向に進んで、保育士さん皆がライフワークバランスでバランスよく仕事ができるようにと進んでいくことを願い、また来年も頑張らせていただこうかなと思っております。

委員L（市町村部・私立園園長）

人件費については法人で加配など頑張っているところだと思うのです。ただ、行政でICT化や防犯カメラでお金が出ているけれども、やはり大事な配置基準がなかなか、お金も関係しているのですけれども変わっていきません。ですが、3〜4歳児が少し変わったというところで、やはり言い続けてやっていく必要があるかなと思っています。

先ほど少し言ったのですが、配置基準が100分の6なのですが、100分の20頂いているところが、ではそれだけ子どもに何とかいっているのかというとそうでもなくて、慣れていたりして、それはそれで大変になっているのです。ですから、自分のところも思っている

のですが、少し皆さんで全体的に保育の内容や職員の質も考えながらやっていくのだなと思います。このような形で話し合いができたことはいいなと思っていますので、またよろしくお願いします。

委員D（市町村部・私立園園長）

なかなか参加できない中、皆さんのお話を聞けて本当に参考になりました。ありがとうございました。

配置基準の見直しによって、職員のライフワークバランスの向上などができていけば本当にいいなと思います。先ほど地域区分のお話がでましたが、とても低い地域なので、職員確保がとても難しくて、配置基準の見直しで職員確保にも、難しさを感じています。そのあたりも皆さんのご意見を聞いて、またこれからも勉強させていただきたいと思います。

司会者

それでは、これで座談会を終わります。本日は短い時間でしたがありがとうございました。

第4章

調査のまとめ

・・・

1 委員会からのまとめ・提言
2 助言者のコメント

第八章

認知のゆがみ

1　委員会からのまとめ・提言

東京都社会福祉協議会保育部会
調査研究委員長　竹内　純

　前回の「保育園における働き方改革と保育業務の実態」調査における提言の中で、配置基準の見直しが課題解決にむけて大きな意味を持つと考える保育士が多いことが見えてきました。本調査研究は、この提言を受けて配置基準に注目して、「配置基準の見直し～見直すことで、こんな風に変わっていける！～」として調査を行いました。
　調査を行っていく中で、現在かかえている課題や配置基準の見直しのメリットが見えてきました。「労働環境のゆとり」や「保育のゆとり」があって初めて「インクルーシブ保育」や「小学校への接続」「不適切な保育」の問題など、多様化する現代社会の中で「子どもの最善の利益」を担保できる理想の保育が実現できると考えます。

≪提言１≫　子どもの気持ちに寄りたい。

　今回の調査で、一斉保育が主体であった時代の保育所職員の配置基準（最低基準）は1968年に3歳児と4～5歳児の配置が分けられて以降、子ども家庭庁が開設した2024年に4～5歳児の配置基準が30対1から25対1に改善されたが、十分とは言えない状況にあり、気持ちに寄り添った丁寧な保育の実現のために、「話し合う時間もない現状、乳児にはしっかり手をかけて保育をしたい」「各年齢の子どもたちがその年齢の特徴を出して過ごすことが出来る保育」「ありのままの姿に対応してもらえるんだと子どもたちが感じられるような保育」「子どもとの関わりの時間、食事の時間、午睡の時間など丁寧な保育と共に子どもの命を守る場面などに今よりもっと時間をかけたい」などと考える現場の声が多く、子ども一人ひとりにそそぐ時間を多くするためにさらなる配置基準の改善を求める。

≪提言２≫　保護者対応の充実を（家庭との連携）

　現状の配置基準で、家庭との緊密な連携の充実のため各保育園はアプリ導入やシフト調整など、工夫を凝らして対応しているが、長時間化・家庭の多様化など多くの課題の中で「保護者対応」に割く時間に課題を感じている。意見の中には、「保護者対応が多くなる夕方、お迎えの時間に職員不足を感じている。非常勤職員を含めて配置基準より多く人を配置しているが、常勤職員でないと伝えにくいことも多く、当番の常勤職員が対応しているが、お迎え時間も集中しているため、保護者から見て保育人数を少なく感じたり、配慮が必要な子どもにしっかりついて保育してほしいと感じたりするという意見をもらうこともある。」など、保護者との緊密な連携の下に、子どもの状況や発達過程を踏まえ、保育園における環境を通して、養護及び教育を一体的に行うことを考えると、適正配置の再検討が必要である。

≪提言３≫　保育士のライフワークバランスの実現

　今回の調査で、職員の休暇・休憩時間の課題を多くの保育園で感じていることが見えてきた。まず産休育休・介護休暇を安心して取得できる環境整備、休憩時間や話し合い（研修・情報共有）の確保、ノンコンタクトタイム（子どもから離れる時間）などの充実が保育のゆとりを生み、「不適切な保育」対策や「安全対策」などのヒューマンエラーの改善に繋がる。さらに、ライフワークバランスが整うことによって、職員の定着安定につながると考える。

≪提言４≫　理想の配置基準の実現を

　今回の調査結果にもあるように、子どもに寄り添いたいが、「保育の質の向上」「安全上の課題」「事務作業の増加」「保護者対応の多様化」など、業務が煩雑な状況にあり、保育士の処遇改善は、金銭的の面では政策によって改善されてきたが、新型コロナウイルス感染症以降、「エッセンシャルワーカー」として保育士の重要性が再確認された。それに伴い社会から保育園には多くの責任や期待が寄せられ、今回の調査で保育現場には多くの負担感があることが分かった。現場が考える理想の配置基準は０歳児で１対１〜２、１歳児で１対３、２歳児で１対４〜５、３歳児で１対７〜10、４歳児で１対12〜13、５歳児で１対12〜15とあり、理想の配置基準によって心身ともに充実した「ライフワークバランス」を実現し、ゆとりをうみ出すことでより良い保育実践が展開できると考える。

第4章　調査のまとめ

2　助言者のコメント

保育の質的向上につながる保育士の配置基準の見直しとは
～本調査の結果を踏まえて～

白梅学園大学子ども学部
教授　師岡　章

1)　はじめに

　東京都社会福祉協議会保育部会調査研究委員会は、保育実践の質的向上、及び保育士の資質・能力の向上等に寄与・貢献するべく、継続的に会員園を対象に調査研究を実施し、実態把握と提言に努めてきた。

　ただ、委員各位は東京都社会福祉協議会の会員園に勤務する園長・保育士の方々であり、日頃の保育業務に加えての調査研究作業である。大変なご負担を伴うことは想像に難くなく、まずは、そのご苦労をねぎらいたい。また、委員は任期制であり、今回のように年度をまたいでの調査研究となる場合、委員の一部交代により作業継続が課題となる。こうしたケースも委員長の竹内純先生を中心に丁寧に引き継ぎを行い、調査研究を推進されてきたことに敬意を表したい。裏方として事務局を担う東京都社会福祉協議会の職員の方々のご支援にも感謝したい。

　こうした中、筆者は本委員会が「配置基準の見直し」に向けたアンケート調査を準備され始めていた2023(令和5)年2月より、前委員長の増澤正見先生からご依頼を受け、助言者を務めてきた。役割通り、研究職ではない委員の方々へのアドバイス役を心がけてきた。調査研究の主役は委員の方々であるから、当然の姿勢だと考えた。

　なお、アドバイスの中で強調してきたことは、保育現場に勤務する委員の方々が保育現場の方々に向けて取り組む調査研究だからこそ、「研究のための研究ではなく、現場で役に立つ研究を心がけてほしい」、そして「現場の方々が理解・共有しやすい研究結果の取りまとめを進めてほしい」ということであった。そのため、アンケート調査の結果も複雑な統計処理は行わず、実数とパーセンテージを示す程度に留めていただいた。"物足りない…"という声もあろうが、先のアドバイスの結果とご容赦願いたい。

2)　本調査研究実施の背景と意義

　前述の竹内委員長が記す通り、本調査研究は前回調査「保育園における働き方改革と保育業務の実態」の提言を受けたものである。その意味で、本調査研究は前回からの継続研究であり、それだけ昨今、保育現場に勤務する職員の働き方には課題が多く、改善が急務ということだろう。

　ちなみに、保育所現場の中核を担う保育士は、『児童福祉法』第18条4が規定している

通り「専門的知識及び技術をもって、児童の保育及び児童の保護者に対する保育に関する指導を行うことを業とする者」である。つまり「子どもの保育」と「保護者への保育指導」を担うことが保育士の専門的業務となるわけである。しかし、現状はそれに専念する余裕がないことはもちろんのこと、その業務の向上をはかる上で不可欠となる専門的知識及び技術を高める機会も十分に確保できていない。こうした余裕のなさが続けば、保育の質的向上は絵空事に終わる。

また、保育士が自らの資質・能力を向上させる上で重要となるのは保育経験である。保育士の平均勤続年数は『令和元年度 幼稚園・保育所・認定こども園等の経営実態調査』（こども家庭庁）によれば、2019(令和元)年時点で、全国の常勤保育士の平均勤続年数は私立保育所で 11.2 年、公立保育所で 11.0 年と、以前と比べれば上向きつつあるようだ。しかし、東京都に限ると『令和 4 年度 東京都保育士実態調査報告書』（東京都福祉局）によれば、正規保育士の平均就業年数は 4.2 年にすぎない。東京都の調査は「直近 5 年間の保育士登録者（書換えを含む）が対象のため、保育士登録者全体の就業年数よりも短くなっていることが予想される。」と但し書きを添えているが、先のこども家庭庁の調査より、東京都の調査結果の方が実感に近いと感じる方も多いのではないだろうか。離職の理由は人それぞれだろうが、業務遂行上のゆとりのなさが大きな要因となっていることは、多くの保育士も実感するところだろう。0 歳児から 5 歳児までを受け入れている保育所であれば、各年齢の担任を最低 1 回経験するだけでも 6 年はかかる。4 年前後の保育経験が不十分であることは、こうした点からも気づかされることだろう。そのためにも、労働環境の改善は不可避である。それを放置すれば、いわゆる保育士不足の解消も進まないだろう。

こうした事態を解消する方策として、近年、注目を高めてきたのが本調査研究のテーマである「配置基準の見直し」である。そのきっかけのひとつとなったのが、保育士による虐待や、送迎バスへの置き去りによる園児の死亡事故であった。こうした事件・事故はマスコミでも大きく取り上げられ、社会問題となった。例えば、「保育園で相次ぐ虐待や死亡事故 20 年来のひずみ、政策は場当たり的」（『朝日新聞』2022 年 12 月 27 日／記事：宮田裕介・伊藤舞虹）では、規制緩和が推進される中、待機児童対策として保育園数の増加や、定員以上の受け入れが推奨されたが、その結果、慢性的に人手不足に陥り、保育士もゆとりがなく、追い詰められる状況になったこと。また、こうした厳しい職場環境が離職を高めるといった悪循環にもつながったことなどが指摘された。こうした中、改善策のひとつとして注目されたのが「配置基準の見直し」である。同様の認識は、本委員会でも共有され、単に前回調査の継続というだけではなく、改めて、保育の質的向上には「労働環境のゆとり」「保育のゆとり」が必要であることが確認され、そのためにも「配置基準の見直し」が不可欠、との立場から本調査研究の実施に至ったわけである。まさに、時宜に適ったテーマ設定だったと言えよう。

なお、本調査研究を進める中、国は前述した事態を踏まえ、2024（令和 6）年 3 月 13 日付けで『児童福祉施設の設備及び運営に関する基準及び家庭的保育事業等の設備及び運営に関する基準の一部を改正する内閣府令』『幼保連携型認定こども園の学級の編制、職員、設備及び運営に関する基準の一部を改正する命令』を公布し、2024（令和 6）年 4 月 1 日から、満 3 歳以上満 4 歳に満たない幼児（いわゆる 3 歳児）は、おおむね 20 人から 15 人につき保育士 1 人以上、満 4 歳以上の幼児（いわゆる 4・5 歳児）は、おおむね 30 人から 25 人

第4章　調査のまとめ

につき保育士1人以上とした。半歩前進ではあるが、十分な改正でないことは、多くの保育関係者が感じていることだろうし、本委員会の認識も同様であった。ただ、「配置基準の見直し」を感情的に訴えるだけでは門前払いされかねない。やはり、法的な基準の改正は、根拠をもってアプローチしなければ説得力がない。本調査研究は、そのための一助となることも視野に入れて取り組まれたものである。こうした意義も受けとめていただき、本報告書をご活用していただけると幸いである。

3)　本調査研究の結果と考察

　本調査研究は、アンケート調査とヒアリング調査を実施したが、その結果と考察については各委員が分担し、第1～2章に丁寧、かつ詳細に取りまとめている。よって、ここでは筆者が注目した以下の3点を取り上げる。

① 保育士配置の実態と課題
　本調査結果の「3-3 最低基準以上に職員が配置されているか」が示す通り、配置基準以上に職員を配置しているとの回答は96.0%であった。大半の会員園が保育の質的向上をはかる上で配置基準を十分とは考えず、増員をはかっているわけである。

　ただ、「3-4(1) 区市町村独自の増配置」が示す通り、会員園が所在する区市町村といった基礎自治体独自の増配置「あり」との回答は61.1%に過ぎず、差し引くと、配置基準以上の職員を配置している会員園の約35%は園独自で増員をはかっていることがわかる。増員は一人あたりの職員の負担軽減となり、「労働環境のゆとり」「保育のゆとり」につながるものではあるが、当然のことながら人件費が発生する。園独自での配置の場合、増員分の人件費はいわゆる園の持ち出しとなり、場合によっては、増員分の給与を配置基準内の保育士給与を分配するかたちで捻出するケースもあるだろう。人手が増えることは望ましいことだが、行政の支援がなければ、ただでさえ不十分な保育士給与が低く抑えられることになる。

　さらに「3-5 自園独自の増配置がある場合の園児・職員数」を見ると、増員分を園の持ち出しでまかなわなければならない中、正規職員以外を採用せざるを得ない会員園も多いことがわかる。正規と非正規が混在する状況は平等性が担保しにくく、保育を進める際の役割分担や打合せ等にも支障をきたすケースも想定される。保育士の人件費は国が定める配置基準によって支払われるだけに、正規の保育士をしっかり雇用できるためにも配置基準の見直しは不可欠と言えよう。

　なお、年齢別の実態のうち、最も多かった保育士1人あたりの配置数は「3-2(3) 園児・職員の実数について」が示す通り、0歳児は「3人未満」が55.4%、1歳児は「3～6人未満」が84.8%、2歳児は「3～6人未満」が61.7%、3歳児は「5～10人未満」が52.0%、4歳児は「10人以上」が53.2%、5歳児は「10人以上」が59.8%であった。配置基準以上の増配置が全年齢にわたり実施されていることがわかった。特に、3歳未満児を手厚くしようとする傾向が目立った。前述の通り、国は2024(令和6)年度から3～5歳児の配置基準を若干見直したが、会員園の傾向を踏まえると、3歳未満児も同時に見直しを行うべきであったと指摘せざるを得ない。

② 保育業務の重点事項と配置基準見直しへのニーズ

　本調査では、乳児保育・幼児保育それぞれを対象に、日々の保育で重視したいことや、近年、増加した業務、職員不足を感じる場面、配置基準が改善された際に時間をかけたい取り組みを聞いた。こうした質問は、会員園が保育の質的向上をはかる上で重視していることや不足している点を把握することに役立つ。見方を変えれば、それぞれの回答は配置基準の見直しの理由となるだろう。以下、その要点を考察する。

　まず、「日々の保育を進める中で、今後特に重視したいこと」については、乳児保育も幼児保育も「子どもへの個別的な対応の充実」が最も多かった。以下「子どもの姿の観察と理解」、「自由遊びなど子どもの自発性の尊重」、「遊具やコーナーなどの保育環境の工夫」などが続く。「事故防止の徹底」を前提にしつつ、保育の基本として、子ども一人ひとりを丁寧に把握し、自発性を尊重したかかわりを重視したいという思いが強いことがわかる。また、環境を通して行う保育の充実をはかりたいとの思いも示された。まさに、子ども中心の保育を志向し、その充実こそが最も大切なことである、との認識が高いわけである。前述した保育士の増配置も、会員園がこうした『保育所保育指針』に準拠した保育を志向し、質的向上をはかろうとする中で実行されている、ということになるだろう。その姿勢は敬意を表すべきものであり、その分、行政にはその姿勢を支援することを求めたいと思う。

　次に、「日々の保育を進める中で、近年、増加した業務」については、乳児保育も幼児保育も「保護者対応」が最も多かった。以下「けがや事故を防止するための取り組み」や、「子どもの記録や保育計画の作成」「子どもたちとの関わり」「事故簿やヒヤリハット等危機管理の対応」などが続く。また「日々の保育を進める中で、職員不足を感じる場面」については、乳児保育も幼児保育も「急な職員の休みの対応」が最も多かった。以下、「早番・遅番の対応」「子どもたちとの関わり」「日常の保育業務」「食事・午睡・排泄時への対応」「散歩・園外保育への対応」などが続く。さらに「配置基準が改善された際には、どのような場面に時間をかけたいか」については、乳児保育も幼児保育も「子どもたちとの関わり」が最も多かった。以下「休憩時間の確保」「子どもの記録や保育計画の作成」「クラス内での情報共有」「けがや事故を防止するための取り組み」「会議・園内研究会」などが続く。このように、保育士業務のひとつである保護者への保育指導に関し、多様なニーズをもち、表現する保護者への対応が増加していることを踏まえつつ、やはり、保育士としては子どもたちへの関わりを充実させたい。しかし同僚が休めば、子どもの保育や保護者への保育指導も滞る。こうした事態を改善せねば、保育の充実は望めない、と保育現場が考えているわけである。改めて配置基準の見直しへの要望が、保育士の専門的業務の充実をはかりたいという思いで形成されていることがわかる。そして、こうした業務を下支えするものとして、子どもの記録や保育計画、会議や園内研究会なども充実させたいと考えている。勤務時間中、子どもの保育にかかわらず、保育準備や事務・記録、会議、研修などに費やせるノンコンタクトタイムを十分に確保するためにも、配置基準の見直しは急務な課題と言えよう。

③ 理想の配置基準

　本調査結果の「3-26　理想の保育士配置基準」が示す通り、会員園が望む理想の保育士の配置基準で最も多かったものは表１の通りである。

第 4 章　調査のまとめ

表1　会員園が望む理想の保育士の配置基準

0 歳児	2：1
1 歳児	3：1
2 歳児	5：1
3 歳児	9〜12 未満：1
4・5 歳児	15〜20 未満：1

　こうした会員園の希望を踏まえ、本委員会の竹内委員長は前述の「委員会からのまとめ・提言」の中で表2の通り、委員会としての提言を示している。

表2　委員会提言としての理想の保育士の配置基準

0 歳児	1〜2：1
1 歳児	3：1
2 歳児	4〜5：1
3 歳児	7〜10：1
4 歳児	12〜13：1
5 歳児	12〜15：1

　このように、本委員会は、国が『児童福祉施設の設備及び運営に関する基準』第33条で規定している「乳児」「満1歳以上満3歳に満たない幼児」「満3歳以上満4歳に満たない幼児」「満4歳以上の幼児」の4つに区分していることが不十分であるとの認識の下、各年齢別に保育士の数を規定すべきであるとした。その上で、いずれの年齢区分でも現状を大きく下回る配置基準を提言している。
　ただ、この提言は現状の基準からあまりにかけ離れ、現実的ではない、との批判もあるかもしれない。しかし、視野を海外に広げてみると、必ずしも委員会の提言が非現実的とは言えないだろう。例えば、『諸外国における保育の質の捉え方・示し方に関する研究会（保育の質に関する基本的な考え方や具体的な捉え方・示し方に関する調査研究事業的）報告書』(株式会社シード・プランニング／座長 秋田喜代美、平成31年3月29日、https://www.mhlw.go.jp/content/11907000/000533050.pdf) には、表3の通り、先進国の配置基準が紹介されている。

表3　海外の先進国の保育者の配置基準

	ニュージーランド	英国 （主にイングランド）	ドイツ
0 歳	5	3	全国平均 4.5（州によって 3.1〜6.2 と幅がある）
1 歳	5	3	全国平均 4.5（州によって 3.1〜6.2 と幅がある）
2 歳	10（全日制）	4	全国平均 4.5（州によって 3.1〜6.2 と幅がある）
3 歳	10（全日制）	13	東部州：11.8　西部州：8.6
4 歳以上	10（全日制）	13	東部州：11.8　西部州：8.6

177

また、『OECD 国際幼児教育・保育従事者調査 2018 年報告書』（国立教育政策研究所編『幼児教育・保育の国際比較 OEDC 国際幼児教育・保育従事者 2018 報告書－質の高い幼児教育・保育に向けて』）明石書店、2020）には、隣国である韓国の配置基準が「0 歳児は 3:1、1 ～ 2 歳児は 5:1、3 歳児は 15:1、4 ～ 5 歳児は 20:1」であることも紹介されている。

こうした海外の実情を踏まえると、本委員会の提言は常識的な範囲の要求と言えるだろう。

4）　終わりに

以上、本調査研究に関し、助言者としてコメントを述べてきた。

最後に、これまで述べてきたことを踏まえ、若干の提言をさせていただく。

《提言 1 》　保育の質的向上の観点から配置基準の見直しを進めてほしい。

　一人あたりの保育士が担当する子どもの数を減らすことは、保育士の負担軽減につながり、「労働環境のゆとり」「保育のゆとり」につながる。ただ、ゆとりは保育の質的向上をはかるための前提、あるいは基盤であり、保育現場が求めるものは丁寧に子ども一人ひとり、また保護者に関われることである。『保育所保育指針』が求める保育をしっかりと展開していくためにも、適切な配置基準の見直しを期待したい。

《提言 2 》　保育士の資質・能力の向上に向け、ノンコンタクトタイムが確保できる配置基準の見直しを進めてほしい。

　保育現場では「保育は人なり」といった言葉も語り継がれてきたように、保育の質的向上をはかるためには、保育士の資質・能力の向上が不可欠である。ただ、保育所保育が長時間化する中、保育士は勤務時間内の全てを子どもの保育に関わることが求められる。そのため、保育の振り返りや、記録や計画の作成、会議や研修・研究など、自らの専門的力量を向上させる時間が確保できないケースが多い。配置基準の見直しが、ノンコンタクトタイムと言われる子どもとかかわらない時間確保につながり、保育士が自己研鑽等を積む機会が増えることを期待したい。

《提言 3 》　配置基準の見直しは、公定価格の見直しとセットで進めてほしい。

　保育所、特に私立保育所は、子ども一人の保育にかかる費用である公定価格に、利用する子どもの数をかけたものが委託費として支給され、これを財源に運営されている。したがって、配置基準が見直されたとしても、公定価格の単価が現状のままでは、一人あたりの保育士給与は目減りするばかりである。処遇改善もはかられているが、その額はいまだ不十分であり、保育経験を重ねるごとに給与がベースアップしていく仕組みには十分につながっていない面もある。給与面からも保育職が魅力的なものとなれば、多くの人材が集い、定年まで安心して勤務してくれる可能性を高める。そのためにも、配置基準の見直しは少なくとも公定価格の見直しとセットで進めてほしい。

第5章

資料編

....

1 「配置基準の見直し〜見直すことで、こんな風に変わっていける！〜」調査票

2 「配置基準の見直し〜見直すことで、こんな風に変わっていける！〜」調査　Web 回答フォーム

3 「配置基準の見直し〜見直すことで、こんな風に変わっていける！〜」調査　問 21・問 22　自由記述回答一覧

4 ヒアリング調査項目

5 東京都社会福祉協議会保育部会　調査研究委員会　委員名簿

1 「配置基準の見直し〜見直すことで、こんな風に変わっていける！〜」調査票

東京都社会福祉協議会 保育部会 調査研究委員会
「配置基準の見直し〜見直すことで、こんな風に変わっていける！〜」調査票

＜調査の趣旨＞

　都内の認可保育園および認定こども園で構成している社会福祉法人東京都社会福祉協議会 保育部会では、今期のテーマとして「配置基準の見直し〜見直すことで、こんな風に変わっていける！〜」について調査することといたしました。

　前回調査の「保育園における働き方改革と保育業務の実態」調査の中で、50年以上「児童福祉施設最低基準」が変わっていないことがわかり、長時間保育など多様化する現在の保育環境に合致していないという課題が見えてきました。

　今回の調査では職員が足りない現状の課題を浮き彫りにし、「職員配置の見直し」に関する提言につなげたいと思います。

　日々保育園業務でお忙しいとは思いますが、ぜひ調査にご協力いただきますようお願いいたします。

　なお、この調査票に記入していただいた事柄は、すべて統計的に処理し、ご回答を本調査以外の目的に使用することはありません。

【可能な限り、WEB回答フォームからのご回答にご協力をお願いします】

https://t-enq.com/enq/deploy/

＜QRコードはこちら＞

※ WEBフォームで回答いただく場合、回答を入力いただく方（①園長もしくは管理職・②それ以外）によって、表示される質問項目数が若干異なります。

◆基本属性

※こちらの「◆基本属性」は園長・管理職のみが回答し、それ以外の皆様は次ページの「記入者情報」から回答いただきますようお願いします。

＜貴園の概要について＞

1. 保育士（正規職員）の平均勤続年数	（　　　　）年 ※複数の保育施設で勤務経験のある方の場合は合算した数字で計算してください。
2. 開所時間	①開所時間（　　　　）②閉所時間（　　　　） ※延長保育時間含む
3. 職員の配置状況	最低基準以上に職員が配置されているか。*該当する方にチェック □①はい　□②いいえ
4-1. 区市町村独自の増配置	*該当する方にチェック □①なし □②あり※下記に具体的にご記入ください。 （例：建物が複数階での保育のための加配 など）
4-2.「あり」の場合、対象園児と保育士数	①園児（　　　　）名 ②保育士（　　　　）名 ※上記の内訳 ③正規（　　　　）名 ④正規職員以外（　　　　）名
5-1. 自園独自の増配置	*該当する方にチェック □①なし □②あり※下記に増配置している理由をご記入ください。

5-2.「あり」の場合、対象クラスと保育士 ※対象クラスが複数ある場合は、クラスごとの回答をお願いします。	（　　　）歳児クラス	①クラス人数（　　　）名 ②保育士 ※上記の内訳 ③正規（　　）名 ④正規職員以外（　　　）名
	（　　　）歳児クラス	①クラス人数（　　　）名 ②保育士 ※上記の内訳 ③正規（　　）名 ④正規職員以外（　　　）名
	（　　　）歳児クラス	①クラス人数（　　　）名 ②保育士 ※上記の内訳 ③正規（　　）名 ④正規職員以外（　　　）名
	（　　　）歳児クラス	①クラス人数（　　　）名 ②保育士 ※上記の内訳 ③正規（　　）名 ④正規職員以外（　　　）名
	（　　　）歳児クラス	①クラス人数（　　　）名 ②保育士 ※上記の内訳 ③正規（　　）名 ④正規職員以外（　　　）名

※園長・管理職以外の皆様は、こちらからご回答をお願いします。

記入者情報

1. 貴園の所在	*該当する方にチェック □① 23 区 □②市町村部		
2. 園名と種別	園名（　　　　　　　　　　　　　） *該当するものにチェック □①認可保育所 □②幼保連携型認定こども園 □③保育所型認定こども園 □④小規模保育事業（A型） □⑤その他		
3. 運営主体	*該当するものにチェック □①公立　　　　□②公設民営　　　□③社会福祉法人 □④株式会社　　□⑤NPO　　　　□⑥一般社団法人 □⑦一般財団法人　□⑧公益財団法人　□⑨学校法人 □⑩宗教法人　　□⑪個人立　　　□⑫その他		
4. 役職	*該当するものにチェック □①園長　　　　□②主任保育士　　□③副主任 □④リーダー　□⑤担任（乳児）　□⑥担任（幼児） □⑦フリー　　□⑧その他		
5. 経験年数 （4で☑した役職に限る）	（　　　）年 ※保育園での経験年数ではありません。		
6. 雇用形態	*該当する方にチェック □①正規職員 □②正規職員以外		
7. 週の勤務時間（雇用契約上）	（　　　）時間		

1. 基本情報

◆定員について

定員	0歳児	1歳児	2歳児	3歳児	4歳児	5歳児	合計
園児数(名)	( )	( )	( )	( )	( )	( )	( )

◆園児・職員の実数について

※縦割り保育を実施されている園は、年齢別にならしてご回答ください。

※「対子ども比」は、様々な保育場面で人員配置している最大値をご記入ください。

実員	0歳児	1歳児	2歳児	3歳児	4歳児	5歳児	合計
園児数(名)	( )	( )	( )	( )	( )	( )	( )
保育士(名)	( )	( )	( )	( )	( )	( )	( )
補助職員(加配・栄養士・パート等)(名)	( )	( )	( )	( )	( )	( )	( )
対子ども比	( )対1	( )対1	( )対1	( )対1	( )対1	( )対1	( )対1

2. 配置基準情報

問1. 貴園の所在地区における保育士配置基準をご記入ください。

0歳児	( )	対1
1歳時	( )	対1
2歳児	( )	対1
3歳児	( )	対1
4・5歳児	( )	対1

【参考】東京都福祉保健局少子社会対策部保育支援課「東京都保育所設備・運営基準開設」(令和2年9月10日版)
基本分単価における必要保育士数は以下のⅰとⅱを合計した数であること。また、これとは別に非常勤の保育士が配置されていること。

　ⅰ　年齢別配置基準

　　4歳以上児30人につき1人、3歳児20人につき1人、1、2歳児6人につき1人、乳児3人につき1人

(注1)ここでいう「4歳以上児」、「3歳児」、「1、2歳児」及び「乳児」とは、年度の初日の前日における満年齢によるものであること。

(注2)確認に当たっては以下の算式によること。

＜算式＞

　　｛4歳以上児数×1/30（小数点第1位まで計算（小数点第2位以下切り捨て））｝＋｛3歳児数×1/20（同）｝＋｛1、2歳児数×1/6（同）｝＋｛乳児数×1/3（同）｝＝配置基準上保育士数（小数点以下四捨五入）

　ⅱ　その他

a　利用定員90人以下の施設については1人

b　保育標準時間認定を受けた子どもが利用する施設については1人（注1）

c　上記ⅰ及びⅱのa、bの保育士1人当たり、研修代替保育士として年間2日分の費用を算定（注2）

(注1)施設全体の利用定員に占める保育標準時間認定を受けた子どもの人数の割合が低い場合は非常勤の保育士としても差し支えないこと。

(注2)当該費用については、保育士が研修を受講する際の受講費用や、時間外における研修受講の際の時間外手当等に充当しても差し支えないこと。

(※)保育士には、児童福祉施設の設備及び運営に関する基準（昭和23年厚生省令第63号。以下「児童福祉施設設備運営基準」という。）附則第95条、第96条及び児童福祉施設最低基準の一部を改正する省令（平成10年厚生省令第51号）附則第2条に基づいて都道府県（指定都市及び中核市を含む。以下同じ。）が定める条例に基づき保育士とみなされた者を含む。

第5章　資料編

3．乳児保育

問2．日々の保育を進める中で、今後、特に重視したいことは何ですか？
　　　該当する事項として、上位3つに☑をつけてください。

- □①子どもへの個別的な対応の充実
- □②自由遊びなど子どもの自発性の尊重
- □③遊具やコーナーなどの保育環境の工夫
- □④保育教材の準備
- □⑤子どもの姿の観察と理解
- □⑥散歩・園外保育の取組み
- □⑦食事の関わり
- □⑧午睡時の関わり（午睡チェック含む）
- □⑨排泄時の関わり
- □⑩事故防止の徹底
- □⑪その他
- ※その他を選択された方は具体的に➡（　　　　　　　　　　　　　　　　　　）

問3．日々の保育を進める中で、近年、増加した業務は何ですか？
　　　該当する事項として、上位3つに☑をつけてください。

- □①子どもたちとの関わり
- □②けがや事故を防止するための取組み
- □③子どもの記録や保育計画の作成
- □④会議・園内研究会
- □⑤外部研修への参加
- □⑥自己評価資料の作成
- □⑦事故簿やヒヤリハット等危機管理の対応
- □⑧保護者対応
- □⑨クラス内での情報共有
- □⑩地域の子育て支援
- □⑪その他
- ※その他を選択された方は具体的に➡（　　　　　　　　　　　　　　　　　　）

問4. 日々の保育を進める中で、職員不足を感じる場面はどのような時ですか？
該当する事項として、上位3つに☑をつけてください。

□①子どもたちとの関わり
□②けがや事故を防止するための取組み
□③子どもの記録や保育の計画の作成
□④会議・園内研究会
□⑤外部研修への参加
□⑥事故簿やヒヤリハット等危機管理の対応
□⑦保護者対応
□⑧クラス内での情報共有
□⑨地域の子育て支援
□⑩休憩時間の確保
□⑪その他
※その他を選択された方は具体的に➡（　　　　　　　　　　　　　　　　　　　　）

問5. 配置基準が改善された際には、どのような場面に時間をかけたいと考えますか？
該当する事項として、上位3つに☑をつけてください。

□①子どもたちとの関わり
□②散歩・園外保育への対応
□③食事・午睡・排泄時への対応
□④けがや事故の防止
□⑤保護者対応
□⑥早番・遅番の対応
□⑦急な職員の休みの対応
□⑧日常の保育事務
□⑨午睡チェック
□⑩地域の子育て支援
□⑪その他
※その他を選択された方は具体的に➡（　　　　　　　　　　　　　　　　　　　　）

第5章　資料編

4. 幼児保育

問6. 日々の保育を進める中で、今後、特に重視したいことは何ですか？
　　　該当する事項として、上位3つに☑をつけてください。

□①子どもへの個別的な対応の充実
□②自由遊びなど子どもの自発性の尊重
□③遊具やコーナーなどの保育環境の工夫
□④保育教材の準備
□⑤子どもの姿の観察と理解
□⑥食事・午睡・排泄時の関わり
□⑦行事の準備・開催
□⑧事故防止の徹底
□⑨世代間交流
□⑩小学校との連携活動
□⑪その他
※その他を選択された方は具体的に➡（　　　　　　　　　　　　　　　　）

問7. 日々の保育を進める中で、近年、増加した業務は何ですか？
　　　該当する事項として、上位3つに☑をつけてください。

□①子どもたちとの関わり
□②けがや事故を防止するための取組み
□③子どもの記録や保育計画（接続カリキュラム含む）の作成
□④会議・園内研究会
□⑤外部研修への参加
□⑥自己評価資料の作成
□⑦事故簿やヒアリハット等危機管理の対応
□⑧保護者対応
□⑨クラス内での情報共有
□⑩地域の子育て支援
□⑪その他
※その他を選択された方は具体的に➡（　　　　　　　　　　　　　　　　）

問8. 日々の保育を進める中で、職員不足を感じる場面はどのような時ですか？
　　　該当する事項として、上位3つに☑をつけてください。

□①子どもたちとの関わり
□②けがや事故を防止するための取組み
□③子どもの記録や保育の計画の作成
□④会議・園内研究会
□⑤外部研修への参加
□⑥事故簿やヒアリハット等危機管理の対応
□⑦保護者対応
□⑧クラス内での情報共有
□⑨小学校・地域との連携
□⑩休憩時間の確保
□⑪その他
※その他を選択された方は具体的に➡（　　　　　　　　　　　　　　　　　　　　　　　　）

問9. 配置基準が改善された際には、どのような場面に時間をかけたいと考えますか？
　　　該当する事項として、上位3つに☑をつけてください。

□①子どもたちとの関わり
□②散歩・園外保育への対応
□③食事・午睡・排泄時への対応
□④けがや事故の防止
□⑤保護者対応
□⑥早番・遅番の対応
□⑦急な職員の休みの対応
□⑧日常の保育事務
□⑨午睡チェック
□⑩小学校・地域との連携
□⑪その他
※その他を選択された方は具体的に➡（　　　　　　　　　　　　　　　　　　　　　　　　）

第5章　資料編

5．障害児加配保育士について

問 10-1．下記の項目に当てはまる数をご記入ください。

	園児（人）	職員（人）	
		正規	正規以外
①障害児加配の対象園児がいる場合、右記の各人数	（　　　）	（　　　）	（　　　）
②障害児認定を受けていないが実際に加配が必要な状況にある対象園児がいる場合の、右記の各人数	（　　　）	（　　　）	（　　　）

問 10-2．医療的ケア児がいる場合の、下記の項目に当てはまる数をご記入ください。
①対象園児の数（　　　　）人
②①で記載した対象園児の年齢※複数人いる場合はすべて（　　・　　・　　・　　）歳

6．産休・育休・介護休業・短時間勤務制度

問 11．勤務先で産休・育休・介護休業を取られている方は何名いますか。
　　　（　　　　）名

問 12．勤務先で定められている育休をはじめとする短時間勤務制度は活用できていますか。
　　　＊該当する方にチェック
　　　□①はい □②いいえ

問 13．現在職場で短時間勤務制度を活用している方は何名いますか。
　　　（　　　　）名

7．保護者対応

問 14．現在、保護者とのコミュニケーションの時間は十分に取れていると感じますか。
　　　＊該当する方にチェック
　　　□①はい □②いいえ

問 15．配置基準を改善することで、保護者対応において良いと思うことは何ですか。最もそう感じるものを下記より 1 つ選択して☑してください。

□①コミュニケーションの時間が増やせる
□②日常の様子を伝えることができる
□③面談の機会が増やせる
□④育児困難家庭への対応
□⑤その他
※その他を選択された方は具体的に➡（　　　　　　　　　　　　　　　　　　　　　　　）

問 16.　保護者対応において 1 人あたり、一日平均どのくらい時間がかかりますか。
　　　　※日常の保育の報告・けがや事故の報告・通知・お便り作成・連絡ノートの記入など含めてお答えください。
　　　　平均（　　　　）分

問 17.　保護者対応において下記それぞれにかけている一日の平均的な時間を記入してください。
　　　　①日常の保育の報告（　　　　）分
　　　　②けがや事故の報告（　　　　）分
　　　　③通知・お便りの作成・連絡ノートの記入（　　　　）分
　　　　※上記それぞれ時間が取れていない場合は右記に☑してください➡□

8.　ノンコンタクトタイムの確保

問 18.　下記の項目それぞれについて、適切な時間確保できていますか。
　　　　＊それぞれ該当する方にチェック

①研修受講	□はい　□いいえ
②会議	□はい　□いいえ
③事務・記録	□はい　□いいえ
④保育・行事の準備	□はい　□いいえ
⑤保護者対応	□はい　□いいえ
⑥休憩	□はい　□いいえ
⑦掃除・消毒	□はい　□いいえ

問 19.　下記の項目の中でどの時間を最も充実させたいと考えますか。もそう感じるものを下記より 1 つ選択して☑してください。
　　　　またその理由も併せてご回答ください（　　　　　　　　　　　　　　　　　　　　）

□①研修
□②会議
□③事務・記録
□④保育・行事の準備
□⑤保護者対応
□⑥休憩
□⑦掃除・消毒

第 5 章　資料編

9．全般

問 20．あなたが考える理想の保育士配置基準をご記入ください。

0 歳児	（　　）	対 1	（理由：　　　　　　　　　　　　　　　　　　　　　）
1 歳時	（　　）	対 1	（理由：　　　　　　　　　　　　　　　　　　　　　）
2 歳児	（　　）	対 1	（理由：　　　　　　　　　　　　　　　　　　　　　）
3 歳児	（　　）	対 1	（理由：　　　　　　　　　　　　　　　　　　　　　）
4・5 歳児	（　　）	対 1	（理由：　　　　　　　　　　　　　　　　　　　　　）

問 21．配置基準が改善された場合、保育園として・また職員としてどのようなメリットがあると考えますか。

問 22．最後に、現在の保育士配置基準に関して、あなたが思うこと・課題等あればご記入ください。

ご協力ありがとうございました。

令和 5 年 5 月 31 日（水）までにご回答をお願いします。

2 「配置基準の見直し〜見直すことで、こんな風に変わっていける！〜」調査　Web回答フォーム

東京都社会福祉協議会 保育部会 調査研究委員会

配置基準の見直し〜見直すことで、こんな風に変わっていける！〜

≪調査の趣旨≫

　都内の認可保育園および認定こども園で構成している社会福祉法人東京都社会福祉協議会 保育部会では、今期のテーマとして「配置基準の見直し〜見直すことで、こんな風に変わっていける！〜」について調査することといたしました。

　前回調査の「保育園における働き方改革と保育業務の実態」調査の中で、５０年以上「児童福祉施設最低基準」が変わっていないことがわかり、長時間保育など多様化する現在の保育環境に合致していないという課題が見えてきました。

　今回の調査で職員が足りない現状の課題を浮き彫りにし、「職員配置の見直し」に関する提言につなげたいと思います。

　日々保育園業務でお忙しいとは思いますが、ぜひ調査にご協力いただきますようお願いいたします。

　なお、この調査票に記入していただいた事柄は、すべて統計的に処理し、ご回答を本調査以外の目的に使用することはありません。

F0　回答者の役職は？　《必須》

- ◉　1．園長もしくは管理職
- ○　2．それ以外

◆基本属性

貴園の概要について

F1　保育士（正規職員）の平均勤続年数　《必須》
※複数の保育施設で勤務経験のある方の場合は合算した数字で計算してください。

☐☐☐☐☐　年　（0以上で回答）

F2　開所時間　※延長保育時間含む

【1】　開所時間	
【2】　閉所時間	

F3　［職員の配置状況］最低基準以上に職員が配置されているか。　＊該当する方にチェック　《必須》

- ○　1．はい

第5章　資料編

○　2. いいえ

F4-1　区市町村独自の増配置 ＊該当する方にチェック 《**必須**》

○　1. なし

○　2. あり ※下記に具体的にご記入ください。

（例：建物が複数階での保育のための加配　など）

【 F4-1で「2.あり」と回答の方 】 にお伺いします

F4-2　対象園児と保育士 （0以上で回答）

【1】 園児		名
【2】 保育士		名
※上記の内訳		
【3】 正規		名
【4】 正規職員以外		名

F5-1　自園独自の増配置 ＊該当する方にチェック 《**必須**》

○　1. なし

○　2. あり ※下記に増配置している理由をご記入ください。

【 F5-1で「2.あり」と回答の方 】 にお伺いします

F5-2　対象クラスと保育士

1クラス目 ※ 0以上で回答

【1】　　　歳児クラス		名
【2】 保育士		名
※上記の内訳		
【3】 正規		名
【4】 正規職員以外		名

2クラス目 ※ 空欄回答可

【1】　　　歳児クラス		名
【2】 保育士		名
※上記の内訳		
【3】 正規		名
【4】 正規職員以外		名

3クラス目 ※ 空欄回答可

【1】　　　歳児クラス		名

2

【2】 保育士		名
※上記の内訳		
【3】 正規		名
【4】 正規職員以外		名

4クラス目 ※ 空欄回答可

【1】 歳児クラス		名
【2】 保育士		名
※上記の内訳		
【3】 正規		名
【4】 正規職員以外		名

5クラス目 ※ 空欄回答可

【1】 歳児クラス		名
【2】 保育士		名
※上記の内訳		
【3】 正規		名
【4】 正規職員以外		名

記入者情報

F6 貴園の所在 ＊該当する方にチェック 《**必須**》

○ 1. 23区
○ 2. 市町村部

F7 園名

F8 園の種別 ＊該当するものにチェック 《**必須**》

○ 1. 認可保育所
○ 2. 幼保連携型認定こども園
○ 3. 保育所型認定こども園
○ 4. 小規模保育事業（Ａ型）
○ 5. その他

F9 運営主体 ＊該当するものにチェック 《**必須**》

○ 1. 公立
○ 2. 公設民営

第5章　資料編

○ 3. 社会福祉法人

○ 4. 株式会社

○ 5. NPO

○ 6. 一般社団法人

○ 7. 一般財団法人

○ 8. 公益財団法人

○ 9. 学校法人

○ 10. 宗教法人

○ 11. 個人立

○ 12. その他

F10　役職 ＊該当するものにチェック 《必須》

○ 1. 園長

○ 2. 主任保育士

○ 3. 副主任

○ 4. リーダー

○ 5. 担任（乳児）

○ 6. 担任（幼児）

○ 7. フリー

○ 8. その他

F11　経験年数（F10でチェックした役職に限る） 《必須》
※保育園での経験年数ではありません。

☐ 年 （0以上で回答）

F12　雇用形態 ＊該当する方にチェック 《必須》

○ 1. 正規職員

○ 2. 正規職員以外

F13　週の勤務時間（雇用契約上） 《必須》

☐ 時間 （0以上で回答）

1．基本情報

問1　定員について 《必須》 （0以上で回答）

定員	園児数

【1】 0歳児		名
【2】 1歳児		名
【3】 2歳児		名
【4】 3歳児		名
【5】 4歳児		名
【6】 5歳児		名
【7】 合計		名

問2 園児・職員の実数について 《必須》 （0以上で回答）

※縦割り保育を実施されている園は、年齢別にならしてご回答ください。
※「対子ども比」は、様々な保育場面で人員配置している最大値をご記入ください。
※該当者がいない場合は回答欄に0を入力してください。

実員	園児数(名)	保育士(名)	補助職員(名) （加配・栄養士・パート等）	対子ども比	
0歳児					対1
1歳児					対1
2歳児					対1
3歳児					対1
4歳児					対1
5歳児					対1
合計					対1

2．配置基準情報

問1 貴園の所在地区における保育士配置基準をご記入ください。 《必須》 （0以上で回答）

【1】 0歳児		対1
【2】 1歳児		対1
【3】 2歳児		対1
【4】 3歳児		対1
【5】 4・5歳児		対1

【参考】東京都福祉保健局少子社会対策部保育支援課「東京都保育所設備・運営基準開設」（令和2年9月10日版）
基本分単価における必要保育士数は以下のⅰとⅱを合計した数であること。また、これとは別に非常勤の保育士が配置されていること。
ⅰ 年齢別配置基準
4歳以上児30人につき1人、3歳児20人につき1人、1、2歳児6人につき1人、乳児3人につき1人
（注1）ここでいう「4歳以上児」、「3歳児」、「1、2歳児」及び「乳児」とは、年度の初日の前日における満年齢によるものであること。
（注2）確認に当たっては以下の算式によること。

＜算式＞
｛4歳以上児数×1/30（小数点第1位まで計算（小数点第2位以下切り捨て））｝＋｛3歳児数×1/20（同）｝＋｛1、2歳

5

第5章　資料編

児数×1/6（同）}＋{乳児数×1/3（同）}＝配置基準上保育士数（小数点以下四捨五入）

ⅱ　その他
a　利用定員90人以下の施設については1人
b　保育標準時間認定を受けた子どもが利用する施設については1人（注1）
c　上記ⅰ及びⅱのa、bの保育士1人当たり、研修代替保育士として年間2日分の費用を算定（注2）
（注1）施設全体の利用定員に占める保育標準時間認定を受けた子どもの人数の割合が低い場合は非常勤の保育士としても差し支えないこと。
（注2）当該費用については、保育士が研修を受講する際の受講費用や、時間外における研修受講の際の時間外手当等に充当しても差し支えないこと。
（※）保育士には、児童福祉施設の設備及び運営に関する基準（昭和23年厚生省令第63号。以下「児童福祉施設設備運営基準」という。）附則第95条、第96条及び児童福祉施設最低基準の一部を改正する省令（平成10年厚生省令第51号）附則第2条に基づいて都道府県（指定都市及び中核市を含む。以下同じ。）が定める条例に基づき保育士とみなされた者を含む。

3．乳児保育

問2　日々の保育を進める中で、今後、特に重視したいことは何ですか？該当する事項として、上位3つにチェックをつけてください。**（3つまで）《必須》**

- [ ] 1．子どもへの個別的な対応の充実
- [ ] 2．自由遊びなど子どもの自発性の尊重
- [ ] 3．遊具やコーナーなどの保育環境の工夫
- [ ] 4．保育教材の準備
- [ ] 5．子どもの姿の観察と理解
- [ ] 6．散歩・園外保育の取組み
- [ ] 7．食事の関わり
- [ ] 8．午睡時の関わり（午睡チェック含む）
- [ ] 9．排泄時の関わり
- [ ] 10．事故防止の徹底
- [ ] 11．その他　　（具体的に）

問3　日々の保育を進める中で、近年、増加した業務は何ですか？該当する事項として、上位3つにチェックをつけてください。**（3つまで）《必須》**

- [ ] 1．子どもたちとの関わり
- [ ] 2．けがや事故を防止するための取組み
- [ ] 3．子どもの記録や保育計画の作成
- [ ] 4．会議・園内研究会
- [ ] 5．外部研修への参加
- [ ] 6．自己評価資料の作成
- [ ] 7．事故簿やヒヤリハット等危機管理の対応
- [ ] 8．保護者対応
- [ ] 9．クラス内での情報共有
- [ ] 10．地域の子育て支援

☐ 11. その他 　（具体的に） _____

| 問4 | 日々の保育を進める中で、職員不足を感じる場面はどのような時ですか？該当する事項として、上位3つにチェックをつけてください。（3つまで）《必須》 |

☐ 1. 子どもたちとの関わり
☐ 2. 散歩・園外保育への対応
☐ 3. 食事・午睡・排泄時への対応
☐ 4. けがや事故の防止
☐ 5. 保護者対応
☐ 6. 早番・遅番の対応
☐ 7. 急な職員の休みの対応
☐ 8. 日常の保育事務
☐ 9. 午睡チェック
☐ 10. 地域の子育て支援
☐ 11. その他 　（具体的に）

| 問5 | 配置基準が改善された際には、どのような場面に時間をかけたいと考えますか？該当する事項として、上位3つにチェックをつけてください。（3つまで）《必須》 |

☐ 1. 子どもたちとの関わり
☐ 2. けがや事故を防止するための取組み
☐ 3. 子どもの記録や保育の計画の作成
☐ 4. 会議・園内研究会
☐ 5. 外部研修への参加
☐ 6. 事故簿やヒヤリハット等危機管理の対応
☐ 7. 保護者対応
☐ 8. クラス内での情報共有
☐ 9. 地域の子育て支援
☐ 10. 休憩時間の確保
☐ 11. その他 　（具体的に）

4．幼児保育

| 問6 | 日々の保育を進める中で、今後、特に重視したいことは何ですか？該当する事項として、上位3つにチェックをつけてください。（3つまで）《必須》 |

☐ 1. 子どもへの個別的な対応の充実
☐ 2. 自由遊びなど子どもの自発性の尊重
☐ 3. 遊具やコーナーなどの保育環境の工夫

7

第5章　資料編

- [ ] 4．保育教材の準備
- [ ] 5．子どもの姿の観察と理解
- [ ] 6．食事・午睡・排泄時の関わり
- [ ] 7．行事の準備・開催
- [ ] 8．事故防止の徹底
- [ ] 9．世代間交流
- [ ] 10．小学校との連携活動
- [ ] 11．その他　（具体的に）

問7　日々の保育を進める中で、近年、増加した業務は何ですか？該当する事項として、上位3つにチェックをつけてください。（3つまで）《必須》

- [ ] 1．子どもたちとの関わり
- [ ] 2．けがや事故を防止するための取組み
- [ ] 3．子どもの記録や保育計画（接続カリキュラム含む）の作成
- [ ] 4．会議・園内研究会
- [ ] 5．外部研修への参加
- [ ] 6．自己評価資料の作成
- [ ] 7．事故簿やヒヤリハット等危機管理の対応
- [ ] 8．保護者対応
- [ ] 9．クラス内での情報共有
- [ ] 10．地域の子育て支援
- [ ] 11．その他　（具体的に）

問8　日々の保育を進める中で、職員不足を感じる場面はどのような時ですか？該当する事項として、上位3つにチェックをつけてください。（3つまで）《必須》

- [ ] 1．子どもたちとの関わり
- [ ] 2．散歩・園外保育への対応
- [ ] 3．食事・午睡・排泄時への対応
- [ ] 4．けがや事故の防止
- [ ] 5．保護者対応
- [ ] 6．早番・遅番の対応
- [ ] 7．急な職員の休みの対応
- [ ] 8．日常の保育事務
- [ ] 9．午睡チェック
- [ ] 10．小学校・地域との連携
- [ ] 11．その他　（具体的に）

| 問9 | 配置基準が改善された際には、どのような場面に時間をかけたいと考えますか？該当する事項として、上位3つにチェックをつけてください。（3つまで）《必須》 |

- ☐ 1. 子どもたちとの関わり
- ☐ 2. けがや事故を防止するための取組み
- ☐ 3. 子どもの記録や保育の計画の作成
- ☐ 4. 会議・園内研究会
- ☐ 5. 外部研修への参加
- ☐ 6. 事故簿やヒヤリハット等危機管理の対応
- ☐ 7. 保護者対応
- ☐ 8. クラス内での情報共有
- ☐ 9. 小学校・地域との連携
- ☐ 10. 休憩時間の確保
- ☐ 11. その他　　（具体的に）

5．障害児加配保育士について

| 問10-1 | 下記の項目に当てはまる数をご記入ください。 |

	園児(人)	職員(人)	
		正規	正規以外
障害児加配の対象園児がいる場合			
障害児認定を受けていないが実際に加配が必要な状況にある対象園児がいる場合			

| 問10-2 | 医療的ケア児がいる場合の、下記の項目に当てはまる数をご記入ください。 |

【1】 対象園児の数		人
上記で記載した対象園児の年齢ごとの人数		
【2】 0歳児		人
【3】 1歳児		人
【4】 2歳児		人
【5】 3歳児		人
【6】 4歳児		人
【7】 5歳児		人

6．産休・育休・介護休業・短時間勤務制度

| 問11 | 勤務先で産休・育休・介護休業を取られている方は何名いますか。 |

第5章　資料編

　　　　　名

問12 勤務先で定められている育休をはじめとする短時間勤務制度は活用できていますか。　＊該当する方にチェック　《必須》

○　1．はい

○　2．いいえ

問13 現在職場で短時間勤務制度を活用している方は何名いますか。

　　　　　名

7．保護者対応

問14 現在、保護者とのコミュニケーションの時間は十分に取れていると感じますか。　＊該当する方にチェック　《必須》

○　1．はい

○　2．いいえ

問15 配置基準を改善することで、保護者対応において良いと思うことは何ですか。最もそう感じるものを下記より1つ選択してチェックしてください。　《必須》

○　1．コミュニケーションの時間が増やせる

○　2．日常の様子を伝えることができる

○　3．面談の機会が増やせる

○　4．育児困難家庭への対応

○　5．その他　　（具体的に）

問16 保護者対応において1人あたり、一日平均どのくらい時間がかかりますか。《必須》
※日常の保育の報告・けがや事故の報告・通知・お便り作成・連絡ノートの記入など含めてお答えください。

平均　　　　　分　（0以上で回答）

問17 保護者対応において下記それぞれにかけている一日の平均的な時間を記入してください。　《必須》　（0以上で回答）

☐　1．日常の保育の報告　　　　　　　分

☐　2．けがや事故の報告　　　　　　　分

☐　3．通知・お便りの作成・連絡ノートの記入　　　　　　分

☐　4．上記それぞれ時間が取れていない

8．ノンコンタクトタイムの確保

問18 下記の項目それぞれについて、適切な時間確保できていますか。 《必須》

※それぞれ横方向にお答え下さい→	1 はい	2 いいえ
【1】 研修受講 →	○	○
【2】 会議 →	○	○
【3】 事務・記録 →	○	○
【4】 保育・行事の準備 →	○	○
【5】 保護者対応 →	○	○
【6】 休憩 →	○	○
【7】 掃除・消毒 →	○	○

問19 下記の項目の中でどの時間を最も充実させたいと考えますか。最もそう感じるものを下記より1つ選択してチェックしてください。 《必須》

- ○ 1．研修
- ○ 2．会議
- ○ 3．事務・記録
- ○ 4．保育・行事の準備
- ○ 5．保護者対応
- ○ 6．休憩
- ○ 7．掃除・消毒

問19でチェックした選択肢について、その理由も併せてご回答ください。

9．全般

問20 あなたが考える理想の保育士配置基準をご記入ください。 《必須》 （0以上で回答）

	配置基準	理由
0歳児	対1	
1歳児	対1	
2歳児	対1	
3歳児	対1	
4・5歳児	対1	

11

第5章　資料編

問21 配置基準が改善された場合、保育園として・また職員としてどのようなメリットがあると考えますか。

問22 最後に、現在の保育士配置基準に関して、あなたが思うこと・課題等あればご記入ください。

送信確認画面へ

3 「配置基準の見直し〜見直すことで、こんな風に変わっていける！〜」調査　問21・問22　自由記述回答一覧

※いただいた回答をそのまま転載しております。ただし、回答者・回答園が特定される可能性がある回答は、一部加工、削除しています。

（1）問21「配置基準が改善された場合、保育園として・また職員としてどのようなメリットがあると考えますか。」への回答

回答
・話し合いの時間（各クラス、幼児打ち合わせ、会議）がもてることで子ども理解を深めていかれると思います
子ども一人ひとりをより丁寧に関わり、理解を深めていけると思う。支援が出来る。多方面で助け合えることにより、心のゆとり、バランスを保ち、保育が行われ、細かい所にもっと気付けるようになると思う。
ケガ事故が減る。職員の体力配置が保障されることで休憩　休みも取りやすく働き方が充実する。
担任が一人ひとりに寄り添い個性に合った、ゆとりのある保育が出来る。
子どもにとっても丁寧な関わりが持て、職員も気持ちに余裕が持てる。
・子ども達との丁寧な関わりが増える。子どもの安全確保に役立つ　・職員の休憩、有給休暇取得に役立つ。
先生がゆとりをもつと、子に対してもゆとりをもつ行動と発言が増える。
職員の労働条件も緩和され、気持ちにも余裕が出来、子どもの接し方も変わってくると思う。
募集の苦労を考えてほしい。
本園では、現在、自費でパート保育士を雇い、少ない保育士配置基準で運営していますが正式に認められれば、正職として雇え、手厚い保育ができると考える。
・子どもにもっと細かく、丁寧に関わることが出来る。　・職員の休みなどの配置が出来る。　・記録や作成などの事務が勤務時間内に出来る。　・早番、遅番で保育士が日中少なくなる時間が保育にあたることが出来る。
保育士の時間的余裕ができて保育士の主体性が発揮され充実につながる。
体の体力的負担が減り、心に余裕が生まれると思います。又、早番遅番などの負担も少なくなるので生活リズムが整い、健康面でもメリットがあると思います。
子ども1人に対しての空間や目のくばり方に対しても充実できる。保育者が気持ちに余裕を持って保育にあたることができる。友達同士のトラブルも十分に関わっていくことができ、個別対応にあたれる。
子どもの発達をよりこまかく見てあげることができ、個々に合わせた対応ができやすくなる。
職員は気持ちに余裕が持てる。事務業務も軽減される。打ち合わせや会議など、話し合いの時間をつくり出して、目的や保育内容を共有して、保育ができる。危険を守ることができる。
配置基準が改善され、大人の人数が増えると声（大人）も増えるので、安全やゆったりとした時間を確保できるようになる一方で意識しなければいけない。監視状態にならないように。
保育の質の向上と働きやすさの向上
子どもの様子を把握がしっかりできその子に合った対応ができるのではないかと考えます。
余裕を持って保育ができる。一人ひとりの成長をしっかりと見守れる。事務書類等、分担し一人の負担が軽減される
保育士自身の余裕が生まれ、空いた時間には自分なりの向上のための勉強研究に打ち込んで欲しい。又、係の仕事（行事）に対してもオリジナリティーを発揮した催しをチャレンジするなど質の高い物へと変化すると思う

・職員の心と身体に余裕がうまれ、その余裕をスキルｕｐや子どもへの保育準備、保護者支援など手を広げることができる。
職員の負担がへる。又子どもたちへの目を離してしまう瞬間がへる。
今は、ゆとりがない。不適切な保育や事故などの報道が流れるたびに保育士が縮こまり、やりたい良い保育も恐々として身動き出来なくなっている。保育士にゆとりをもっと持たせる事で、不適切、事故などもより防げ、本当の意味で子ども達にとって良い保育が出来る様になるのではないかと考える。
十分な保育準備が行える。記録、事務が行える。
担当制をとっている園の為、純粋に担当するこどもの人数が少なくなるため、より１人１人を丁寧にみることができる。業務の役割分担も軽減される、シフトを組む際ゆとりがでる
・職員の定着率があがると思う。(人材確保) ・ストレス軽減（大人も子どもも） ・子どもの安全確保
個々の子どもにきめ細やかに対応できる。休憩時間の確保。ノンコンタクトタイムの確保
保育士離職率が下がる。質が向上する。
子ども一人ひとりの成長の支援及び保護者対応の充実　安心安全な保育への取り組み　保育士の業務内容の改善
・個々に合わせた関わりができる。　・職員の気持ちにゆとりがでる（子ども達の気持ちも安定する）相互作用はあると思う。　・ケガや事故の防止
・一人ひとりの児童と丁寧にかかわることができる。
障害児、気になる子などが多くなっている中、集団としてでなく、個々にあった対応をすることができる。
年々様々な子どもたちが増えているので加配の職員だけでは不足している事もあり、一人一人にゆったりと関わり対応できれば気持ちに余裕が職員にも出来ると思っている。
子ども１人１人に向き合う時間が増えるのかな、と思う。反面、大人同士の情報共有、互いの理解をふかめていく必要が大きくなると思う。
人が人を育てる場であるのが保育園なので、多忙すぎると、子どもに良い影響が表れないと思っています。加配児が、朝７時から夕方７時まで登園している場合もあり、昼寝もせず、他害の対応も必要なケースもあるので、配置基準が改善されると職員に余裕がでてくると思います。
・保育への取り組み方や心身の余裕と安定を図れる。　・質の向上に繋がる。
子どもひとりひとりに丁寧な保育を提供することが出来る。なおかつ、職員が保育準備や、研修、会議を充分に行う時間の確保が出来る。保育士の心のゆとりが又保育に良い影響をもたらす（笑顔で保育）という良い循環。
より子どもに寄り添う保育ができると思う。
職員数は増え確保が大変ですが、確保できたら子どもを見守る（見据えて）、子どもと一緒にじっくり関われ、今以上の考えや思いが増えて視野が広がります。＋負担軽減はできる
自園では、人数が多く加配児の他、特別に配慮が必要な園児が多数いる為メリットは感じられない。
・保育内容の充実、安全面の強化、休み、休憩時間の確保　・保育士の確保が大変になるデメリットもあると感じる。
仕事の効率化、働きやすい職場環境（心のゆとりができる）さらなる個別対応の充実→保育の質の向上へつながっていく。
施設としては、子ども一人ひとりに手厚い保育・対応が可能となる。
定時内で業務が終えられる。休暇や休憩が取れるようになる。子供たちの生活ペースを保障できる。
・安全に、一人ひとりの発達段階に応じた支援、見守りができる。　・保育士の負担軽減につながる。
・こどもの要求に答えられる　・子育て中の職員が気がねなく休める　・保育士が働き続けられる
全てのことが、職員の大きな努力によって、保てている。保育も危機管理も事務も最大限に優先している。その事が心のゆとりを持てていないようにも感じる。休憩時間や休暇など安心してリフレッシュできる環境があるとよいと思う。
クラス全体の子どもにていねいに関われる。休憩時間の確保

・心と身体の余裕ができ、保育にも良い影響としてつながっていく。

子どもひとりひとりとゆっくり関われる。目が届く。子どもとの関わりがゆっくり持てることで保育士自身にも心に余裕が持てるようになる。子どもたちのペースに合わせてあげることもできると思う。

正規のみではなく、会計年度任用職員も含めると、上記の様な人数で対応する場面もある。しかしながら、個々の特性が更に１対１を必要とするケースも多くなっているため、どの時間帯も新たな基準で保育できる事を望みます。

休み時間がとれる、有休もとりやすくなる余裕をもって保育ができるので子どもへのかかわりがていねいになる。

より一人ひとりの子どもを丁寧にみていく事が出来る。事務作業の効率化、書類作業の軽減

安心して丁寧に関われる。一人ひとりの個性を尊重できる。ノンコンタクトタイムを充実し、一日の時間管理の中、質の保育が展開していける。

・ノンコンタクトタイムの確保　・職員数が多いので会議内容（大事なことの）情報共有　・休暇の保障（ライフワークバランス）　・保育内容の充実　・短時間勤務制度の保障　配慮が必要な子どもへの関わり　・園外保育

人数が多ければ良いというものではないが、より、きめ細やかな対応が可能になるとは思う。

・特に乳児は、家庭と同じようにゆったりとした雰囲気で保育できると思う。　・現在は一斉保育ではなく、多様性を取り入れて、個々を尊重する保育が求められているので、保育士の基準が改善されると、多面的に子どもを理解することができる。

ローテーションが組みやすい。事務作業等の負担軽減。職員体制の安定

・子ども一人ひとりの発達をしっかりと見ることができる。　・職員同士で話し合える時間が増え、クラス内でお互いをサポートできるのでは。

よりこまやかな配慮ができると思う。

今以上に充実した保育が可能。ほとんどを人件費に使っているので、財政的に保障される。保育士の労働も改善される

不適切保育が確実に減ると思う。保育士の心に余裕が生まれる。しっかりと保育士も休憩時間が取れる。→それがゆくゆくは子どもに対してのゆとりにつながり良い結果を生むと思う。

子ども一人ひとり関わる時間が増え、子ども理解が深まる　又、成長の過程を見守る事ができる。気持ちの余裕が業務を円滑にする

少し余裕が出るので、職員の精神安定が保育にゆとりを生む。（しかし、人は満たされると更に欲が出るので、究極は一対一（母子）になってしまうのでは…。だとすれば０～３才児は家庭保育を基本とするということになるのか。）

現状でも上記配置で行いますが特別支援児に多く手がかかります　多いです

・子どもとの関わりをていねいに。

・こどもたちに十分に手をかけてあげられる。　・休憩や年休をしっかり取れれば、リフレッシュして仕事に向かえる。

安全に保育ができる環境が整う。よりていねいな関わりができる。

心に余裕をもって安心して保育に向き合える。

・保育者に心のゆとりがうまれ、日々の業務や準備にも丁寧に向き合える。　・休憩時間や作業の時間もしっかり確保できる。　・子ども達の安全を守れる（大人の目が行き届く）

ＩＣＴ化になって何年もたっているが、どうしても苦手な職員はそのことがストレスになっている。又、担任は保護者から個別のコミュニケーションを求められることが多いので、メリットが増えるとは考えにくい。

・雑務がある最中も、子どもに丁寧に関わることができる　・職員同士の情報共有ができる　・残業をせずに書類の作成が出来る　・子どもひとりひとりをより丁寧に関わることができる　・年休の消化ができる　・保護者対応に時間を当てることができる

・ゆとりを持って、保育ができる　・会議、記録、準備のための残業が減る。

公立保育園は現在も充分な職員配置がされているが、私立保育園や認証、無認可保育所の職員配置が改善されることで保育士が子どもと向き合う時間が増え子ども理解が深まり保育の質の向上につながると考える。

第 5 章　資料編

・情報共有しやすくなる。（子どもの姿、職員間の連携）　・ケガなどの事故防止対策を行ないやすい　・保育の質の向上（環境整備・保育準備など）
保育園としては、休みがとりやすくなる。書類がへる。職員としては気もちによゆうがもてる
・保育する中でもっと十分に子どもに関わることができる
人数が少ないこどもたちを見ることができるとていねいに対応できる又気持ちの余裕もできて、保護者対応もできる
ひとりひとりの子どもに対して今よりもさらに丁寧な対応ができる。保護者にももう少し時間がとれると思われる。保育士が体調不良等で欠勤した場合も後ろめたさを感じずに休むことができる。今の状況だと有給も取りずらく少しの体調不良であれば無理して出勤しなくてはいけない事もある。超勤するなどして欠勤の穴をうめようとするが誰もが有給やお休みを取りやすく働きやすい職場であってほしい。→笑顔が増えればよいと思う。
より子ども一人ひとりに細やかな対応、保育をすることが出来る。
子どもに余裕を持って接することが出来る。ノンコンタクトタイム　が取れる。休けいが保障される。
こどもの真の要求に充分応えていける
保育士に余裕ができることで、保護者対応の時間が増える。子どもたち一人一人に対応する時間にも余裕がある。保育の見直し、充実をはかることができる　何より保育に余裕ができることで笑顔が増えプラスになることはたくさんある。
ていねいな保育　気持ちの余裕
配置基準の人数が多めであれば、1人1人の園児の発達に合わせて、よりそった保育ができると思う。保育者によっては、気持ちの余裕もでき、仕事にも、集中して取り組めると思う。
・職員の精神的な負担、事務仕事が軽減される。　・行事や園外保育の回数を増やせる。
・保育士自身に気持ち、心の余裕ができる。　・個別対応が充実する。
個々を十分にみてあげられ、保護者にむけての支援も行える。
子どもをまとめた動かそうとする事や、やりたいことを最後まで見守ってあげられない事が減るのではないか。危機管理上見守る事より、目が届かな所での自発的あそびは制限していた所が減らせる。目守りの上で様々なことチャレンジさせられる
保育園としては、理念、方針、目標に近付く保育ができるようになる。努力する余力ができれば保育の質が上がる。職員としては、気持ちに余裕がうまれるので、保育環境の見直しや子どもの観察、記録に力を入れることができる。
・より丁寧な保育を行うことができる。保育に余裕が生まれる。色々なことを経験できる。　・保育士の負担軽減、事務作業、保育の準備を勤務時間内で行える。　・職員の気持ちに余裕ができることで、保育の質、職場環境の改善に繋がる。
保育士自身が気持ちにゆとりを持って子どもに向き合うことができる
現在は特に改善というより、支援児に手をかけてあげることができる。
職員の気持ちにゆとりが持て、子どもの姿をしっかり振り返り、日々の保育の準備を充実させることができる。職員同士のコミュニケーションを取る時間が増えることで、園の雰囲気が良くなる。休憩や休暇がしっかり取れることで、保育者の心身の疲弊が減り、保育への意欲が増す
ゆとりのある保育をすることができ、1人1人の子どもとじっくり関わることができる。
＜保育士＞・個別対応が必要な子どもが増えている現状があり、関わってあげたい気持ちはあっても十分でない場合もあるため。
子どもひとりひとりに、より一層目が届き、思いをくみとり、安心した、ゆっくりした関わりがもてる。（乳）様々な興味・関心・探究心をじっくり関わることで、育むことができる（幼）
乳児に関しては少ないと思わないが、時と場合にもよる。自園の場合は園庭がなく、園も2階のため、特に2歳の散歩の道中には3人つけるようにしている。幼児の30対1は安全の保障ができない。一人ひとりを尊重してあげられるよゆうがない。
安全性が増える。事務が減る。休みがとりやすい

保育準備や保護者対応の充実。時間が保障できる

主体的な活動をおこなっていく中で個々に寄り添いながらの保育がより丁寧におこなえると思う。現在の状況では厳しい中おこなうこともあり改善されることで職員にとってもよい環境でありよりよい保育につながる。そしてより良い保育がおこなわれることはこどもたちの最善の利益であり保護者、こどもにとって安心安全な保育園心身共に健やかな成長をとげられることと思う。

・突発の休み職員の体調不良や、職員の子どもの体調不良などの対応にメリットが大きい。　・保育、行事などの計画、準備などの残業が減る。　・心の余裕を保つ事ができる

子ども 1 人ひとりにゆったり丁寧に関わり、生活面での自立や心の育ちのサポートも個別に対応できると思う。

早番遅番の当番が減る　研修に外部へ出席できる　各自の休憩時間の確保

職員の働き方に気持ちに余裕がもてることで、子どもへの対応、かかわれる時間が今よりもよくなると考えられる。職員 1 人に対しての業務が軽減される。

心に余裕が生まれ、不適切な保育が生まれにくくなるメリットがあると思います。

子ども一人ひとりに向き合えることで、子どもたちの保育が充実し、職員のやりがい、働きがいが引き出せる。また保護者対応に時間が割けるようになることで、保護者との連携がスムーズになる。

子どもの要望等に対して余裕を持って対応することができる。

保育士が精神的、身体的にもゆとりができる。

子どもにとっても大人にとってもゆとりが生まれ。質の良い保育につながり、保護者にもそれが伝わっていく

・独自の増配置ではなく国の配置基準が改善されることで、保育施設全体の質の向上につながることが、メリットだと考えます。

・日中の保育だけでなく、朝夕の早番、遅番対応にも少し余裕がもて、よりていねいな保護者対応につながると思う。子どもたちも、無理なくじっくりとあそべると思う。

職員に心のよゆうがうまれる→チームワークよくなる→助けあい前向きに仕事をする

・安全保育につながり、心の余裕ができる

・子ども一人一人にあった丁寧な保育を行うことができる。　・職員の心や体への負担が少なくなるので子どもへの対応や保育に幅ができる。

個別対応が必要な児童が多い為、職員の精神的負担が軽減される。気持ちに余裕が出来ると 1 人 1 人の児童にゆったりと関わることができ、保育の質の向上にもつながると思う。

・丁寧な保育を実施する　・子どもの見失いなど事故を防止する

心の余裕ができる。事務の時間が減ることで子どもへの関わり、保育の時間が増加

・子ども一人一人に合わせた対応ができる　・子どもを待たせずに済む　・複数（より多く）の目で子どもを見ることにより子どもを多面的に捉え良いかかわりにつなげる　・保護者とコミュニケーションの時間を多く取れる。

ゆとりをもち保育ができるのでは、ないか。

・職員の精神的な疲労が軽減され余裕が生まれる。　・情報共有の場が増え子ども主体の保育の理解・実践につながる機会になる

・配慮が必要な子に対してより丁寧な対応ができる　・保育士に心のゆとりができ保育の質の向上につながる

・職員の心のゆとりも広がる。　・子どもに対して向きあえる時間が増えると考えられる

・子ども、保育者が安心、安全に過ごすことができる。　・職員に余裕ができ、保育が豊かになる。また、ライフバランスが整い、生き生きと働く場となる

遅早の当番の数が安定すると思われるので、年休も取得しやすくなると思う。

十分な、休み時間がとれる。

職員間でゆとりが生まれ、子どもたちとの関わり方に少しずつ余裕を持って対応できるようになると思います。そのことにより、子どもたちとの成長に合わせて一人ひとりの育ちを意識して保育に取り組むことができると思います。
・年令に応じての愛着関係をしっかり構築し、将来的に自己肯定感につながっていくことで専門性の必要性を示せる。 ・職員として子どもとじっくり関わっていくことが出来、心の余裕や、見守る余裕から保育を続けていきたいという継続につながる。
ゆっくり丁寧に関われる。
・ゆとりが持て穏やかな関わりが持てる事。
保育内容の広がりを見通せたり配置数が多いことで安心して保育ができるのでは…と思います。
配置基準が改善されることによって、職員一人ひとりの、かかえる保育以外の業務が減る。職員の人数が増える事によって子ども一人ひとりの生活の自立を丁寧に関われる事。
保育士が学び続けること、その姿勢が保育の質の向上につながる。知識とスキルとチームワークが掛け合わさってよりよい保育の提供ができ、保育者が「保育を楽しい」とやりがいを感じられることが重要で、そのような環境づくりが、増員配置で可能になると思われる。
子どもの育ちがゆっくりとなり、昔の定数では、個の援助が不十分となっている。又、保育時間も長くなっている為、保育士がゆとりを持って関わっていける。
・書類等、事務作業に追われないよいに出来て、子どもとの関わりに時間をかける事が出来る。　・より質の高い保育の提供が出来る。
職員にゆとりが出来ることで、子ども、保護者への関わりも深まる。ゆとりが出来れば、地域の子育て世帯への支援もさらに意識出来るようになり、新しい事にも取り組める
・日々の保育が丁寧に行える　・子どもの為の保育準備が余裕をもって行えるので保育が楽しくなる
個々に発達の差、各ご家庭の要配慮が多いため、職員が丁寧な対応を行うことができる。
休憩や雑務、保育に時間をかけてあげられる。
気持ちにゆとりがうまれる。離職率がさがる。
・子ども１人１人に丁寧に関われる→不適切保育が起こりにくい　・職員の休暇、とりやすくなる→ＯＮ・ＯＦＦメリハリがつく。
・現在よりは余裕のある保育が出来る。　・一人ひとりの発達に合った保育が出来る。　・散歩の付き添い。　・有給休暇が取りやすくなる。
保育の振り返りができたり、研修や打ち合わせの時間がとれる。また休憩時間や休みの保障もできる。保育士の気もちにゆとりができることにより不適切な対応がへり、保育士間のチームワークが向上する。
子どもや保護者との関わり、職員間での共有力が良くなるのではないか。
子どもとの関わりか増えることで、ケガ、事故、トラブル（ケンカ等）を未然に回避できるようになり、もっと自発性や個々の特性を伸ばす保育ができる。職員間での良い意味で意識が変わり、保育に余裕や向上心が増し、ストレスは軽減する。働きやすくなり、離職率が下がり、園全体がうまくまわり、結果保護者にトラブルだけでなく、もっと子どもの姿、様子を伝えて信頼関係が増していき、メリットしかない。また、給料上がらなくても、現在の負担が複数職員で対応できるのなら、不満は出なくなると思う。
職員の気持ちが楽になって、子どもとゆったりと関わることができると思う。
安全な保育の実践
配慮が必要な子への対応ができたり、保護者対応への時間も取れたり、職員もきちんと休憩も取れるなど、働きやすい職場へと変わっていくと思います。
子どもの安全の確保、子どもの主体的な活動への援助、子ども一人ひとりに寄り添ったかかわり、職員の心のゆとりなどたくさんのメリットがある。しかしこれは保育園として、また職員としてのメリットだけでない。子どもを預ける保護者にとっても安心して預けることができると思う。

職員の健康を保ち、保育士として働きながら安心して子育てできる環境を作ることができる。働く環境が整っている職場は離職率も低くなると考えられます。

臨機応変に対応可能な基準（ミルク時、排泄、体調不良など困った時の対応）になればメリットはあるが、場合により採用問題やスペースが狭い施設では休憩室問題も関係してくるので一概には言えない。災害時を想定すると0歳児クラスは2対1。乳児クラスも職員が多い方がきめ細かな個別対応は可能だが、やはり大人の人数が多過ぎると環境刺激に敏感な子は逆に落ち着かなくなるケースもある。

・職員が定着すると、みんなが慣れてくるので、すべてにおいて負担がない。・保護者が安心する。・子どもたち中心の主体的な保育がより提供できると思う。・早番・遅番等の大変な時間の勤務日が減る。・給料が上がる。・休みが取りやすくなる。・ノンコンタクトタイムが取れる。・会議や研修の時間が増やせる。

余裕を持って保育ができ精神的余裕が生まれ仕事が長く続けられる。怪我のリスクが減り保護者との信頼関係が強くなる。個人的配慮が必要な子に丁寧に関わることができ、子どもの安心感が高まる。

職員にゆとりが持て、子どもに対してゆったり関わることが出来る。休憩や、行事準備、書類など、ゆとりを持って対応することができる

仕事量の分散をして一人当たりの事務量を軽減したい。少しでも気持ちに余裕を持って子どもたちに対する関りも穏やかな関りを持てる。

保育園としては職員の疲労感の軽減により長く勤めてもらうことができ、保育の質の向上が図れる。また、職員も体力的にも精神的にも余裕ができ、子どもに対して丁寧な対応ができる。それにより職員がやりがいを持って働くことができる。

職員の精神衛生上とてもよくなり、安定した保育ができる。常にゆったりと対応できる。

子供との関わりが心から楽しめる保育士が増えるそのことによって保護者への配慮も生まれ良くなっていく

休みの確保、余分に抱える職員の人件費（持ち出し）の補充

職員のメリットはあまりないと思います。人が増えればその分仕事を増やそうとするのが人間なので、これからも「忙しい、いそがしい」と言い続けるでしょう。保育園としては、子どもの集団を5名以下に分けることができるので、子どもの生活環境のレベルを上げることができることがメリットと考えます。また同じく職員が「忙しい」のであれば、研修への派遣機会を増やせることがプラスに働くと考えられます。

職員の仕事量が減ることにより、余裕をもって保育ができ日頃の保育、行事、保護者対応、事故防止などが充実し"質の良い保育"を行えるため、園児の確保にもつながり安定した保育園経営ができる。また、職員数も増えるため、休憩、有給、産休、育休なども取りやすくなることが予想され、働きやすい職場環境が整い職員の求人もしやすくなると共に、離職率も軽減される。

園としては、保育活動の充実が図れる。個別配慮がしっかりと出来る体制であれば、制作一つでも個を尊重した内容の実践ができる。また、保護者とのコミュニケーションも密に取れるようになり、保育園と家庭での共育ての実現ができる。核家族化、コロナ禍などの影響で孤立している保護者も多く、保育園での支援が必要不可欠なため。職員としては、気持ちに余裕をもって保育を行うことで、子どもへのプラス面での影響が大きくなると思われる。職員の急な休みや、早番遅番の手薄時間、個別配慮が必要な際のもどかしさ、事務作業時間に時間を取れないモヤモヤなど、全てが解決する。保育士も人間なので、気持ちの余裕がないと子どもに対しても余裕を持った関わりは難しいときがある現状。

子供がしっかりみられるのと、職員の事務時間の確保

有休、やリフレッシュ休みが取りやすくなり離職防止になる

保育者の気持ちの余裕がうまれじっくり子どもたちに関われたり質の高い保育が展開されるかもしれない。

職員が心に余裕を持って子どもに向き合えることができ、業務の負担も軽減する。職員が時間と心に余裕を持てることにより、不適切な保育が起こらない。

安全性、職員の日常業務へのエビデンス構築に役立つことが期待されます。また、当該基準に見直すことで、職員の採用にも条件面においてもさらに見直きっかけにもなる。是非考慮いただけたら嬉しい

あまりメリットがあるとは想像できない

ある程度、心の余裕がある保育ができるようになることが期待できる。そのことからいろいろな方面に向かって、よりクリエイティヴな保育の展開が、一人一人の保育士ができるようになるのではないか。

第5章　資料編

心に余裕を持って保育できる。クラス全員で動くことが少なくなり個別配慮が出来やすい。

保育士の労働環境の改善につながり、慢性的な人手不足の解消が見込まれる。また子どもだけではなく職員一人ひとりを大切にし心身共に健康働き続けることが保障できる可能性が広がる。　専門性の向上に努めるために、内部研修や外部研修により多く参加することが可能となる。

日本は長時間保育が当たり前になっています。子どもが園で家庭と同じように過ごすには今のクラス人数では多すぎると考えます。また、職員の業務内容が多いので、職員が多くいれば仕事を分担してゆとりが持てると思います。

日々のシフトに余裕が出る、職員のプライベートの充実、行事準備や会議、休憩が十分にとれる。

子ども一人ひとりとよりしっかり向き合い、子どもの成長を見守っていける。事務作業も書くだけでなく、考察など内容にも今以上に深みを持たせていける。職員同士話し合いの時間を多く取れる。送迎時の保護者と関わる時間が増え、日々の子ども達の姿を伝えられる。なにより余裕が生まれる事により、すべてにおいて視野が広くなる。

休憩時間を回し合える。書類の分担が出きる。子どもとの関わりにじっくり取り組める。研修会参加に参加できる。各職員休みを気兼ねなくとれる等

保育士に余裕が出来れば、子どもに対して余裕をもって関わることが出来、虐待等の不適切な保育を防いだり、事故防止に繋がる。また外部研修等に参加する機会を増やすことが出来、保育の質を高めることに繋げられる。

子ども一人一人に丁寧に関わることで、保育が安定して運営できる事務や残業の負担が減る

子どもの細かな気持ちに気づける、疲弊する職員が減る

事故防止や一人ひとりの園児に寄り添え、職員も心穏やかな保育が提供できる

休憩が取れる、残業しなくてよい、保護者対応がしっかりできる、事務作業に集中できる。

職員に余裕ができると、子どもさんとの関わりにも余裕ができ、子どもさん主体の穏やかな保育ができると思います

【園として】・子どもに寄り添った保育が出来る。・質の良い保育が提供できる。・各家庭の状況に即した保育がやりやすくなる。【職員として】・保育の楽しさ・面白さを再認識できる。　・心の余裕が生まれることで子どもとの関わりに変化が生じる。・時間的余裕が生まれることで研修・講習に参加しやすくなる。　・自分の仕事に誇りをもって取り組むことが出来る。

保育士業務にあたる人には、子供たち一人一人の状況を把握できる。（安全管理の徹底）しかしながら、保育園としては、配置基準に見合う収入（公定価格の増）が必要である。

ゆとりのある保育かつ、より子ども主体の保育が行えることで、子どもの気持ちを尊重できること。安全性を確保しながら、保育者・園児がともに深い愛情関係を築くことができること。

配置基準の改正ではなく増配置をした補助をもらえる方がいいと思います。

子どもひとりひとりへのかかわりの充実やじっくりとその子の行動をじっと見守ることを大切にしていきたい。

子ども一人ひとりの行動制限せず保育ができること、又、園という単位の規模を小さくすることで集団の規模が小さくなり、職員の研修や休憩、会議時間の確保がしやすくなることが考えられます。

職員が気持ちのゆとりを持って働ける。ひとりひとりに配慮して保育が出来る

子どもの育ちに必要な対応ができることで、保育士の育ちにつながり、子どもも大人も育ち合うという人として生活の基盤に必要な営みができる。

改善されて1人でも職員が増えることで1人1人の仕事の軽減に繋がります。とにかく時間がなくて子どもに時間をかけると事務が全く進まず、、、かなり先生たちは大変な思いで仕事してます

日々のやることに追われているのが少し余裕ができると保育にも余裕ができるので自分にも余裕ができると周りを見る余裕もできるので人に優しくできる

保育だけでなく、事務作業や教材準備に余裕を持って取り組めるようになれば、それが保育士の心の余裕に繋がり、保育が楽しいと思えるような職場環境になると思う

職員の業務分担ができ、それにより職員個々の負担軽減につながる。特に乳児は個別の関わりや個別の記録が毎日あり、幼児も 4，5 歳児になれば午睡がなく保育が継続していくので、休憩しながら手持ちの仕事をこなしていくことが現状。休憩時間を休憩に専念することは難しい。そのため、配置基準が変われば、一人一人の職員の負担が軽減され、仕事と家庭の両立や保育（仕事）に対する向き合い方も変わり、長く勤務してくれる職員が増えるのではないかと思う。

ゆっくりと丁寧に子どもに関わったり、書類作成の時間にもっと時間がさけるようになる。

ゆとりある保育・業務が行える等。

保育の質の向上が図られると思う。→保育士が情報交換しやすくなるため。働きやすい環境になることで保育士のモチベーションも変わり、保護者に対してのアプローチも変化すると考える。

1 人ひとり丁寧に保育することができる。職員が余裕を持って保育が行えると笑顔も多くなる。時間に追われない子どもたちのペースを大切に保障しながら保育ができる。職員は交代で希望時間に休憩を取ることができる。休暇も取りやすくなり、希望する日に休むことができる。

保育所保育指針に挙げられている主体性を育てる保育を行うには、丁寧な声掛けや環境設定が必要だと考えている。そのためには、人の配置がしっかりされていることが必要。また、人が配置されることで、休暇の保証や研修の保証もされ、保育の質を上げることにもなる。保育士に余裕が生まれることで、子どもへの見方が丁寧で、おだやかになるので、不適切な保育も生まれにくいと考えられる。

理念に沿った子ども主体であり探究すら大人のいる保育

子ども達へのより丁寧なかかわりができる。勤務時間内で書類作成などの業務を行える。

こども・保護者両方への丁寧な関わり保育士の仕事量が分散される

保育士が子どもと関わる時間を十分に確保することが出来る。

当園ではないが、問題になっている不適切な保育は減少すると思う。園児にとっては、自分を見守り認めてくれる大人がいる事は自己肯定感や非認知能力は高くなると思う。職員は気持ちに余裕ができると良いパフォーマンスが出来る。また有給休暇を取得してリフレッシュし心穏やかに保育できると思う。

・指針に基づく保育の実現が可能となる・保育士の保育の振り返り・自己評価の時間が捻出でき、一人一人の専門性の向上に繋がる・休憩時間の確保・超過勤務削減に繋がる

気持ちにも時間にもゆとりを持ち、1 人 1 人への対応が丁寧にできる

配置基準が改善されれば、職員の採用に効果があると思う

子ども一人一人に目が行き届くので、より丁寧な個別配慮ができる。保育士自身もゆとりをもつことで、よりよい保育にもつながっていく。

一人一人とゆったりとした時間で、子どもたちとの関わりが深まる。職員にとっても、心に余裕が持て、肯定的な対話も増える。

保育するのに心身ともに余裕がうまれる

ケガや事故が減る。職員の休憩時間を確保し、ストレス軽減できる。

職員の、身体的にも精神的にも負担が軽減されると予測する。保育準備や事務にも時間を作れるのではないかと思う。休暇を取れず、突発の休みが入ると事務所も総出で保育に入っているが、解消につながるのではないかと思う。

子どもを待たせる場面が減ると思いますし、保育士のストレスが軽減されると思います。

例えば 0 歳児の 3 人に 1 人は何もない状況で子供たちが落ち着いて遊んでいる場合など以外は 1 人がぐずりだしたり、オムツ交換、食事、様々な場面で安全に保育するということは厳しい。2 人であれば一人を負ぶってもう一人をみるということができる。配置基準が緩和されることで、より安全に保育を行いながら、保育の質の向上につなげられる。

子ども達の主体的な活動を尊重する事が出来る。保育士の労働軽減につながる

保育全般にわたり充実することが出来る。

安全に対する対応が十分できることと、近年保護者からの要望が強くその対応。そのほか、加配にはならないが気になる子が増えている。この為の安全へのリスクが高まっておりこの対応と、主体性を重視した保育対応。

気持ちの余裕が生まれより良い保育ができると思う。
配置基準については、増配された人員が常に子供の前にいなければいけない人数とするか、
・職員や保護者としっかりとしたコミュニケーションが取れる。・保育士の事務時間や休憩時間の補償が常にできる。
保育士の気持ちにゆとりが生まれる。身体を崩したり、疲弊したりすることも減り離職率も低くなると思う。職員の定着率が上がる。結果として子どもの最善の利益と安全、質が保障された保育の提供ができる。
配置基準が改善されても加配がいなければ休みの取りやすさや事務時間の確保には繋がらない
職員の心のゆとり＝保育のゆとりにつながることは間違いないです。配慮の必要な子ども達が増えて居る中で、保育所保育指針に基づいて一人一人の子ども達に寄り添った保育を行えます。
休暇、休憩の保証ができ、職員の心の余裕につながり、質の高い保育を提供できると考えるから。
職員に精神的余裕ができる。
乳児期のあそびの充実、探索活動少人数でのグループ別保育など子ども主体の保育ができる。幼児には要支援児が複数在籍しているため、個別対応支援ができるメリットがある。
・職員の心身のケアを図れる・家庭やプライベートの時間を確保できる・上記のことが改善することで、心にゆとりを持ち、余裕のある保育を行っていける。
子どもたちにとって、よりきめ細やかな対応ができるようになると思う。泣いている子を抱えながら他の子の対応をし、腰痛の引き金になることを防げる。噛みつき、ひっかきなどを未然に防げる。そういった子に頭ごなしに怒るだけでなく、付き合ってあげられる。配置基準が改善され、職員の心のゆとりが生まれれば、子どもにとっても職員との関係が良くなり、人を信じることができると思う。不適切な保育も、生まれないと思う。
職員の精神的なゆとりが生まれ、子ども達に良い保育が提供出来るようになると思います。
健康に働くことができる。仕事への意欲が湧く。子どもの教育効果が上がる。
配慮が必要な家庭や、気になる子どもが増えてきており、保育所に求められることが増えてきている。その地域の期待に応える事ができる。
年齢の配置基準が改善で子どもたちを集団で動かすことがなくなり、より一人ひとりに合わせて保育ができる。また近年は家庭力が落ちていて、配慮や支援をするお子さんやご家庭は増えているので、幼児クラスでも一人に時間を取られることが増えている現状で、全体を気にせずに関わることができるようになりより丁寧に関われる。ただ、保育士不足で採用がままならない現状で、保育士配置基準を増やされると運営ができないというデメリットがあることもご承知いただきたい。保育士ではなく、補助の形での配置基準見直しをして欲しい。
個々の思いを丁寧に受け止めて関わりを持つことができる記録、振り返り、打ち合わせ、会議に時間をかけることにより子ども理解、職員共有ができ、よりよい保育ができるば
職員の離職率が低下する。デメリットもある。・職員が確保できるか不安。・更衣室や休憩室が確保できない。・産業医の設定など、事務労務の増加。
多様な子ども達がいる中で、改善されることによって職員の負担が軽減され、子どもを今まで以上に丁寧にみていくことができる。また、安心・安全の確保が向上するものと考える。
・もっと子どもと関わる時間が増える。　　・保護者とのコミュニケーションの時間が増え安心感や信頼感が増す。・安全性も高まり、活動範囲も広がる。　　・保育士の働き甲斐の向上につながる。
子どもたちにもっと遊び込めるよう保育環境を整えて作成に移ることが出来る。また行事の準備を前からすることが出来るとクオリティの高いものが出来上がる。保育士が個別対応が出来れば、園としての保育の質向上に繋がる。
職員にゆとりができ、プライベートと仕事のバランスが取れ、子どもに向き合える。
子どもにトラブルがあった時に丁寧な関わりが出来る。子どもが挑戦したいと思うことにも対応しやすくなる。職員の休憩が取りやすくなる。職員にゆとりが出来て保育の質が良くなると思う研修にも行きやすくなる。
子ども一人ひとりのペースを大切にし、丁寧にかかわれる。担任同士、打ち合わせに時間が使える？

保護者対応が十分でき、子育て支援につながる。休みを取りやすく職員の家庭や個人の生活が充実する。休憩中に職員同士コミュニケーションをとる時間ができ、円滑な人間関係ができる職場となる。保育園としては現在現実的に必要な人数の職員を雇用しており、人件費の増大により予算が圧迫されている。配置基準が改善された時に必要な経費として補助金額の見直しが行われることを期待したい。

特性を持った子が多くなった今、常に個別対応が必要となる。大人数を動かす場合、子ども達を待たせることも増えたり、部屋の形やトイレの位置によって職員の配置も多く必要となる。改善された場合は一人ひとりと向き合う時間も増えたり特性を尊重した保育も充実するのではないかと考える。それにより保育士も専門性が高められ、スキルアップできたり、余裕が生まれ、プラスαのアイデアに繋がるのではないか、また、子ども達一人ひとりとの対話にも余裕をもって向き合うことができる。

心にも余裕ができるので、より丁寧な保育ができる。1人1人と向き合える。職員同士の話し合い、クラス内での話し合いもでき、よりよい保育ができる。

職員自身にゆとりができ、私生活の充実につながり、安心して職務に当たることができる。

・現在職員の内部努力で行われている保育だが、配置基準が改善されることで職員のワークライフバランスが取れるようになる。そのことで職員の心身の健康が保たれ、研修等自己啓発の時間もとることができ、結果的に保育の質が上がり更なる子どもの豊かな成長に繋がっていく。保護者とのコミュニケーションもゆったりと丁寧に行え、信頼関係の構築になり、苦情を減らすことができるかもしれない。

職員の配置基準の見直しの中にフリー保育士の配置を加えていきたい。この名称はいろいろあると思いますが充実保育士などの名称で定員に合わせて3名から5名の加配が出来れば、有給休暇、事務時間、保護者対応の時間が十分にとれるような気がいたします。当園では3名のフリー保育士をおいていますが、それでも応援には入れないときがあります。

保育者にも心に余裕ができて、より穏やかに子どもたちと接することができると思う。また、職員間で会議や話し合い等も密に行うことで保育内容の充実にも繋がって行くと思う。今は余裕がなく、ただカリキュラムに沿って日々をこなしているだけに感じることもたまにある。しっかり振り返りができる余裕が欲しい。

個別対応がしやすくなり、事務等の時間も取りやすくなる。休息や研修、休暇が取れる。

・休みが取りやすい環境になる・子どもの関わりを丁寧に見守ったり、知らせたりすることができる・保育を任せる職員が増えることで時間内で保育事務が行えて、働き方改革につながる

・保育の質を担保・人材確保・職員の確実な休憩時間の確保・職員の学び（外部研修等）の保障

園児の安全確保と職員の心のゆとり

一人一人を心に余裕を持って、丁寧に見る事が出来る。

今まで以上に子どもに携わる時間が増え、子どもの成長を見つめることができる思う。今でも書類や行事準備等で持ち帰り等はほぼないが、勤務時間の中での割り振られる時間も増え、より子どもたちを楽しませる保育をする為の準備ができるようになると思う。ただ配置人数が多ければいいのではないと感じている。あくまでも責任の所在がはっきりしている中で、より心に余裕を持って子どもに携わることができれば色々な角度から子どもたちを見ることができるし、保護者の気持ちに寄り添って、悩み事や不安な気持ちを受け止め話を聞くことができる。やはり保護者との信頼関係があってこそいい保育ができると思うので、子どもたちにしっかり向き合ってあげられる余裕ができるのではないかと思う。子どもたちや保護者の笑顔や安心した様子が見えれば、仕事に誇りを持って遣り甲斐も感じることができるだろうと思う。

子どもの安心安全が保たれる。グレー児に対して個別配慮ができる。

丁寧に子供と関わりがもて、保育士にも余裕がうまれる

子どもに寄り添った保育ができる。

近年増加している、ちょっと気になる子への丁寧な対応、保護者への丁寧な対応。子どもの安全確保。職員の労働環境の改善。

子どもの成長や保育に必要な、情報共有や園内研修などを実施する時間が持てる。また、保育準備や保育環境を整える時間、事務時間がもてる。何よりも保育士等が、個々の子どもにゆったりと関わることができる、気持ちと体の余裕が生まれる。休憩時間の確実な確保や積極的な休暇の取得などを促進できる。

一人ひとりの子どもの発達をしっかり捉え、共有し、すべての職員がその子の育ちにつながる対応が出来るようにしたいと考えます。全体を見守るばかりでなく、子ども達としっかり一緒に遊びこむ時間を多く作れる事により、保育士のやりがいや資質も上がると考えます。

保護者に子どもの様子をより丁寧に伝えることが出来る。又、保育士の休憩確保につながる。
子どもひとり一人に更に丁寧に関わることができる。
子どものことを丁寧に見ることができる。書類作成などの時間が取れ、残業が減ることが見込まれる。職員の育成に力が入れられる、
まずは、子ども一人一人の様子に目を向ける余裕ができ、連絡ノートの内容や送迎時の保護者への報告なども充実する。職員のノンコンタクトタイムの時間も生まれ気持ちにゆとりができたり、オンとオフの区別がしっかりでき離職率も減ると思う。
子ども一人ひとりと関わる時間が増え、発達にそった保育ができる。保育士が一人で抱える負担も減り、心に余裕ができ、保育も向上する。
職員に精神的な余裕が生まれ、自分の保育を振り返ったり、職員間のコミュニケーションの充実が図られたりと、様々な気づきがもたらされ、それが保育園全体としての保育の質の向上につながっていく。
どうしても時間ないに終わらないことを心のよゆうを持ってできるし、昼の時間にできる
令和5年度は、定員割れにより0歳児クラス2名/9名を例として保護者含め初めての環境や出来事に対してきめ細かな対応が可能な状況である。4月以降担任との愛着関係も早々に築かれ安定につながっている。そのことで、保護者も安心し担任もゆとりをもって関わることができ保育の質全般が向上しているように見受けられる。他クラスにも同様の状況が期待できると思うから
そもそも国の配置基準では、休憩時間やノンコンタクトタイムを取ることは不可能。配置基準を改善して保育士の労働環境を根本的に改善して、魅力ある職業として保育士の人材確保につなげてほしい。人材確保、早期退職の防止に大いに効果があると思います。
保育者がゆとりをもって保育に臨める一人ひとりの子の気持ちをもっと尊重できる
子どもに対する時間・労力を確保できる。また職員一人ひとりの働き方において時間的・精神的にも余裕が生まれる。
子どもへの関わりが丁寧にできる。職員に余裕が生まれる。連携が取りやすくなる。子どもの発達を保障できる。
まずは子どもひとりひとりへの丁寧な対応ができると考えます。そして、そうすることで保育の質の向上も期待できると思っています。
ゆとりを持って子どもと向き合える
保育園全体としては、緊急時にも安心して子ども達を守れる。有給などきちんと休みを取る事を勧められるし、代わりの職員を通常のように配置出来る。職員は、子ども一人ひとりに丁寧に関わることが出来、保育の質の向上を得られる。
園の理念、目指す目標に沿った保育を展開する人手が増え、園児、地域の方への援助、配慮のアイデアや工夫を考える余裕ができる
子どもとじっくりとかかわりゆとりのある保育の実践ができる。子どもの発達に寄り添った安全な保育が実施できる。
余裕を持って保育ができる為、より子ども達に寄り添える。安全が確保できる。
全体的に業務にゆとりが生まれる。
保育士に気持ちの余裕ができ、子どもと応答的なかかわりができるようになる。
丁寧な保育・安心安全な保育ができる・残業が減る
もっと安全に、子ども一人ひとりを見ることが出きると思う。
子どもや保護者に対してもより細やかな対応が可能となる他、地域支援にも力を入れられる。(現状は多忙な中で行っている。)保育士にとっては事務時間の保障や休憩、休暇取得向上が心身の健康にもつながる。
じっくりと子どもと向き合い、発達を助ける事ができる
子供の人数がそのままなら、職員数が増え保育にゆとりと職員の時間外勤務が減る。職員の人数に子どもを合わせたら、各クラスの集団の人数が少なくなり、クラスの状況が落ち着く。

子供の人数がそのままなら、職員数が増え保育にゆとりと職員の時間外勤務が減る。職員の人数に子どもを合わせたら、各クラスの集団の人数が少なくなり、クラスの状況が落ち着く。
休憩時間の確保ができ、保育の質・量のみならず、職員のライフワークバランスを大切にできる。
保育者の気持ちに余裕が出来る。必然的に保育も丁寧になり、一人ひとりに関わる時間も増えてくる。
今までの配置基準では適切な保育ができないと感じていて、園独自の増やした基準で保育士を配置していたので、保育園経営が厳しかった。また、急な保育士のお休みなどがあると対応が大変で、休憩時間などにも影響があった。配置基準が増えれば、ゆとりをもって様々なことに対応できる。
子どもの思いを受け止め対応ができる。職員の子どもと接する時間以外の仕事をする時間を確保することができる。
1日の中で、ゆとりを持ったり、感じたりする時間が増えることにつながると思う。そうなることで、子どもたちが見せるあらゆる姿や行動をポジティブに捉え、子どもたちと共に歩んでいくことの面白さを感じながら、仕事に望めるため。
心に余裕が出来て、保育についてもっと学習できる機会が確保できる
子ども一人ひとりとゆったり関われたり、保護者対応もより丁寧にできる。故に子ども理解、保護者支援にも力を入れられる。保育士のなりても増えることを期待する。
より安心して保育ができる。保護者も安心して預けることができる。お互い安心度が高いことで信頼関係も深まり、園の運営もしやすくなっていく。
子ども一人一人と丁寧に関われる。環境や事務など何に関しても余裕しても余裕を持って取り組める。余裕があるということは、保育も丁寧に取り組めると感じます。
職員が増え、余裕ができる
心に余裕が生まれ、子どもに寄り添う保育ができる
家庭での育児力の低下や家族の在り方が複雑になってきた分、支援の必要な家庭が増えていると感じる。そう言った家庭の背景を背負って保育園で生きづらさを抱えているお子さんが多く、学級崩壊につながるような案件もある。私たちは親に代わることは出来ないが第二の養育者として、家庭では困難な愛着関係を形成する場合に保育園がなっていけると考える。
負担軽減、子どものより安全な見守り、より手厚い関わり
毎日時間に追われ、何かと中途半端になってしまうことが多いため、じっくり関わったら話し込んだりする時間が増えれば、安心した保育園生活が送れると思う。
一人一人の業務負担が減り、精神的なストレスの緩和が得られる。また人員が増えたことによって、より子ども一人一人に合わせた対応ができる。
より子どもに余裕をもって接することができ、安全にこまめな保育ができる
子どもの育ちにじっくり関わることができる。今は保育士の子どもへの愛情による努力で成り立っている。改善されれば保育士の離職が減ると思う。
どの年齢においても発達に見合った適切な対応ができると思います。また、子どもへの対応を話し合ったり、学び合いの時間が持て、現場で活かせると思います
職員の急な休みの対応や休暇の保障。職員育成による保育の質の向上。子ども一人一人の育ちや保護者支援の充実。離職防止や採用の充実。
子どもが安心して楽しく過ごしていく為にも保育者側も安心し、気持ちに余裕がなければならないと思います。今、不適切保育と言われてしまう中、保育者は緊迫しながらの保育になっていることもあると思います。改善されることでみんなにとって気持ちにゆとりが持てるのではないかと感じます。
より子どもをきめ細かく保育することができ、保護者とも育ちを共有できる
配置の改善で担任の保育者が増えることで、子ども一人ひとり、また保護者との連携が取れる時間を設けることができると思う。臨機応変な対応が必要な保育園という状況であるからこそ、人為に余裕があれば必要な、丁寧な対応ができると期待したい。

第 5 章　資料編

１人ひとりを大切にし　子ども主体の保育の保障
心身共にゆとりが出来、子どもへの関わりにもゆとりが生まれ結果的に良い保育ができる。
子ども一人ひとりに合わせた対応がよりしやすくなる。育児困難家庭への支援、保護者支援の時間がとれる。職員の権利が保障しやすくなる。（育児時間、介護休暇等）
食事の関わり方を丁寧にできる
現在の配置基準では保育できないので、資格のない会計任用職員の力を借りている。職員の疲弊が改善され、よい保育を目指し、職員の意識が変わると期待したい。また、支援の必要な子どもが増加しているので、保育士が増員されれば、もっと丁寧に子どもと向き合える。地域との関わりを求められているが、現状、保育と保護者対応で手いっぱい。地域との連携まで求められているが、人員が増えれば地域との関わりや関係施設との連携も増えるのではないか。
過ごしやすくなる、ストレスが緩和される、働きやすくなる
もっとじっくり子ども達と向き合える。書類や製作などの時間の確保。休みや１時間休暇の確保。
保育のゆとり
保育士にゆとりができ、心から仕事を楽しめる。
採用活動・職員の充足・子どもへの関わりに良い影響が生まれる。保育の質の向上のための取り組みが積極的に行える
離職率が減る。職員の資質向上のための研修の時間、コミュニケーションが増える
日常保育の充実
子ども一人ひとりに向き合えることで、子ども達の保育が充実し、職員のやりがい、働き甲斐がひきだせる。また、保護者対応に時間が割けるようになることで、保護者との連携がスムーズになる。
・子どもたちの育ちをしっかりと捉えて保育することができる。「先生見て！」の視線や表情にすぐ気づくことができる。けがや事故が起こらないように保育することができる。職員の考えている思いをお互いに会議の時間で共有できる。事務の時間を勤務時間内で終わらせることでき、自分の時間ができ心身ともにリフレッシュできる。
子どもへの関わりが充実し、ひとりひとり子どもの声をゆったり聴くことが出来、子どもの主体性が伸ばせる。また、事務や保育の準備の時間の確保が出来る。保育士のスキルアップが出来る。
心にゆとりをもって丁寧に説することができる。２階施設なので階段の登り降りがあり、子どもを待たせないまとめよう用とせずに動ける
子どもたちと関わり向き合う時間がしっかりと確保でき、保護者との関わりなども充実出来る
子ども一人ひとりに向き合えることで、子ども達の保育が充実し、職員のやりがい、働き甲斐が引き出せる。また、保護者対応に時間が割けるようになることで、保護者との連携がスムーズになる。
保育園としては職員の確保が困難。職員としては休憩や有給の確保、早遅番を充実することにより保育の充実、保護書の対応の充実。
子どもの自主性、自発性を大切に子ども発信の生活が充実するのではないか。子ども一人ひとりの成長を今よりも丁寧に見守れる。ノンコンタクトタイムが増え、職員の業務が効率化する。
保育士側の精神メンタルにも、余裕ができる。不適切保育につながることも、避けられると思う。追い詰められてしまうとおもいます。日々、子どもたちの安全を考え保育している中で、事故防止も含め精一杯保育しているので、配置基準の見直しがあればこの仕事の、離職率も減ると思います
色々なことに余裕がもてるとおもいます。
子ども一人ひとりの心身の成長にもっと丁寧に向き合うことができ、保護者とコミュニケーションをとる時間も増えれば、成長を共有したり、保護者の不安な気持ちや困っていることにも細やかに寄り添うことができる。休憩や事務時間が勤務時間内に保障できると、職員も心身ともに健康で働き続けることができ、子育てや介護などを理由に退職しなくてもよくなる。平均勤続年数が上がることで、人材育成や保育の質の向上にもつながる。
職員も気持ちに余裕が持てる、個別対応が必要な保護者もゆっくり時間をかけて対応する事で育児に対しても余裕をもって取り組めると思う

余裕をもって仕事に向かうことができる。研修や学ぶ時間を増やし、保育の資質向上に充てることができる。

保育活動の準備（保護者対応、室内の清掃、環境整備等）が余裕をもってできる。

ゆったりとした状況での保育が可能となる。考察を十分行うことができるようになる。

主体的な考えを持った子を育てるためにより充実した保育ができると思う

園児一人一人の生活リズムに応じたかかわりや、自主性を尊重した保育職員がゆとりをもって仕事に従事できる

子ども達と関わる時間を増やせる。

　個別に支援を必要とする子が増え、家庭での経験不足から、今までの保育では想定しなかったようなけがを負う子が増えているように感じる。その分、保育士も安全対策に注力しなければならず、のびのびとした保育が出来なくなるのではないかと危惧している。保育士の数が増えれば、一人ひとりの精神的な負担が軽減するのではないかと考えている。

・多様化する子どもたちの様子や室に一人ひとりにじっくりと向き合える。・子どもたちの主体性を大切にする保育の取り組み。いろいろなことに挑戦する気持ちを汲み取り、やろうとする思い、遊びの保障。・事務を分担することで負担軽減。・保護者対応に丁寧に向き合う時間をもつことができる。・子育て支援に向けた取り組みの充実が図れる。

一人一人の子どものそだちの支援の充実が保護者の満足感と職員のモチベーションアップにつながる

個々の子どもに寄り添う事ができる

保育の充実はもちろん、職員の休憩、ノンコンタクトタイムの確保、有給休暇取得、週休二日制など職員の働き方の変化につながる。職員が余裕を持って保育出来る事は保育の充実や質の向上につながっていくと考える。

子どもの気持ちに寄り添い、丁寧な保育を行うことが出来る。

職員ひとりに掛かる業務負担が減り、未来の子ども達のことをじっくり考える時間が出来る。職員の体調不良が減る。

職員にゆとりができる。子ども一人ひとりに向き合えることで、子どもたちの保育が充実し、職員のやり甲斐、働き甲斐が引き出せる。また、保護者対応に時間が割けるようになることで、保護者との連携がスムーズになる。

子ども一人ひとりとじっくり向き合えることで、子どもたちの園生活が充実し、それを感じられることが、職員のやり甲斐、働き甲斐に繋がると考える。また、保護者対応にも時間をかけることができると、保護者との連携やコミュニケーションもスムーズになる。

子ども一人ひとりに向き合えることで、子どもたちの保育が充実し、職員のやり甲斐、働き甲斐が引き出せる。また、保護者対応に時間が割けるようになることで、保護者との連携がスムーズになる。

日々の保育を進めていく中で、安心安全面の確保ができると思います。子どもたちへのゆったりとした環境が整えられて、その中で子どもたち自身の成長が伸び伸びと発揮でき、吸収していける場となると思います。個々の特性を捉えながら、個人を大切にした保育が家庭と共にできていけると思います。また、保護者へも安心感を持っていただけると思われます。職員間でも、急遽のお休み、リフレッシュしたい時とのお休みも取りやすさが持てると思います。毎日、緊張した中で保育をしているのでより良い仕事を重ねていきたい気持ちを改めて待つ事ができると思います。　改善されることで資格を持っていても復帰することに戸惑いや、きっかけがもてず悩まれている方たちにも朗報だと思います。

事務時間の保障、休憩の保障、急な休みの保障、安心して休めます。

・様々な子どもの姿に対し、いままでより選択肢の増えた中での対応や関わりができるので子どもにとってプラスになるのと思われる。・職員の休憩や休みもさらに取りやすくなる

保育士にゆとりがあればそれが子どもの育ちの保障に繋がりらため。

休憩が取りやすくなり、職員の疲れや負担（身体、心）が減り、ゆったりとした保育になる。子ども一人ひとりを丁寧に見てあげられる。子どものための準備が色々とできる。

子ども一人一人と十分に関われる保育が可能となる

保育士業務及び関連業務全てに余裕がもてる

職員一人当たりの業務の負担が減る（身体的にも精神的にも）今までよりも目があるぶん安全に保育できるはず

当園の場合、現在も配置基準を超えて配置しているので人件費が逼迫しているため、基準が改善されれば、相応の給与（賞与）が支払える。職員のモチベーションがあがる。一般的には、虐待が減ると思う。

配置基準が高くなった場合は手厚い保育が期待できる。低くなった場合は、保育以外の業務（事務、保育準備、清掃など）の時間を充実できる。
保育士一人ひとりの気持ちにゆとりが生まれ、子ども達にも丁寧に関わることが出来るので、適切な保育を行い、保育の質の向上につながる。
○休みが取れやすくなることでリフレッシュでき、気持ちにゆとりが持てて子ども一人ひとりに対して丁寧に接することが出来る○保育環境を整える、保育室を清潔に保つ、といった雑務の時間が取れる○研修時間が多く取れることにより知識が深まり保育の質につながる○保護者との対話時間が増え子どもの姿を伝えることにより信頼や関係性が深まる。
一人ひとりの子どもに寄り添った丁寧な保育ができる
各年齢、園児に対しより細やかな対応ができ、職員も保育以外の事務を行う時間が確保できる。（午睡の際には、ブレスチェックを行い、事務を行う時間の確保が難しい現状なため。）
保育中の保育士の負担が軽減される。現在は国が定めた配置基準の運営費で、基準以上に雇用している職員分の人件費も賄っているが、配置基準が改善されれば、保育士の待遇が物心両面で改善される事になる。
配置状況が改善された場合、子どもを余裕をもって保育ができるようになり、保育士の負担が軽減できると思います。
個々のゆとりが持てる
日々の保育での安全を確保することが出来るが、同時に運営費の見直しを行わないと、負担だけが増える。過疎化の町村部では、保育士の確保が難しく、都市部との地域区分の差を無くしてもらわないと、田舎では基準の保育士確保は難しい。また、昨今の紹介型求人では、田舎に就職してもらう為、賃金を上げると、成功報酬も上がり職員を確保する為に数百万円が必要となる。
子どもや保護者に対応する時間が増えることと、職員の業務時間の確保ができること。
多い目で子どもを見守ることができる
心身の余裕と離職防止
職員が余裕を持って、子どもに向き合い、共に楽しく生活を送ることができる。個別に対応する割合が他児に対して大きい子どもに、見合った保育を考えていくことができる。
配置基準が改善され職員数が増えることで保育にも職員にもゆとりが生まれ、今以上に個々の対応に時間を使えるようになる。子どもたちのやりたいことの実現のために一緒に時間を使うこともできる。又職員の休暇・休憩の取得により心理的に安定しストレスの軽減につながる。
確実に保育のレベルが高まります。現在は、個別の対応が必要なお子さんが多いため、配置見直しのメリットははかりしれません。
子どもたち一人一人の健全な育成ができる。特に0～2歳児にとって、集団での保育はデメリットのほうが大きい。非認知能力や主体性を育むため、一人一人の気づきや思い、意欲に沿っていくには、何よりも保育士の数が重要。質の高い保育を提供できるという達成感が、保育士としてのモチベーションにつながる。
配置基準が変わることで、何よりも子ども一人一人の要求やペースに合わせて保育を進めていけることができる。現在は現在できる範囲の中で、子どもたちの自主性や主体性を尊重した保育を計画したり展開しているが、まったくもって十分とは言えない。同時にそうした一つ一つの子どもの姿や要求に気づいたり、対応したりするには、物理的・時間的・心理的余裕があってこそ。それさえも保障されていない現状が改善されるだけでも、とても大きなメリットとなる。
改善の内容にもよるが、目指す保育に近づける。子どもの権利や発達を本来のものにより近づける実践ができてくる。
保育士が多少なりとも心のゆとりを得て、文字通り一人ひとりの子どもを尊重し、成長を促せていくことができると思う。
・子どもへの個別的な対応を今よりも充実し、より丁寧に関わることが出来るようになる。・職員の急な休みの対応や休憩時間を確保することで心身ともに健康に長く勤務することが出来る。
ワークライフバランスが十分になり生き生きと働けると思います。
子ども一人一人のやりたい保育を実現させられる。前延長と後延長の時間も安全に見守れる保育の実現。保護者に対しても今よりも詳細に子どもの姿を伝えられる。子育ての協同が出来る。

少人数での保育が実現できることで、子どもへの理解、職員間の共有を持つ時間が確保される。また、園外での外部研修にも積極的に参加でき、保育内容を学び、園内研修へとつなげることが出来る。職員の精神的負担を軽減することが出来る。
職員が気持ちにゆとりをもって過ごせると、子どもの事や環境面今後の保育の展望も見え子どもと共に成長できる面が出てくる。
子ども一人ひとりに丁寧な関わりができる。職員にもゆとりが生まれ、保育に反映される。
気持ちにゆとりを持ちながら保育できるのと　体力的にも和らぐ
気持ちのゆとりや安心感から、ストレス軽減につながる。充実した保育ができる。休憩や有給がとれる。ケガや事故防止につながる。一人ひとりの発達に応じた保育や保護者対応が丁寧にできるようになる。
職員に心のゆとりが生まれる。子ども達一人一人としっかり向き合える時間が増える。虐待などの事件がなくなる。時間内に追われたり、制限したりせず、子どものペースに合わせた保育ができるようになる。サービス残業、過度な超勤が減り、ワークバランスが取れるようになる。
職員の業務に余裕が持てる一人ひとりの子どものその時々の様子に合った保育ができる保護者対応の充実
子供への対応にゆとりが出る
現状よりも少ない子どもとじっくり関われる分、成長発達だけでなく、事故予防や異常の早期発見に繋がる。また、職員が業務分担できることで精神的・肉体的負担も軽減され、離職防止に繋がると考えられる。
体力面でも楽になり、当番数の軽減などで、ワークライフバランスもとれる。何より、職員の心にゆとりができ、仕事への満足感や意欲が増すと思う。
職員が増えると意見の相違等もあると思うが、子どもの見方が多様化し、よりよい関りを見つけることができることに期待する。
気持ちに余裕を持てることで、一人ひとりを温かく見守り子ども主体の保育が提供できると考える。
保育の余裕　休憩時間確保　残業減　総じて勤務意欲向上
一人ひとりの子どもに対して細かな配慮ができることで、保護者の安心につながる。また、職員の安全衛生が充実できるため、保育の質の向上にもつながる。公立保育園としての地域の役割が果たせる。
子どもの育ちに寄り添える　指針が変わったのだから目指すものも違うのだから人は必要
職員が子ども、保護者にじっくりかかわることができる
特に1歳児、2歳児は自己主張を大事に受け止め、子どもの気持ちに寄り添った対応ができると思う。職員数が足りず、不適切な保育にならざるを得ない、職員の状況もあるように感じる。
十分に子どもとの関わりができ安定した生活を送ることができる
丁寧に子ども達にかかわることができる。
保育環境の改善と共に保育者のレベルアップが図れる。子どもの気持ちや要求を受け止めることができ、ゆったりと過ごせることにより、言葉がけがより豊かになり、子ども自身が言葉を使って、気持ちを伝える言語能力が向上する。その結果、噛みつき行為の大幅な減少がみられる。また職員の気持ちの余裕も生まれ、職員一人一人の保育の質の向上も見られ、園全体がもう一つ上の保育を目指せる。
保育士に気持ちのゆとりが生まれ、一人ひとりの子どもとより丁寧に向き合える。また、保護者対応などにも、時間をかける人員が出る。
気持ちに余裕ができ、子どもを無駄に急がせたりしなくてよい
様々な面での課題の話し合いや教材準備が充実でき、こどもや保護者にかえせると思う
職員の負担感を軽減し、質の良い保育に繋げる。
配置基準が改善される事で、事務仕事の時間を確保できたり休みを取りやすくなったりと業務による負担が軽減できる。また、研修に行く機会も増え、保育に関する研鑽を深める事ができる。保護者対応の時間も多く取れるようになる事で、保護者の安心感・信頼感に繋がると考える。

第 5 章　資料編

正規職員の負担軽減になる一人ひとりの発達を援助することが充実する危険事故のない職員配置ができる
個々の思いに対応できる余裕ができる
指針にある丁寧な保育の実現と振り返りに基づく実践が叶い、子どもへの対応、保護者対応が適切になり、保育の質の向上につながる。職員一人あたりの物理的な負担が減り、複数での対応、業務分担も叶い、精神的な負担の軽減が離職率の減少にもつながる。職員の負担が減ることで、保育や業務への余裕が生まれ、良好な人間関係の構築、丁寧な職員指導につながる。休憩取得と有休取得の確保、充実につながる。

（2）問22「最後に、現在の保育士配置基準に関して、あなたが思うこと・課題等あればご記入ください。」への回答

回答
・乳児のグループ別保育。幼児の活動補障するには、現在の基準では足りません。「今」に合う基準にしてください
・一人担任は時間が十分ではないと感じている。勤務時間内に取り組める時間を確保することはしているものの、保育士としての事務作業・保護者対応等、分担できる相手が少ない為。　・保育者数としては、人数が確保していても、保育士として子どもと関わっていくことも多く必要な為に個別対応が同時に必要な場合には人手不足を感じてしまうことも少なくない（幼児1人担任）
子どもをていねいに見切れていない。休憩、休みをもっと自由に取れない　何とかまわして工夫して乗り切っている状況。途中退職者を減らすこと。
配置基準が長年見直されていなかったこの期間に配慮が必要な子や、療育に通う子どもが増えたため、是非見直しをしてほしい。昔の「ただ子どもを見る」だけでなく、今は、教育や、スキルアップを求められる時代なので。
・多すぎても連携もれのないよう注意が必要。　・必要面積についても再考していただきたい。特に乳児は大人との丁寧なかかわり。応答が大切なので配置はもっと手厚くしてほしい。　・園で多く職員を入れているが、それでも加配児など多いと細かいタイムスケジュールで動くことになる。
勤続年数が増えると結婚、出産と、多い職場基準だけではシフトがまわせない。また、近年加配児も増えていることから基準数を上げてほしい。
国基準はずっと変わっていないが、子供も変わってきているし、子どもを取り巻く環境も変わっているので、保育士の配置基準は、見直すべきだと思うが、保育士不足も課題なので、処遇も改善されるべきだと思います。
配置基準を考えるなら非正規でも賄えてしまいます。正職をもっと手厚く出来るように考えてほしい。又は、朝、6：45～8：45　夕16：30～20：00までの資格基準等を緩めてほしい。
現場とかけはなれた配置基準だと考える。保育士の処遇改善（事務量も含め）を図るなら基準を見直すことが必要であるよろしくお願いいたします。
多忙で質の向上が図れなくなる可能性がある。
人数が多ければ良いということではありませんが、昔と環境も保護者の働き方も全て変化している中で、安全安心の保育、教育をしていくには配置基準を適正なものに変えていただきたいと思います。
保育施設も増え、保護者が選ぶレパートリーも増えてきた。少人数でしっかりと関わることができる状況にあるように思う。
以前よりも個別での対応が必要であったり、個々を大切に！！ということからも保育士に求められていることを考えると、適切な配置基準とは？子どもの発達、保育士に求められることを考えると現在の配置基準ではむずかしい部分があると思う。
基準が低くすぎて、作業的に子どもに対応していることがある。集団で生活しないといけないと考えると、今の大人の人数では集団から外れようとする子をどうにか戻そうとしないといけなくなり、ムリヤリ保育をしたり、個の思いを無視するような保育をしている。地震や災害の際は今の基準では命を守りきれない。
配置基準の変更があっても、人材確保が叶わない。根本的な「経済力」を1人ひとり改善されたい
乳児は、大人がゆったりと関われる配置が必要だと思う。
ぎりぎりの基準ではなく余裕を持った基準になると、働きやすい職種となり、利用者も安心でいるのでは。
実際に現場の状況を是非体験して下さい。
障害ではないが、気になるお子さんへの配置もできるようにして欲しい。シルバーさんの活用も、できると良いと思います。
保育士配置基準の見通しをこの機会にしてほしい。もちろん、保育士がなかなかいない中、採用も大変だが、資格についても（有・無）などもう少し広げていけば、広がっていくと思う。
保育士になりたいと思う様な魅力のある仕事に現状はなっていない。配置基準を見直すにあたっては、保育育の給与もしっかりと見直し、教員と同等の身分になる事を切に望んでいます。今の給与は低すぎます。未来を担う人間の根幹基礎となる時期に携わる職業としての認識がとても低い様に思います。
個を尊重し、丁寧に見る時代、価値観になっている中では現在の配置基準では、厳しいのが現状と感じます。個を大切にしようと思う程、保育士にも負担がかかっていると思います。
基準はあっても＋アルファしている保育所も多く、園によってバラバラ。入園、入職してみないとそこはわからないし、他園の人員配置がどうなっているかもわからない。人員が、増えてメリットはあってもデメリットはないと思う。
現状の保育現場に即していない

手厚い人的配置の小規模が次々閉園に。私の園も今年度いっぱいで閉めると法人より通告された。質を求めることと経営の両立は難しい。国は、小規模のニーズがなぜあったのかをわかっていない為補助金出し渋り。待機児童対策が一定の落ち着きをみせた為ニーズがなくなったと判断されるのは"質"の向上を軽視していると思う。

公立保育園としてある程度の改善はある　しかし日々の業務内容の工夫は必要と感じている。

幼児クラスになっても、手や目をかけてあげることの必要な子は増えていると思うので乳児だけでなく、しっかりと配置基準を見直してほしいと思う。

・配置基準よりプラス1人多く配置しているが、実際は十分ではないと感じる

子どもたちの主体性を育てていくためにも、保育士が個々にあった対応ができるような配置が望ましいと思う。また、障害児に対しても障害児の人数ではなく障害にあった配置がされると良い。

実際は加配基準も大切だが人数が多くいても保育士一人一人の保育の質の向上が一番大切だと感じている。自分自身の役割を果たしているかが今現在そして今後も課題だと思っている。

個々を重視する分配置基準の問題がでてくると思う。0〜2才児は手厚い保育で良いと思う。3〜5才児については学校が複数担任でないのであれば○対1でできる配置基準が必要だと思う。

正規職員の必要性を感じています。加配児の対応が、非常勤職員では限界があると感じています。

・年々、気になるお子様が増加の傾向がある中、保育士の人材不足と事務作業に追われている現状。「配置基準」の改善が必須と感じている。

0、1、2才児の子の保育を丁寧に行わないことで、3、4、5才児になってからの育ちに影響しているのではないか。きめ細かい成長に促した丁寧な保育を保育士が学ぶことが必要不可欠だと思う。

グレーゾーンの子どもが多くなっているが、それは単に配置基準では決められない。

特に0、1、2才の乳児は見直すべき　ここ2年、年長が単数の為複数に戻せるよう確保したい

・障害児加配の人件費を増していただきたい（加配児2人に対し1人分の人件費）　・園児人数が多い為、加配児の他特別配慮が必要な園児が多く職員が疲弊している。　・上記の子どもにもキラッと光っている良い一面があるが、対応しきれない所がある。

現職場は、定数割れのため、個々にあわせより丁寧な対応を心がけているが、一人一人意識しながらこの現状に甘えないよう気をつけていく必要がある。今は保育はもちろんより丁寧な保護者対応、地域とのつながりが大切であるため、時代にあわせた見なおし確認をしていかなければいけないと思う。

保育士配置基準について、有識者等は改善が良いと言っているが、現在の過剰な施設増設による、保育士不足の中、又、少子化による保育士養成校の学生不足からくる、保育士不足の中、今、配置基準を見直しすると、ほとんどの保育施設で保育士不足となり、現行の委託費収入が、保育士欠員により減額支給となり、運営を再に苦しい物として行きます。有識者は、現場の現状をまったく理解していないので、見直しを進めると委託費の総支給額で、多大な数字が国・都・区に残ることとなり、施設は生き残れなくなる事が、目に見えております

・保育の質の向上が求められる中、自分の時間をつかっていくしかなくなっている。　・主体性を大事にするには、見守りの大人の数が必要になる。

国が考え方を変えて欲しい

長時間保育のこどもたちがほとんどである。当番回数が多ければ日常の保育は薄くなる。かといって回数を減らすためにこどもたちを大勢で保育するという事はこどもたちにもストレスがかかる。今の時代にあった保育士基準にしてほしい。

・配置基準の見直しをしてほしい。

ひとりひとりに時間をかけたり、その子のペースに合わせてあげたいと思うが、それがむずかしい。保育者の負担も大きい。

きめ細やかな保育、安全安心な保育を進めていくためには現在の保育士配置基準ではまわりません。早急なご対応をお願いいたします。

余裕がないと保育も雑になるし、事故も起きやすい状況になるので人は増配置した方が良い

海外の配置基準を日本も見習うべきです。

保育所保育指針が改定され乳児保育の重要性が国から示されたにもかかわらず、配置基準だけ変わらない苛立ちを覚える。当法人は人件費の比率を多くしているおかげで質の高い保育が出来ている。

保育士が子どもの関わりの他に危機管理、保護者支援、書類作成等、子どもに向き合う以外の時間確保が難しい。

人材確保がむずかしい現状がある。当園は少人数の定員なので、細やかに対応することが可能であるが。しかし職員のマンパワーが少ないので、非常時の対応や、新人の育成などむずかしい点がある。

・家庭での育児に課題のある家庭が多いので、求められることが多い。　・保護者が支援を求める子育ての問題や課題に対し、十分に思いを受け止め具体的な手立てを紹介するなど様々な方法で子育てを支援していかなければならない。　・虐待など地域の関係機関と連携しながら子どもの最善の利益を考慮して支援を行うことが課題である。

・1歳児クラスと3歳児クラスは特に配置基準を増やすべきだと思う。　・配置基準を増やしても人手不足だと問題が残るので保育士養成についても環境整備が必要だと思う。やりがいのある仕事というイメージを広めたいです！

職員が定着する中では、配置人数よりも人件費に課題を感じることの方が多いです。

子どもの育ちを考えれば不足していることはあきらか。業務ばかり増え、人員が増えない矛盾。

応答的保育が大切と言われるかたわら、実践できない現状がある。障害児の受入れも増えていることから（定員も割れているので入園しやすい）集団で保育することがむずかしくなっている。

とても厳しい配置であると思います　子ども最善の利益を何よりも大切にするのであれは関わる保育士数にもっとゆとりが欲しいと感じます。子ども達にもっともっと幸せの記憶を重ねていける様、配置の見直しを心から願います

・0才児は1vs1がよいが、それでは成りゆかないのもわかる。なので3才まで家庭保育がよいのかもしれない。
・配置基準の変更は人の取り合いが加速化する。保育士養成（大学の閉鎖は深刻）等国が体系的に考えないと崩壊は近い。何の為の配置基準の改善なのか国民が安心して子育て出来るよう調整含め急務である。

4.　5才児については配置基準を20：1にお願いしたいと思う　3才2才児も2階3階が保育室とかですと大変ですので1階か2階3階かで加算できますが今建築するとしたら3階は遊戯室にしましたが現状無理です

保育所は開所時間が長い（11時間～12時間以上の園もある）職場の勤務時間8時間として、1人が1日では穴うめが出来ない。当番（時差キンム）をつくり、一日、8本のズレ勤で人が欠けている。休みも取れない実状がある　また、日々の記録や保育準備、保護者対応　配慮の必要な子の関わり対応にと時間をとるには、配置基準を見直していく課題がある

個別配慮の必要な子が増えている。配置が増えれば全ての子に充分に手をかけてあげられる。今はそれができずもどかしい。現場の実態を知ってほしい。休息が十分に取れないことも辛い。

保育士の仕事の軽減、保護者の多様なニーズ等課題は山積み　特に乳児及び3歳児の基準を見直してほしい

幼児クラスの配置基準では1人ひとりじっくり関わったり、それぞれの興味や思いに寄り添った保育が難しい場面も多い。自我が芽生えている1歳児を1:6という基準で保育するのは対応しきれない→トラブル、ケガ、かみつき等にもつながり、大人の心の余裕もなく保育環境的にもよくないと思う

配置基準を変えても実際に保育士が充足できなければ現場は大変である。ただ人を増やせばよいという問題ではないと考える。

・現在の基準であれば、園外には行くことは不可能に近い（特に4、5才クラス）　・安全管理や事務書類や保護者対応など、子ども以外の業務が増えているが、残業なしには終わらせることができない　・子どもの個別対応が求められているが、職員が少なく対応しきれない　・現在の基準で丁寧な保育を常に心掛けているが、安全には不安がある。

・保育士も経験年数や個々の状況により、力の差や、時間に、ゆとりがある、なし等、様々なので、ギリギリの配置人数では厳しく安心して働けないと感じている、職員が増えていると、思います。

国の最低基準が本当に最低の基準なのだが、それさえも満たされずに運営しなければならない保育士不足が課題である。基準の見直しと保育士の働く環境の見直しが必要である。

配置基準を決めた人へ、あなたはどうやって1人でこれだけの子どもの命を守るのですか。おしえてください。

・保育士配置基準が見直され、基準が変われば、勤務時間内に、書類作成を終わらせたり、休憩時間の確保ができるようになる。

保育士の人数が増えたとしても環境や動きなども大切になるので保育内容ややり方をしっかり考えた上でよりよい保育行なっていくをしていくことが大切だと思います。

加配が必要な子も多くあと少し足りないと思う場面がある。どのこたもそのこに合わせた方法や順序で納得できる活動を行いたいと思うがなかなか難しい。様々な理由で家庭にも援助が必要な場合もあり、人員が増えることで本来の保育園の役割をはたして行けるのでは…と考えます。保護者支援や地域支援など保育園が行っていかなくてはいけない事がたくさんあります。今のままでは保育で目一杯な状況です。

今の時代は子ども達一人一人をしっかり見て、その子に合わせた　対応をしていくためには年齢が上っても人手は必要。特に今はいろいろなタイプのお子さんが多い

保育士は、常に安全、安心を肝に、こどもを全力で見ています。が、日々、沢山の業務に追われ、クラス間での話し合いや職員の休けい時間も削りながら事務をこなしています。心身が豊かに、笑顔で働けることこそが、こどもへの保育の充実にもつながると思ってます。

集団では難しい子ども達が増えている今日この頃、資格をもった保育士が対応することでたくさんの変化が見られると思う。また様々な悩をかかえ、フォローが必要が保護者も増えている。保育士が関わることで、きっと保護者もよい方向へとむかうと思う。そのため　にも配置基準の見直し、人員の増は必要と思われる。

不適切な保育と言われ、あってはならないことですが、その現場の状況も知ってほしい。人数は多く配置されていても、職員が全員、8時間勤務しているとは限らない園も多いかと思います。午前中のみ、朝と夕方のみなど、中ぬけの多い現場でなりても少なくなった保育現場。職場環境の改善を（配置基準）お願いします。

保育士の人数が多いと子ども達1人1人と関わることができると思う。子どもによっては、発達がグレーの子どもも増えていて、現場的に大変との声も聞こえてくる。特に1、2才は手がかかりケガやトラブルも多いので人数が多いとよりよい保育ができると思います。

・子どもへの対応に費やす時間が多い。（支援児、グレーゾーンの子）　・難しい保護者が増えている。

・昔の保育とは違い、個別対応、配慮を必要とされるようになり、気になる子の人数も増えている現状である。保育士の質の向上と、心身のため、子ども1人1人により深く向き合う（寄り添う）ことをしたい。

世代交代でベテランが退職していく。中堅は採用が少ない時期だったことからベテランが退職すると若いものばかりになっていく。人数がいればよいというものではない　バランスが必要。また、仕事に向かない職員、病欠（心の病）をとりがちな者がいるなかでの運営はプラスの配置がないと厳しいのが現状である。

保育園は、発達支援児がたくさんいる中で、加配されない中で保育している　又、配置基準ということだけではなく、1ヶ所の空間に対しての子どもの数が重要だと考える。たとえ大人がたくさんいたとしても、子どもが安定してすごせるよう、環境刺激を調節することが重要。又、保育園利用者は、18：00以降までいるにも関わらず、遅番の配置基準は昼と格差がある　現在園長副園長の事務も繁雑である　地域交流、労務、保健、雇用の人探し、雇用の面接や事務手続き、職員の健康診断や貸与被服の発注など保育について考える時間はない。

・例えば、0歳児3名に対して保育士1人の場合、"ねむい""おなかすいた""抱っこして"とそれぞれ泣いて訴えた場合、保育士が抱っこできるのは1人です。もしくは、おんぶと抱っこで、頑張っても2人です。2歳児クラスにおいては、一人が"いやだいやだ"を言った場合、ひとりよりも他の5人の安全が優先されます。"いやだいやだ"が気になりながらも応えてあげられない。

・配置基準の改善。保育士1人に対しての子どもの人数を減らし、より丁寧に保育が行えるようにする。その為、人員確保する補助金の支給、保育士の社会的地位の向上、賃金の向上、国、地方自治体が現場の状況を理解し改善する努力をすること実現することが大切。

最近は配慮を必要とする子も多く（同クラスに複数いることもある）一概に○対○と考えることは難しい。ニュースで人権や虐待が取り上げられている原因の1つとして保育士のゆとりの無さがあると思う。少しでも保育士がゆとりをもって保育を楽しく、そして子どもの安心、安全を守れるように配置基準を考えてほしいです。

自園では問題はない

幼児期の終わりまでに育ってほしい10の姿を推進していく為には子ども1人1人と丁寧に関わる時間が必要であると思うので配置基準は見直してほしいです。

・ただ見守るだけであれば"可"だが、一人一人への対応や、様々なことを求められている中では、無理が生じている。
・業務改善や見直しをして取り組んではいるが、保育士一人一人のスキルや子育て中、などプライベートの充実も難しい現状。コミュニケーションもコロナ禍で減少し元に戻すこともなかなかできないこともある。保育士（正キ、非）も働きたい時間、働ける時間があり、12時間開所だと雇う側も難しい。配置基準もだが、乳児の保育、育休、短時間勤務などを取れて保育園利用時間など短いもしくは少なくなると良いのでは、未充足園だと運営きびしいため定員の見直しや変更も必要ではないか。

・子どもの育ちの変化、保護者の対応等を考えてみても、数十年前とは大きく異なり「話を伝える」ことの難しさや集団と、個を大切にする両面からも、保育士はギリギリのところで頑張っているので、見直しが進むことを期待します。

ただたんに保育の人数を増やせば良いという問題ではないと思う。保育のやり方、環境の整え方で変わってくると思う。ただ、記録・書類の時間がとれないという職員の声が多い。あとは正直、時と場合による。

基準以上につけないと、当番、振休が回らず、残業も多く年休も取得できない　保護者対応、ケガの対応、事務負担が多く研修も時間外にいくしかない

個を大切にした適切な保育を行う上で、現在の配置は職員の経験年数をふまえても難しさがあるのでは、と感じます。

配置基準がこれだけこどもをとりまく様々な環境が変わる中改善されないことが大きな課題であると思われる。4・5歳に至っては75年も変わっていないと知り、保育も変わり主体的な活動をしながら個別配慮が必要なこども達に寄り添う保育をしていくには現在の配置基準では難しさを感じる。あわせて業務の改善はされているものの保育以外にも事務の業務もあるので配置基準の改善がこども保護、職員にとって必要不可欠であると思う

・保育、行事事務の残業の常態化　・突発休みが発生した時、残された職員が残業で対応など。フリー保育士の配置が必要と考える。フリー保育士の配置が課題　子どもの人数に対しての保育士配置では、フリー保育士の配置が難しい。

配慮児が年々増加し、家庭では良い子、園では他児へ

親が一人の子どもでも無理と云う状況で1人の保育士が多数の人数の保育は無理だと思う。一人親家庭の育児放棄の現状を見て保育士がもっと手をかければ良かったかなと思う　保育士の休憩時間の確保

基準もそうですが、欠けた人員を速やかに埋めて欲しいと思っています。

不適切保育・虐待などが取りざたされる中、保育の質の向上等を要求される。子ども達は自宅でのしつけがなされないまま、集団に入り保育としてのやり方がむずかしくなる。1人1人を大切にし1人1人の個性を尊重していくには少人数で動き1人1人に目を向けてあげることが大切だと思う。保育士が足りず多人数を少ない保育士でみていくのは限界があり不適切保育と言われる事実は増えていきかねないのではないでしょうか。

保育園が、かかえる様々な問題があり、経験不足等様々な事情から、集団生活が困難な子ども達の個別対応や、育児不安を抱える保護者への丁寧な対応が実現すると思う。そうしたことで保育が作業労動とならず、感情労働となっていけるのではと考える

子どもの質が変わったり、保育の内容も変わったりしているのに、対応する保育者の人数は変わらず、負担が大きい。余裕を持って対応できる人数の配置基準になるといいと思う。

長年変わらないので、すぐには変わらないと思います。

現在、区独自で増配地されているため、円滑に園運営が行えている。

・認定児3人に保育士1人の基準は認定児が別のクラスであったり、1対1が必要な児である場合保育が不可能です。
単純に○対1という基準ではなく、食事や午睡、遊びなど場面によって必要な保育士数は違うと考えられる。個別対応が必要な子も増えている中でのシフト勤務では、常に職員を配置する難しさを感じる。
・区立保育園において、平均年齢があがり、職員の心や体への負担が大きくなっているので、配置基準を見なおすことで子どもや保護者、職員にとって環境が改善されるとよい。
個別対応が必要な児童が多いので、1人1人に目が行き届かない。保護者の要望も多岐に渡る為、時間外勤務で対応することが多い。
配置基準はもちろん必要だが年齢だけで保育士の人数を考えることが難しく感じる。対応の難しい子ども、保護者が増える中また子育て支援を地域に広げ行うということもありより専門的な知識を有する保育士や心理職の配置などについて検討することも必要な時代ではないかと考える。
保育士の配置基準の見直し、改善よりも各保育所の定数を改善してほしい。子どもの人数の多さで刺激を受けてしまう子も多く、人数の多さで落ちつかない環境になることがある。
・障がいの児童の様子、特別な配慮を要する児童の様子、要支援家庭の児童の様子により1対1での関わりも必要になっている。子どもに合わせた適切な対応を行えるよう現在の基準以上の保育士配置が重要であると考える。
やっとこのようなことが検討されるようになったことはよい。配置基準だけでなく、保育士の処遇改善に、つながるとよい。
・特例保育児が多く、職員の当番も増えている中、職員間の打ち合わせの時間の確保が難しくなっている。又保護者対応の時間も充分取れているとは言えない　打ち合わせの時間もそうだが、更に職員間のコミュニケーションを円滑にしていくことも大きな課題の1つと思う
・保育士の仕事は子どもと関わる以外にもたくさんあります。配慮が必要な子や長時間保育の子が多い中、保育以外の業務にかける時間がなく、どうしても時間外での業務となってしまい体も心にも負担となっている。
子ども、保護者の性質や保育所利用目的が多様化している今、保育士に求められることも多種多様化している。また、職員自身の考え方や雇用形態も多様、複雑化している。開所時間帯、もれなく配置を統実させるべき。
現状の保育をみて難しい、負担が多い
職員にささえられ今運営できる。十分な人数にないので、早急に対応してほしい
現状として、現在の状況から人数体制が整っていたとしても、現実は求められることが多く厳しい状況だと思う。理想だけでは思うように行かないことも多い。働き方改革として、何を行うべきか？職員の働きやすさとは何かを考える。そこには配置基準がとても大切だと思うが、現在の配置人数を確保することも難しいことが現実である。園の取り組みとして保育士一人ひとりが保育を楽しめる環境を整える必要があると考えます。
子ども一人ひとりがスキルを身につけるために、"自分で"を持つこと、かかわることが難しくつい手助けが多くなり保育士がやってしまうことにつながる様に感じる。一人ひとりに向き合い、個を大切にして成長を促していくには、難しい基準だと思う。第二の家庭というのであれば、子どもも、職員も安心してゆったりかかわれる環境が家庭ではないでしょうか。
関わることが出来ず、生活の自立ができない。発達障害児が多いため。
幼児クラス（4、5才）の基準の配置を3才同等（20人）の基準になれば細かい指導ができる事。子どもの思いをしっかり受けとめてあげられる事。
特にありません。
保育士不足
現状の定数ではゆとりなく保育をしているので保育士がひへいしている。もう少し休暇取得や研修、会議がとれる人的改善が必要。
・人間形成を豊かにするためにも、人的環境を充実させて、子どもたちと関われる事が出来るとよいと思う。
子どもの人数に対して保育士の人数が少ない　小数点で保育士の加算を付けられても、1人として雇い入れるため、持ち出しとなる。
・最低限子どもを見る人数であって、安全保障・保育の向上には結びつかない人数です。
配置基準が改善されることはとても良いことであるが、保育士不足が懸念される。しかし現状、現場の保育士が少しでも働きやすいように、改善されることを願う。
開園時間が長いため、当番保育士をたてることで日中が手うすになる。
大人が多すぎても良くないが、実際シフトが入っているため、前後（登降園）の時間や、時間の短い有期と合わせるのが厳しい。又給料（有期）が上がるのは良いが扶養枠はかわらない為、勤務時間が短くなり現場は厳しい。
ここ10年位で、気になる子が年々増加傾向にあり、障害申請までできない子どもの対応が、昔のままの配置基準では到底カバーしきれていない。長年勤めているが、確実に子どもの質が変わってきており、30人を1人で保していた自分でさえ、現状の保育に1人で対応するには相当の怖さを覚える。それを他の保育士に基準内だからといって任せなくてはならない現状を早急に改善してほしい。有休や研修参加も取り易い勤務体制にして、心身共に健やかな状態で保育に臨めるようになることを切に願う。

すべての年齢のすべての時間ではなく、4～5月や、食事時間、園外保育や水あそび時、送りむかえの保護者対応の時間などにプラスの職員がいるとよいと思います。保育者の人数が多いことで、子どもの発達を妨げる場面もあると思います。

保育士一人ひとりのスキルアップをはかる取り組みが必要だと思う。

無理をしながら、保育を実践している。

配慮が必要なお子さんが、とても増えていて、個別対応の必要性を感じており、それには、保育士の配置基準数を見直し増大する必要があると思っています。

基準を満たしてれば、良いわけではないと思います。1歳児クラスにて20人の園児を保育士4人で保育するのと、15人の園児を保育士3人で保育するのでは、対子ども比では同じ5対1でも後者の方が断然保育は充実します。子ども比だけでなく、そうゆう面も考えていただけたらと思います。

圧倒的に職員が不足している。子どもの育つ環境をもっと真剣に考えてほしいし、そこで働く職員のこともわかってほしい。子どもが育つ環境を整えていくことは、未来を創っていく、これからの国を支えていく礎になっていくのだと思う。園としては子どもの環境を考えるほど、そこで働く職員の幸せを考えることも大切なのだと感じている。職員の働き方など、できることから取り組んでいきたい。

保育士配置基準も然りですが、保育士の労働に見合った賃金が必要。働かなくても子どもを預けられる政策が実行されるなら、保護者から保育園や保育士に対しての要求を緩和してもらいたいものです。

午睡中の危険は重々承知の上だが、「午睡中も定数」の考え方は現実的ではない。職員の休憩時間確保をする為には午睡の基準を改善できないか？（人数を減らす、または3対1の場合、1人有資格者がいれば2人は無資格者でも良いなど）何かあれば内線で直ぐに駆けつけられる体制は整っている。また、施設側は労基法に基づき、休憩時間確保にも努めているが、保育士の抱えている仕事量を見直さない限り定時出勤、定時退社は難しい。現状は残業を避ける為に休憩時間にも保育事務や保育準備に充てている職員がいる。

・保育時間が長くなっているので、人員配置は増やさなければ対応できなくなると思う。

子どもへの安全管理に対して世間の目が厳しくなる中、さらに配慮の必要な子どもが増えている。個別対応が必要な子ども達が多い中では保育士基準があまりにも低すぎる。海外の基準を見習って配置してほしい。また保育士になりたいと思える人が増えるよう、給与を上げて魅力ある職業となってほしい。そうなれば配置基準が増えても沢山の採用希望者が来てくれると感じる。

子供の主体性を育てる保育が主流ですが、この配置基準だと、集団保育で、子供を管理すると言う方向での保育しかできないと思う。子供が主体的に生活し、それをゆとりを持って見守る職員が配置できることを願っています。

配置基準が見直されても保育士不足への対策が見直されないと自分たちの首を絞める事になりそう。

現在の配置では子どもといる時にけがや事故のないように常に緊張感を持って保育をしており、保育士の負担がとても大きい。また、丁寧な対応が必要な子どもに対して十分に対応できないことにより罪悪感や精神的な疲労が積み重なる。やる気がある職員程、心が折れてしまう。課題があっても時間の確保が難しく深く話し合うことが難しい。子どものことのみならず、園としての取り組みや行事のことなどより良くするための意見交換をする時間が欲しい。

休暇をとる。休憩をとる。病気で休む。それらができる余裕がなく、休みも心苦しさを感じてとっている。子どもたちをのびのびと育てるためには、余裕が必要。また、子どもをしっかりと見て、理解するための人員配置にはなっていない。急かせたり、諦めることに繋がったりしていると思う。

配置基準もだが、コロナになって保育士とはなんぞやと思ってる。世間でも色々言われて処遇の見直しがあったりしているが、人を育てる保育士や人のケアをする介護はもっと看護師並みの評価を受けてもいいと思う

経緯や歴史をうかがうに、特に明確な理由やエビデンスがない基準であると認識しています。現在は発達心理や保育学などの研究が積み上がっている訳ですから、それに基づく基準を作成することで後々見直しする際の参考になり、また現在の保育士養成課程の必要条件が改正できると考えています。ピアノや制作、必要ですか？それよりも子どもの発達を観察し、分析できる知識のほうが重要です。その上で歌や遊びを導入していく必要があり、それらを学ぶのに現在の養成期間（2年程度）は短すぎます。最低でも4年は学ぶ必要があるでしょう。闇雲に「保育士を増やせばいいだろう」という方向性を感じています。子どもはどんどん減少しているので、待機児童と同様、配置も改善するでしょう。ただその保育士の中には、子どもを操作することに長けた人が数多くいます。そんな保育士がいくらいても、子どものためにはなりません。配置基準の議論だけでは人数合わせになってしまうので、人材育成と待遇改善（せめて上場企業並）もセットで、検討いただけないかと願っています。

子ども、保護者も多種多様化していて保育園が担う業務が多すぎるため、現場で働く保育者の仕事量、負担が大きすぎる。その為、保育者が疲弊し、不適切保育、ケガ、事故、離職にも繋がってしまう。また、大切な命を預かる仕事の保育者の責任に見合う賃金でなかったりもすることと、きつい職種のイメージがあるのか働く保育士が減り、結果、人手不足、きつい職場、質の悪い保育・・・の悪循環。そういったことを一掃するためにも、保育士配置基準の見直しには期待したい。

保育の現場を熟知している方々や、現場の声を最大限に取り入れた基準を作るべき。潜在保育士や離職率の高さ、近年の保育園関連事件など、何かと保育園が取り上げられることが増えやっとこのような改革が進もうとしていることに嬉しさと複雑な気持ち。子どもが好きなだけではやっていけない仕事であり、賃金改善も求めたい。このままではどんどん保育業界から人が消えていき、少子化も進む。取り返しのつかなくなる前に改善を求めます。まずは、自園、法人として保育の楽しさや独自の取り組みを外部へ発信する等、出来ることは積極的に行っていく。

保育園は、開園時間が職員の勤務時間より長いことは確実なので、開園時間内で常に対数がわれない配置を確保できるようしていく必要があると思う

配置基準が変わることによって、安心安全の保育が展開されることを願う。さらに保育者の質を高め、環境を構築したり子どもたちへの理解を深めていきたい。保育者の年代や国籍（言葉や文化）等、その人らしさを大切にしいろいろ多様性に富んだ大人が子どもに関わることも大切だと考える。

自園では、今のところ配置基準以上の保育士を配置できているが、他園の話を聞くと配置基準ギリギリの職員で業務にあたっているため、急な職員の休みなどにより適切な保育ができないことがある。配置基準が改善されても、保育士のなり手がいなければ解決にはならない。保育士配置基準の改善に合わせて、さらなる処遇改善を希望する。

昨今、家庭での保育と保育園での保育がはっきりと分かれていることと、保育園での機能期待が過剰なものとなっている。また、一部事件がとりだたされている中、こういった問題が関係のない職場にも派生し、より隠蔽体質になる園もでてきて更なる危険につながることも懸念されるので、ぜひ検討してほしい。

これだけ現場でたくさんの事故や事件が起きている現実を社会はもっともっと深刻に受け止めて欲しい。命を預かる仕事として誇りを持ってやっているが、やったことない人たち（社会）は、こちらの仕事への理解が乏しすぎる。実際に5人1歳児を同時にみれるのか。その中で人権を尊重しながら、でも事故は起こさずに保育を進めることの難しさをわかってほしい。これは保育の専門的な勉強をしているしていないに関係することではない。

配置基準より、保育士不足の解消が先。

配慮が必要な子どもが増えていることや、子ども主体の保育を行ううえで、現在の配置基準では困難である。子ども主体の保育のためには、子どもと関わる保育士の人数はもっと増やさないと現実的に無理である。

たとえ配置基準に満たしているとしても、「排泄の際は見守りにいかなければならない」など園独自のルールがあり人手不足と感じる。

現在の子ども一人当たりに対する保育室の面積基準や保育士の配置基準は、子どもたちの健やかな成長発達を支えるには不十分なものです。これまでは個々の施設の運営による工夫と我慢で何とか成り立ってきていましたが、近年の保護者対応や安全管理の問題をみても各施設限界を超えてきていると思います。報道で保育園の否定的な内容のニュースが取りざたされるたびに、保育士を目指す若者や保育士に復帰しようとする潜在保育士が減り、保育士不足により拍車がかかっていると感じます。

クラス配置の人数を多くするのではなく、フリーの職員が多くなる方法をとってほしいです。休憩時間の確保、休みの確保、事務作業時間の確保ができるといいと思います。

基準より少し多く職員を確保できているが、子どもたちをしっかり見てあげられていない。職員の負担に対して労働環境が厳しく、担い手が増えないのも頷ける。

配置基準を決める人間は現場を知っている者にしてほしい。子ども一人ひとりの姿をよく見て。と内容ばかり変更要求してくるのに、配置基準は一向に変わらず、それはさすがにやりがいの搾取だろう。自園は4時間延長保育、休日保育もしているので、日中の保育士が他園よりシフトの関係で少ない。保育士の配置人数をもっと増やしてくれれば、対応もできるが、今は余裕もない。保育士は業務内容の割に低賃金、ということが社会的にも広まった事で、保育士のなり手もより減ってしまったので、今いきなり配置基準だけ変えられても正直困ってしまう現状ではあるので、賃金と配置基準は同一で考えてほしい。あと、問2〜9までの項目はどれも大切だし、気になることなのに、わざわざ3つに絞らせる必要性に疑問を持った。

各園で考え方が違い余裕のあるところもあれば基準にたいし、わずかな人数でギリギリでして事務仕事ばかり残ってしまう。勤務内で保育士との仕事が終わることが出きるようにしたい。

現在の配置基準は全くもって現実的では無く、配置基準の保育士の人数でまともな保育を提供できるとは到底考えられない。また通常時は良くても災害時等何かあった時に対応できない。

保育士は今の人員配置が当たり前と思ってしまい、改善要求など出さない。子どものため、自分のライフワークバランスを考えたらもっと要求するべき

人数の改善があれば、それだけ業務改善になり、子どもへの関わりも丁寧にできると思います。ですが、それには職員の育成も同時に必要で、人数が増えたことで、楽さをとる職員もいるのではないかと思っています。活用できるよう、一人ひとりがより質の高さを求められるようなならないと本当の配置改善にならないと思っています。人数が増えるだけで、高年齢で保育についていけない方や、知識や向上心のない方が増えても困るなと思います。より、保育者の質が問われるべきだとおもいます。

現場を知らず、配置基準の決定を行なっている事に違和感があります。こども家庭庁が発足した事でこども真ん中社会をかかげるのであれば、まず、そこに携わる職員のことも考えていただきたいです。私たちは、一人一人の園児に寄り添い、子どもたちが幸せに心豊かに生活してほしいと願っています。現在、当園でも支援を必要とする発達障害のお子様も多く存在しています。そのこども達が生きやすさを感じられる日々の生活の提供をするためには、この配置基準の見直しは是非とも必要であると考えます。保育士不足と言われている現在、職員がこの職業で働く事に意味を持ち、誇りと意欲を持って取り組めるよう考えていただきたいです。

政治家が現実を理解していないことで、今の現状がある。加配や加配がついていなくても、現場は手を掛けて子どもたちに手を掛けて、時間を割いている。これでは将来担い手がいなくなる。給料も安すぎて、若手がどんどん辞めていく。改善を強く求める。

基準を緩和していただき、公費がふえるととてもありがたいですが、一方で人材確保の問題も解消されないと実現は難しいです
晩婚化・高齢出産などにより発達に課題のあるお子さんが多くなっている昨今に於いて現状の配置基準は全く現実に即していないと感じます。国には、海外の配置基準なども参考にしながら日本で出来うる最善の配置基準を目指してほしいです。　個人的には一番の課題は配置基準より11時間という長時間保育だと思います。この点に関しては社会全体で考えていく必要があるので配置基準以上に難しい問題だとは思いますが。
配置基準を見直すことは、非常に必要であるが配置基準改定に見合った収入が必要であると思っています。
配置基準の改善により、子どもたちが安全に活動できる保育環境を創り、保育の質が担保される。保育者にとっても安定した環境の中、やりがいを持って働き続けることにより、離職率の低下へとつなげることができる。
配置基準がベースとなり、どのような増配置が自園でできるかを挑戦していきたいです。
年齢ごとの基準保育士でなくとも、余剰保育者の人数【フリー保育士】の基準を上げられること、休憩の確保を十分に行えることを検討していくこと
どうしても子どもを取り巻く環境がないがしろになっているように感じられる。最小限の配置で保育をすることをナショナルカリキュラムとして考えているのであれば、それは子どもに大変失礼ですし、働いている保育者にとっても同様です。子どもの権利条約にも批准している国としても考え直してほしい。
気持ちのゆとりを持って働くことにより、子どもたちへの細やかな配慮が出来たり、職員の充実により職場環境も良くなると考えられる。配慮が必要な子どもが増えてきている現状、職員配置が充実されていることで、事故防止、保育の充実と繋がっていくと思う。
早急な改善が必要である。保育士配置基準を現状のままにした子ども子育て政策の充実はあり得ないほど、重要であり必須である。
基準はあくまでも子どものみ接する時にかける対数かと、でも保育は子どもをみてるだけではなく、その他やることがたくさんあります。そうなると基準だけではないと思います
基準以前に、保育士の処遇改善をされないと成り手がどんどん減ります。1人につき後5万出してください。まずは人集めからです
どう考えても、ハイハイ、よちよち歩きから小走りまでするような発達の差がある1歳児6人を一人で保育するのは、限界です。ただ見ていれば良いわけではないですから。そこに保護者対応、地域支援、障がいのある子の対応などが求められています。今後、すべての子どもに保育利用が可能になると言うような報道もありますが、正直、恐ろしいです！
実際に子どもの状況も変化しているし、今は一斉活動ではなく一人一人の活動を尊重し、個別のケアが必要な時代で、それ以上に保護者対応で悩みを抱える職員が増えている。基準を考える方は、例えば東京都の基準は1歳児が6名に一人の保育士だが、実際に一人で見切れるのか体験してほしい。保育士の資格を有していても、実際に保育の仕事に魅力を感じないのは、そういった保育士の負担が影響しているのではないかと感じる。今の時代にあった基準にして下さい。
今議論されている内容だけでなく、もっと全体的な配置基準の改善が必要だと思う。またその為にも処遇改善が重要だと考えている。
保育士配置を増やしたとしても、差程、現状が変わるとは思えない。又、保育士不足の為、人材確保が困難になり、より保育の質が落ちる様な気がしてならない。
昔の基準のまま、一人ひとりの保育士に新しい時代のニーズを担わせすぎている感じが強いため、理想としている保育士に向かうには人員確保の面からも難しい。不適切保育から適切保育に変えるためには、「所詮子守の延長」ではなく、保育士がプライドをもって仕事ができるような処遇改善を求めたい。
東京の保育士の基準を変えると地方が困るので変えられないので我慢するようにという声を多く聞く。だから保育士が我慢するのではなく、給与を保障し、人を確保して、誰もが保育士になることにあこがれるような状況を作る必要がある。保育士だからこそ、子育てが安心してできるようにも考えて欲しい。保育士になって結婚しない、子どもを産まない権利もあるが、そういう人たちは産休も育休もなく、子育てをする人たちに協力し続けるだけである。子育てをしないで保育を専門的に勉強している保育士にも、何か特別休暇等を与えるなどの配慮をしてほしい。
0歳児は月齢幅があるので、一羽ひとからげで3対1とするのは乱暴だと考えられる。産休明け保育の子どもの場合は、2対一でも厳しいと思う。1歳児に関しては、5対一は極めて乱暴。新潟県の3対一の配置基準にエールを送りたい。2歳児の6対一も厳しさを感じる。昨今は、発達障害などが見つかるケースも多く、そのような子どもたちには、丁寧な働きかけが必要だし、丁寧にすることで、特徴をとらえた保育を行うことが出来る。幼児期も、丁寧な保育、自主性や主体性を育てるためには、人員配置を厚くし、時間に余裕が持てる保育を行いたいと思う。今の基準では、命を守るだけの保育しかできないと思っている。現在は、保育士たちの子どもたちへの愛情でどうにかなっているが、見直しを行うべきだと感じている。保育士の定着が難しい園が多いのも配置基準が潤わせられない原因の一つ。保育士の賃金のみなおしもされることが必要だと思う。
職員の専門的な育成が各園で行われる事で質の高い保育が実現できる
地方に比べると、東京都の基準は緩やかと感じる。子ども達の様々な要求にこたえたり、配慮が必要なお子さんが増えている実情を考えると基準の見直しがあってもよいと思う。半面、保育士が募集しても集まるかの不安はある。
時代が変わっているのに、配置基準が変わっていないのはおかしい。社会として、国として、こどもを大切にしていかなければいけない。

配置基準だけではなく、保育時間が保育園運営に大きな影響を及ぼしている。配置基準通りの配置がそのまま保育園の人員の確保となるが、保育時間が長い、短いは人員確保に考慮されておらず、すべての保育時間を配置基準を満たすように人員を配置すると、人員不足が起き、超勤対応となる。また、配置基準はあくまでも対子どもであり、保護者対応の際に職員が抜けると、配置基準を割ってしまうが、その分の補充は出来ない。

配置基準が変更になると良い部分が増えると思うが、経営的な面からはその分の公定価格、補助金等が必要になってくると思う。長い間、変更されない配置基準の意図を知りたいと思う。教育保育が変わっているのになぜ配置基準が変わらないのかの方が不思議である。

・配置基準の改善とともに、子ども集団の規模を縮小させることが同時に必要。・どの年齢でも対1で考えるのではなく、集団に大人が2人以上いることが望ましいと考える（OECD加盟国の多くがそのように定めているのではないかと）・配置基準とともに保育士の専門性の向上を図ることが必要。資格要件のこれ以上の緩和を防ぎ、保育士という職を国が深くとらえていかないことには、保育の質の向上は望めないと思う。

流れ作業のような生活になってしまう。個性的な子への対応がおざなりになる

保育士の記録などが合間で行っているので、記録時間を保障したい

配置基準の見直しをすることで、近年起こっている事故防止にもつながる。事故が起こる度に、様々な確認やチェックが増え、保育士の業務がさらに増えてきている。配置基準の見直しをすることで、保育士不足の現状で対応できるのかという不安もあるが、保育の質向上のためにも早く行っていただきたい。

人が人を育てていく為、同じ内容（課題）でも、周りの環境によって対応の仕方も変わってくる。配置基準を多くすればいいととも思わないが、子育て能力が低い家庭の対応や研修強化、情報共有等、息つく時間を作り余裕を持ち肯定的対応ができる環境づくり

保護者の要求、ケガに対する過剰反応など、子どもたちへの配慮が昔よりも多くなった。また危機管理上記載する書類、記録が異常に多い。昔のままの配置基準では無理を感じる。

保育所保育指針には、子どもの最善利益を考慮し…とあるが、現在の配置基準では最善の利益を保障することは難しい。その中でも、職員は必死に熱意をもって保育に当たっているが、限界がある。子どもや保護者の性質が明らかに変化しているにもかかわらず、配置基準は75年も同じままという異常な現実に国をあげて目を向けるべきである。

新人保育士や保育士としての自覚に欠けるとしか思えない職員を1人としてカウントしなければならない現実があります。正直二人で一人とカウントして配置していただきたいです。

以前に比べると、園外へ出るときなど危険の無いように保育者の人数を増やしている。環境も変わってきて、事故が増えている中で、人員だけの問題ではない部分もあると思うが、まずは配置基準が変わることで保育者の心の余裕ができると思う。ただ、仕事量も増えて、保育士という仕事が大変というイメージもある中で人員の確保という点での課題は出てくると思う。

子ども真ん中を実現させるためには、支援者である保育士が元気でなくて実現できなと感じるが、現在は休憩をとる事が難しく、特に幼児クラスに手が必要と感じる。

現行の国・区が決めた保育士配置基準では、安全に対するリスクが非常に大きい、その為、園独自での対応をせざるを得ない。又、安全のみならず、保育での様々な行事や、教育（例　和太鼓指導、体操指導、サッカー指導、絵画指導等々）を行う余裕は現行の配置基準では全く出来ない。ただ預かるだけの保育となる。一方で企業園などは、ギリギリの配置をしているところが多々あり、国・区は配置基準を増やしても法人へ資金が流れることを懸念していると思われる。配置基準も段階を決め、実質配置している園には、その実情レベルで補助金をだせる仕組みとして欲しい。

怪我がないように配置、環境を設定することで精一杯になってしまっている。

保育士の力量（質）によるところがあるので一概には言えないが、問20が実現すれば園全体がゆとりをもって運営ができるのでは、と感じている。

指針が改訂され求められることは多いのに、配置基準がいまだに変更されないのは疑問。配置基準を決定される方に、今の指針に合わせて現在の配置基準で保育を実践してみて欲しい。保育士の過酷な現状を理解して欲しい。園児数＋一人ひとりの保育時間を鑑み、配置数や補助金などを決定して欲しい。1日も早く過酷な状況が改善されることを望む。

一人一人に愛着形成を行うためには配置基準の変更は有意義。しかし加配が行われることのほうが重要と考える。

使命感を持って子どもの命を守り、子ども達に豊かな経験をと日々考えて保育を行っている保育士達には感謝しかありません。24時間の子育て経験をしている方なら、『保育士』が単に子どもを預かるだけではない職種であることは簡単に分かるはずです。専門的な知識を備えつつ自己研鑽にも励んでいる保育士達です。保育士職に見合った対価（最低でも賃金はプラス10万円）をと願っています。

保育士の待遇が悪く、せっかく保育士を目指して入ってきた人も現実を知り違う仕事を選ぶ人が多くなってきているから

現状の配置基準通りの人数では、クラス運営は不可能。

保育士主導の保育から、子ども主体の保育に転換していくことが課題。より個々を丁寧に援助していくことが重要と思う。

保育士の配置基準は現状から少し改善する程度で良いと考えます。仮に0歳児が2：1となった場合、子12人に対して4人の保育士が6人配置必須となると、大人の数が多すぎると感じるためです。希望することは、園児数・年齢ごとの配置基準に加え、その他の保育士（フリー保育士、加配保育士など）を恒常的に複数名配置したい。「女性の職場」であることからも、出産・子育てのために中長期的な休みが必要となる。その際に、一時的に保育士を確保することは人材面や費用面からも大きな負担となる。

子どもを育てるという事は、とても大切な仕事である。子どもは放っておけば育つもの、最低限の保母がいればどうにかなるというのが昔の考えであったが、今は、ちがう。幼稚園との格差も感じる。教育の格差があってよいのか？すべての子どもが平等に幸せに大人になれることが、将来の日本を豊かにするために必要だと思う。保育士だけに子どもを任せて、良いのか？ただ、配置基準を改善するだけがすべてではないと思う。保育士の心のケアもできればよいと思う。課題として思う事は、保育士がただいればよいという事ではなく、質の向上、プロとしての心構えも必要である。資格を取っただけで後は園の研修任せになってしまうのではなく、資格の更新システムとか、働く人の基準をきめたほうがよい。保育士を束ねる園長も現場から上がると経営や運営について学ばないまま席に座らされ、仕事に慣れるまで数年かかる。研修や相談できるところが欲しい。

保育士はただ子どもと遊んでいたり危険のない様に眺めているだけではなく、子ども達の一生を左右する時期に大切な援助を担うとても大事な仕事です。着替え・食事・排泄・午睡・遊び・それぞれの子ども達に丁寧に関わるために、今後の適切な配置基準の改定に期待します。いつぞやか某大臣が、午睡時の保育所を視察し、これならもっと子どもを見れるだろうと、おっしゃったことが忘れられません。見て頂くなら、1歳児6名の食事、排泄、着替え、午睡、食事片づけまでの流れを見て頂くべきだと感じたことをよく覚えています。それが本当に一人の保育士でやるべき仕事か判断してもらいたいと思います。ぜひ、1日も早い配置基準改定を切望します。

一斉保育から子どもの自主性が、求められており70年以上前の基準では、対応が難しい。あと、長時間保育での子どもたちの負担が増えてきており、安心した環境づくりには適正な配置基準が必要。

年齢配置基準が改善されても、保育士の仕事は減らない為、保育士の書類時間の確保や、休憩や休みをとれるようにする為の増配置についてを検討していただきたい。保育士の心の余裕が、より良い保育に繋がるので、配置基準だけでなく、フリーで動ける職員の充実の検討を宜しくお願い致します。

条件付き補助ではなく抜本的改善が早急に必要。保護者や地域を巻き込んでの運動をしていく必要は感じるが、日々の業務に追われて余裕がない中、しっかりと取り組めていない。

①今、自分で保育していない人が0対1と決めるのはおかしい。経験者でも過去、自分はこうしてきた、ああしてきたが通用する時代でないことを認めるべき。求められている業務の質が変わってきている。どんな保育をしたら子どもたちがどのようになったか鑑みれば、適正値が見えてくるように思う。まずは0歳児を3人抱えて毎日どれだけ走れるかやってみてください。②育児休業を含め不就労者の対応がぶれている。利用には病気・ケガ・障害があるなら治療を条件にしていないので、かわいそう、大変そうに支援の的が変わっている。保育所が誰でも使える託児所やベビーシッターと勘違いされている識者、利用者が多い。とくに自治体職員の利用の仕方は全般的に悪質。サービスを権利とはき違えられている。③発達障害など、障害を持つ子どもと障害を持つ親の対応に苦慮している。専門職の配置がされないのはおかしい。SW、心理士が配置されるべき。④せめて全社協の施設長講座など園長資格の要件を確立すべき。子ども観や福祉の気持ちなく、素人が世襲や経験からくる主観と誰でも受けられる研修だけで対応しているのは違和感がある。

現場を知らない人たちが、机上の上で決めるのではなく、現場の意見を聞き、その意見を受け止め、改善していくことが必要と考える。また、改善するにあたっては、当然、財政上の問題もあるため、その点についても現場の意見を取り入れ、手当していくことが必要である。

今の配置基準では、子どもにけがをさせない、保育を何とか回すというギリギリの環境で現場は動いている。そもそも保育士を目指したやりたい保育が出来ない状況であるため、保育士は将来への希望が持てない。不適切な保育や危険な保育の根底にあるのは人手不足であり、配置基準に縛られた保育行政の在り方だと思う。近年に見られる安全基準や不適切な保育の基準など上から降りてくるものは保育士や保育園の負担が増える物ばかりであるのに、根底にある配置基準をなぜ改善しないのか憤りを感じる。

休憩時間をまとめて取ることが不可能な為、休憩室もなく子どもとなかなか離れることができず、頭を冷やすことが難しい。子どもに当たる事はないが、頭痛や保育にミスが出たりとマイナスにつながっている。

配置基準が見直されても、採用できる人材が少ない。見直されることで、保育士の働く環境が良くなることを望む。保育士として働こうとする人材が多く出てくることを期待する。

今の配置基準でも子どもを見ることは出来る。ただ、怪我のないように安全を見守ることにも専念することも多く全体を見るには限界があると思う。

保育時間が長い子どもたちが多いため、当番勤務が多くなる。ローテーション緩和のための職員配置も検討し、どの時間帯の保育も同じようにしていくことを考えたい。

コロナ禍や核家族の増加により孤立した家庭が多くあり、子育て支援の必要性を感じています。また加配保育の必要な障害児も増加しており、1人の園児に対する保育士の仕事量は著しく増加していると思います。現在の保育士配置基準では保育士には余裕がなく、毎日子ども達を見守る託児をすることがやっとであると思います。プラスアルファの保育を提供するためには保育士配置基準を変え、保育士さんたちが余裕を持って働けるようにしていかなければならないと思います。

・大災害時に子供を守り切れるか不安がある。・特性を持った子が今後多くなる傾向ならば基準を見直して一人ひとりの対応をより細かくできるようにしていく。・愛着不足が感じられる子が多くなっているので、その役割を保育士ができればと考える。今のままでは見落としてしまうこともあるのではと考える。

本当に現場をみてほしい。避難等、0歳児3人、1歳児5人どうやって移動させるのか。抱っことおんぶをすればいい、避難車に載せればいい。というわけにはいかない。限られた人数の中でいかに早くできるのか。生身の人間を相手にしているのし、都度いろいろな問題、ハプニングが起こるので、もっと十分な基準配置が必要だと思う。

配置基準もそうだが、集団が大きすぎる。1．2歳児は、10人程度の集団で保育できる環境があるとよいと思う。

・災害時、子どもの安全確保に不安を持つ。特に乳児は散歩カーが使用できない災害時、現在の配置では困難さを感じている。・幼児クラスに関しては小学校の1クラスよりも定員が多い園もある。生活面の自立等手を掛けていく時期なので疑問に思う。・職員数が増えることはメリットだけではなく保育者の保育力も課題になり、現場での育成が課題になる。

今まで保育士はクラス担当をするが当たり前でしたが、フリー保育士は経験がある保育士がなると決めると、どのクラスの応援も出来、また新人保育士の指導も出来ます。適切な保育の方法を子どもにしっかり関わりながら伝えるという大事な役割も担うことになります。そうすることで保育の質の向上にもなり、不適切な保育が行われることがなくなりと思います。

やはり、保育の実際の現場を知らない方が配置基準を決めているんだなと感じてしまいます。現場はどこもいっぱいいっぱいの状況で日々保育をしていると思います。処遇改善等で国は保育者の待遇も考慮してくれてはいるかと思いますが、もっと若者達が保育者になりたいと希望をもてるような職業であって欲しいと思います。国は子育て支援の充実を図ろうとしていますが、何を重視するべきなのか、どこを手厚くすべきなのかをよく考えて欲しいなと思います。

基準は明らかにおかしい。子どもの保育時間が伸び、家庭の育児能力が低下している中、健やかに子供たちが園生活を送るためには見直しが必要。

・関わりを丁寧に知らせたり、見守ったりが難しい・職員数が少ないことでやりたい遊びに制限をかけてしまう

現在の子ども達が成長する環境は様々で、個人の差も大きく多様化しています。日々保育士は柔軟な対応をとっていますが、保護者との連携も難しく、保護者もまた社会の中で置かれる環境が様々です。子ども達ひとりひとりが成長するにあたり、平等に与えられる環境の確保が求められていると考えます。

保護者の支援に時間と人が必要である。また、地域の子育て世帯への支援今後の課題である。

今の配置基準は一体いつできたものなのかと思う。昔は大家族だったり、隣近所の人も子育てを応援してくれていただろうが、今はその頃とは違っている。相談できる人も手助けしてくれる人のそばにいない中で夫婦で頑張っている保護者も多い。保護者が安心して保育園に預けられるのは信頼関係があってこそ。そのためにも園生活での子供の様子をしっかりお伝えしなければならない。今の配置基準ではやってあげたい気持ちはあってもできないのが現状であろうと思う。保育士が確保できない為、休憩も取れず持ち帰り残業も多い園はたくさんあるようだが、時間や責任に追われる中でいい保育ができるはずものない。保育士が何故この仕事を選んだのか、ただ子どもが可愛いと思うだけではとても続かない。この仕事を選んで良かったと思えるようでなければ保育士の確保も難しく配置基準を改善することも難しいであろう。どちらにしても配置基準を改善するためには、本当に現場のことを知っている人間が話し合うべきだと思う。書類上だけの配置をしているなら今後も虐待や不適切な保育はなくならないのかもしれないと思う。どんな理由があるにせよ許されることではないが、その背景にどれだけ大変な仕事なのか、遣り甲斐を感じることができているのか等、根本から見直す必要があると感じる。

正規を増やさないと働き方改革にならない。

無理のある、配置基準だと感じる。1歳児は年度初めは歩けない子がいる場合もある。緊急時におんぶし、両手で子どもを誘導しても、3名が限界。言葉での誘導もまだ難しいことを考えると、1:6で、安全確保を求めることが問題であると思う。2歳児も然り。子どもの発達に即した、安全な配置基準を求めたい。また、やみくもに配置基準だけを進めるのではなく、現在の保育士不足を鑑み、給与や休暇等、労働環境、処遇を改善し、人材確保につながる運営費や助成金の増額、増設を願いたい。

保育所保育指針に則り、指導計画を作成し、保育の質を高め子どもの主体性を大切にした保育を展開したいという気持ちはあっても、現状の人数では安全を見守り一日を無事に終えることに注力を注ぐしかない。個々の子どもに寄り添いたくても寄り添えない、多岐にわたる家庭状況の子どもや保護者に丁寧に対応したくてもままならず、求められていることにこたえる努力をしたくてもできないのが今の現状である。時代の変化に伴う指針の改定に配置基準や労働環境がそぐわず、保育士等は心身ともに追い詰められているのを感じる。

育児休業が普及し、1歳児からの入園が増えています。母子分離が一番難しい時期であり、愛着形成が不十分な子どもも多く、安心感を与え信頼関係を作るには職員の担当制等、人数が必要になります。ただ預かるだけでなく、愛着形成、生活習慣の自立、また幼児教育の基礎を培う大切な時期であるという事、保護者への支援も考えると、1歳児2歳児の配置基準の見直しを切に願います。

全国一斉に配置基準を見直すと、保育士不足が問題になるのでは。

緊急一時保育対応のために、各クラス1名多く配置されているが、緊急一時の子どもと個別対応が必要な子どもが増えてきており、そうでない子どもの保育の充実と、安全対策が課題である。

今の設置基準だと、事故が防げない。保育所保育指針に書いてあることが実行できず、ただの理想になってしまっている。

第5章　資料編

特に自己主張が強くなり、いやいや期が始まる1歳児クラスの配置基準は本当に厳しいと思う。しかし、保育士不足と言われている現状の中、基準を緩和したところで職員の採用が出来るのだろうかという懸念もある。
常に全体に目を配らねばならず、一人ひとりと関わる時間が取れない。保育士が抱える事務仕事も多い。保育士基準だけではなく、育児短時間勤務をとっている人もいるので、そのカバーをその少ない職員でこなさなければならないため、さらに余裕がないように感じる。ただの基準改善だけでなく、育児短時間保育士のカバーというところにも目を向けてほしい。
保育の質の向上のためには、ゆとりある職員配置が必要。不適切保育や虐待の問題への対応のためにも、必要不可欠な課題。働きやすい職場、職員がこどもを産み育てやすい環境づくりのためにも、絶対に必要な課題であると考えます。
賃金上がれば保育士戻ってきます。後は虐待言いますが、親の子育てが甘々になっていることもすごく感じます
・その時の社会情勢や子どもが置かれている状況を鑑みて数年ごとに見直しを行い状況に則した配置基準を考えるべき。他国の幼児教育の状況も十分に考慮し日本国として子どもをどうとらえていくのか考えるべき。・多種多様なニーズ、過酷な保護者対応も増える中、年齢で一律配置という考え方はナンセンスである。
政策を決める官僚、法律を決める議員は、諮問機関等でいけんを述べる学者は、実際の現場をもっと見るべき。可能であれば1日でも半日でも保育の現場に入って現場の状況を把握してほしい。国が人材の確保を意識して、急激な改善は現場を混乱させる、などと行くようなことを言っているが本末転倒である。処遇改善と一体化させて人材確保まで視野に入れた配置基準の改善を行うべきであると考えます。
保育士がゆったり子どもに向き合える配置がされることで、子どもの自分の思いを達成できる環境が整えられ、お互いに楽しく毎日を過ごすことができると思う
現在の時代に全くそぐわない。子どもの人権と安全を最優先した適正な基準を設けてほしい。
日本は子どもに対する投資が少なすぎる。未来を背負う子どもたちを育てる手間、人、お金の優先順位が低いということは、先の見通しがないことを世界に知らしめていることになる。不適切な対応をしないために、保育士個人のスキルを上げることは必要だが、それだけに頼らず、人的環境を整えることに国が取り組むべきだと思う。手遅れにならないうちに。
配置基準どおりの人員配置では、子どもたちとのかかわりや安全面での配慮・書類作成や保護者対応等充分に行えないため、常に基準以上の職員を雇用しています。労働環境の改善のためにも配置基準の見直しと同時にそれに見合った委託費についても検討をしていただかないと、ただでさえ職員の採用が難しい中、保育所の運営にも大きな影響があると思います。
年々支援の必要な子どもが増えてより細やかな保育が必要なため改善していただきたい。
時代も変わり、子ども達の生活や育ちも違ってきている中、保護者が保育園に求めることや保育者の負担も増えている。そのような状況で賃金の低さも処遇改善と銘打たれても根本的が変わらず、大幅な改善に至っていないことが課題の一つだと思う。70年前の基準に合わせようとする保育には無理が生じている。早急に基準を変更し負担軽減し、保育士が仕事に誇りをもって携われるようにして欲しい。
子どもの在園数にかかわらず、乳幼児期は大人の援助により命を守られ、生活習慣を身につけるが、例えば職員数が少ないことで、食事、排泄、着替えなどを丁寧に行うことが難しい場面もある。保護者や地域の子育て世帯ともお子さんのことにらついて、ゆっくりとお話を聞くことも事前の予約が無ければ時間は取れない。職員も体力、気力ともに疲弊して辞めてしまうこととなるため、見直しをしていただき、子どもも大人も生きやすく、いつも笑顔でいられる保育所であることを望みます。
保育園の開園時間内において、圧倒的に保育士数が足りません。特に11時間保育になると、職員の配置基準に見合っていません。
基準が改善されても職員の確保が難しいのではないか。
現在の基準では、ひとりひとりに時間をかけて関わることは難しく、高いスキルが求められる。若い人材が多いと一人当たり見られる人数に限りがあり、グレーゾーンの子どもも増加している為に、基準が上がると余裕が生まれる。課題としては依然保育士不足である為、基準だけ上がっても保育士の確保が困難であるという点だと思う。
今、保育を取り巻く環境は複雑で、保育以外の保護者対応、地域対応により仕事量が増加しています。保育士を増やしていただくことで保育士にゆとりができ保育の質の向上につながると思います。
人間の手、目の数は決まっているので、その中でできることには限界がある。時代、社会事情等も常に変化し、それに対してやらなくてはいけないことが増えているので、それに見合った配置がばければそれらに取り組めないのは当たり前である。しかしその一方で、配置基準が増えても結局はなりてがなく変わらない、変えることができないことも予想される。満足した保育ができる日は程遠い気がします。
明らかに大人一人がみるこどもの人数が多い。正直、見きれない部分がある。親が二人でも一人の我が子を見れないのに、いくら保育の勉強をしてきたからと言って、保育士が一人で大人数を見れる訳ではない。保育士が多ければ良いとは思わないが、1対30とか、普通に考えてみたらおかしいと思う。
配置基準を決めた時代と現在では、子どもや保護者の背景が変化により個別の丁寧な対応が求められる。他の自治体（横浜市等）を例に都全体で変えていくべきと感じる。ICT化も単に業務削減になっていない現状もあり、今までより時間を要する所もあり事務時間についても今後の課題ではないかと感じる。
様々な個性を持った子どもが増えたので、個別の対応をしっかりするためには人数が必要。同士に保護者からの要望が多岐にわたっているため、対応するため。

3歳以上の子供に対する基準が現実的ではない。実際に30人の4.5歳児を1人で見ている現場があるのだろうか？不適切な保育を取り上げる前に、この基準で適切な保育ができるはずがないと訴えたい。また、年齢ごとの集団の人数の上限はないので、配置基準さえクリアしていれば、0歳児が15人に保育士5人、1歳児が25人に保育士5人などが可能であるが、年齢に対しての適切な子供の人数はそんなに多くはない。例えば、0歳児は保育士の配置基準は3対1だが、一つの部屋で一緒に過ごす子供の人数の上限は8人までのように、クラスの上限人数を決めるべきだと思う。そうでないと、部屋の広ささえ確保すれば、30人を超えるの4.5歳クラスや、20人を超える1歳児クラスなど、とても安定して過ごせるとは思えないクラス運営を押し付けられる。最近は保育をサービスとして、親の負担軽減を目玉にしている園もある中、保護者の要求はエスカレートし、保育士の負担が増えている。保育士不足で、質の悪い保育士でも経験のない保育士でも、配置基準を守るためにはと目を瞑って雇用している現実もあるのではないか。保育士の配置基準を、見直すことは必要であるが急激な保育士の増加は、質の悪い保育士の雇用を増やすことにもなる。配置基準の見直しだけでなく、集団の人数に着目することで、保育士を急激に増やさず、子供が安心して過ごせるようにできるのではないかと思う。

3歳以上の子供に対する基準が現実的ではない。実際に30人の4.5歳児を1人で見ている現場があるのだろうか？不適切な保育を取り上げる前に、この基準で適切な保育ができるはずがないと訴えたい。また、年齢ごとの集団の人数の上限はないので、配置基準さえクリアしていれば、0歳児が15人に保育士5人、1歳児が25人に保育士5人などが可能であるが、年齢に対しての適切な子供の人数はそんなに多くはない。例えば、0歳児は保育士の配置基準は3対1だが、一つの部屋で一緒に過ごす子供の人数の上限は8人までのように、クラスの上限人数を決めるべきだと思う。そうでないと、部屋の広ささえ確保すれば、30人を超えるの4.5歳クラスや、20人を超える1歳児クラスなど、とても安定して過ごせるとは思えないクラス運営を押し付けられる。最近は保育をサービスとして、親の負担軽減を目玉にしている園もある中、保護者の要求はエスカレートし、保育士の負担が増えている。保育士不足で、質の悪い保育士でも経験のない保育士でも、配置基準を守るためにはと目を瞑って雇用している現実もあるのではないか。保育は現場で経験を積まなければ身につけることができないことが多い。経験の浅い保育士が多すぎると、経験者から学ぶことも少なくなる。不適切な保育は、忙しくて手が足りない状況でも生まれるし、経験に物を言わせ高圧的に保育を進めるベテラン保育士がおこしていることもある。保育をよりよくしていくためにも、継承していくためにも、経験年数のバラつきが必要な職場であると思う。保育士の配置基準を、見直すことは必要であるが急激な保育士の増加は、質の悪い保育士の雇用を増やすことにもなる。配置基準の見直しだけでなく、集団の人数に着目することで、保育士を急激に増やさず、子供が安心して過ごせるようにできるのではないかと思う。

保育の無償化同様に大切な事だと思います。

このままでは、良い保育士が育たない。保育士になりたいという人も減って来るのではないか。給料も上がる様なニュースはやっていたが、給料が上がった実感はない。とても今の若者に保育士は良い職業と勧められない。

基準が増えれば、その分手厚い保育士配置ができるが、現状どこでも保育士が足りない現状に、保育園同士でますます保育士の取り合いとなるのではないかと懸念している。

昔から変わらない配置基準では、子供を監視することしかできない。人を育てる専門性を社会が認知してほしい。

配置基準を改正することにはもちろん賛成である。その一方で今、目の前にいる子どもたちの保育には何人の保育士が必要であるか？という話には、基準だけではなく、実際に目の前にしている子どもたちの様子はどうかの部分も重要であると思う。子どもたちが熱中してなにかに取り組んでいる時には、1人で大丈夫な場面もあるだろうし、反対に何人いても子どもが落ち着かないこともある。そう考えると、結局は今日の子どもたちの何に？どんな様子に？どんな場面が考えられるから？職員はどれくらい必要だよね。と話を職員同士でしながら、毎日の保育を進めていくことも大切であると思った。

自分としては出来なくはないと思うが、経験値の違う職員全員が対応できるかは疑問。真の意味で良い保育をするのであれば見直すことが望ましいと感じる

現在の基準は保育士一人が『保育』をできる人数ではなく、とにかくケガや事故がないよう目を離す時間がないよう『子どもたちを見ている』人数。様々な子どもたちの育ちを促す保育を可能にするためには、早急に配置基準の見直しが必要。

個を大切にする保育、子どもに寄り添う保育等言われていますが、どの年齢も今の配置基準でそれができるとは、思えません。現場を観て考えて欲しいと思います。

例えば120名の園と80名の園では業務量が違うので、定員加算も必要である

若い保育士が多く、配置基準人数を見きれていない現状がある。また、応答的保育や少人数保育を行い、子どもに寄り添った保育をしたくても配置基準が見直されない限り、余裕を持って子どもに関われない現状があるため。

少子化を迎えた今だからこそ、未来を担う子どもたちのために日本の配置基準を見直す時が来たと思う。

決められた人数でやるしかないんです。でも、普通に考えて、1歳の子供や2歳の子供の1日の生活を1人で手厚く見守るのは無理です。

早番、遅番時の保育が課題だと思う。保育士の確保、安全の確保が本当に大変でみんな疲弊しています。

保育士の仕事は、書類の作成や午睡時の安全対策、育児困難家庭への対応、専門職としての研修等、年々業務が増えていっている。しかしながら、配置基準が変わらないと、増えた分の業務が、現在在籍している職員にのしかかってしまうため、早急な見直しが必要だと思います。

多様性の時代、一人ひとりを大切に思えば、この配置基準では適切な保育ができないことは明らかです。保護者支援も必要な時代です。子どもの最善の利益と児童憲章に基づき、本当の意味で子どもを真ん中にする国になることを望んでいます。

全て時間帯に、多数の職員が必要なわけではなく、必要とされる時間帯がどのクラスも手が必要になってしまい、それ以外の時間帯は、手が空いてしまったりします。その間に非常勤の方にクラスに入ってもらい、話し合いをすることもありますが、主の活動をする時、朝夕の保護者対応時は、クラスから抜けづらいなど、人数だけいれば良いという問題ではない。

現実の開所時間・利用時間（長時間保育・土曜保育）に対して、配置基準が見合っていないように感じられる。職員の労働条件を保障しようとすれば更に現場が手薄になる。また、交代勤務や短時間職員が増えるほど、情報共有や育成・雇用管理の課題も増える。保育の現場はこどもの居場所であり、関わる大人が頻繁に入れ替わることは好ましくないため、熱心な職員ほど長時間労働につながる。配置基準の改善と同時に保育時間が適当なのか、社会全体での働き方の見直しにつながって欲しい。

上記同様　そして、改善されたら職員も保育が楽しいと思える職業になっていけると思います。

幼児は、発達に課題がある子の場合、特徴的な行動が顕著となり、現在の配置基準では到底対応できない。他機関との連携が重要と言われているが、十分にできないと思う。

・厳しい勤務環境であるため、退職者が多く保育不足を感じる。規定ギリギリの人数配置であるため、退職や急な欠勤で人為不足になるが、そのまま保育を運営せざるおえない状況である。また、人の入れ替わりが激しいため、保育が安定せず、子どもと保育者の信頼関係も職員間の連携も不安定な状況が続きがちである。いつもその日をどうにか、怪我なく乗り越えることに精一杯で、子どもたちに寄り添った保育や、発達をねらいとした活動、自立に向けた必要な援助など、保育園として行うべき役割が果たせていないように感じる。大人が足りないことで、その皺寄せは子どもたちの生活や遊びの時間や機会を減らすことに繋がってしまっている。・新しい保育者が入ってきても、必要な指導や保育方針、注意事項を丁寧に伝える時間を設けることができないため、すぐに辞めてしまったり、質があがらない。保育者１人分のカウントとして勤務してもらっているが、実績が見合わないため全体の質が落ちていく悪循環である。

１人ひとりを大切にしていくため、と　職員の職場環境の改善のために保障してもらいたい

配置基準を変えても、人材確保が困難。紹介会社に高い費用をかけるのも、税金の無駄使いになる。人材確保への対策を打ち出さなければ、現状は変わらないと思う。

保護者の要望は多く、高くなる中、実施できないと「サービス低下」ととられるようになっている。保育をしながら、環境整備、家庭連絡、指導計画作成と保育士の負担は増加している中、保育士の配置を増やすことで、現実とのギャップを少しでも解消したい。

子ども主体の保育にするためには、保育士の人数を増やさないと難しい。決められた運営費で人数を増やすと１人１人の賃金を下げる事になり保育士不足に繋がる。

国は、子どものいる家庭への支援を進めているが、70年前の配置基準すらそのままで変えてもらえなかった。子どもの育ちを支えている保育園の改革は後回し。世界の基準を見ても、日本の基準はとても厳しく、現代の子どもの姿から必要な人員配置になっていない。保育士の労働環境の改善もしてほしい。保育士は、ずっと我慢をしながら仕事をしているが、不適切な保育（虐待）やケガの増加など、労働環境が悪いと良い保育はできないのではないかと思う。

全然あっていないと思う。気になる子どもも増えている中、基準がずっと変わらないのはおかしいと思う。現場は悲鳴をあげているのが正直な所である。検討して頂きたいです。

今は、子ども達も多様性があり、発達障害ではなくても手のかかる子が多いと思います。多動で動き回ったり、お友だちを叩いたり押したり、目が離せません。人数少ないと、掃除や消毒も満足にできなかったり、書類やイベントの準備の時間もゆっくりとれず残業にもなります。休憩や休みが思うように取れない事で、職員のモチベーションやリフレッシュ、体調管理にも影響があります。職員が元気でいる事で、保育園に安心して預けてもらえるので保護者ばかりではなく、現場の職員の事も考えてもらいたいです。分からないなら直接色々な園に行ってもらい話を聞いて頂けたらと思います。頑張って子どもたちの為に保育をしていても、なにかと保育士の事件も多く、とても嫌な気持ちになります。頑張っていても一部の人のせいで保育士が悪い印象になるのは辛いです。ぜひ、現場の職員の話を聞いて配置基準の見直しお願いします。

安全と子どもの自主性、また保育士の休憩など課題は多い

ただ日々を過ごす事に、必死になっていて、余裕がない。それは保護者にも、子どもにも伝わる。

未来を担うこどもたちの育成には、関わる大人の心のゆとりや、職員間で協力して保育を行うための時間が必要。ましてや、業務が膨大になり、体力あっての保育業務ができなくなっていうる現状を変えていかなければ、新しく子どもたちを健全に育てていきたいという保育士を目指すものもいなくなり、子どもを産み育てる人も減少していくことになってしまう。大げさかもしれないが、日本社会の破滅にもつながりかねないと考えます。

配置基準を改訂する事が出来たとしても、それは全国的に可能なのかどうかということは気になっている。東京だけが配置基準も助成金も改訂され、地方の保育園との格差がうまれる施策には反対する。どの地域の子どもも保育士も等しく、守られるような改正を望みます。また、子どもの状況、保育士の状況は頭数だけの話でもないので、頭数が足りているから、大丈夫、とかそういう話は乱暴なようにも感じる。

障害児や配慮の必要なお子さんが増えてきている現状では今の配置基準では保育が成り立ちません。また、家庭支援も丁寧な対応が必要なケースが多く、その対応も出来ない為、見直す必要があると思います。

現在、保育園は様々な問題を抱えています。経験不足等様々な事情から集団生活が困難な子ども達の個別対応や育児不安を抱える保護者への対応が実現すると思う。

・0，1，2歳児の保育には、十分に一人ひとりの思いを受け止めてあげられるだけの保育士が必要である。・子どもを産み育てる環境は改善されてとてもよくなった半面、その働き方を受け入れつつ保育園を運営していくには保育士が不足している。現場はきつくなっている。

自園だけてはなく、地域に向けての発信も多くなり、又多様なお子さんが多くなり、保護者対応も増えている。職員の事務料が増えてきている。ゆとりある心で子どもに丁寧に接することができるようになるためにも配置基準の見直しを願います。

現在の保育現場の状況が全く見えていないと思う。

現在、保育園は様々な問題を抱えている。経験不足など、様々な事情から集団生活が困難な子ども達の個別対応や、育児不安を抱える保護者への丁寧な対応が実現すると思う。そうしたことで、“保育”が作業労働とならず、感情労働となっていけるのではと考える。

乳児に関しては配置基準は厳しいと思う。幼い子は気持ちが連動するので心が安定しない時は気持ちが一斉にくるので対応に苦慮する場面が多い。幼児は活動により人数の変動をしたい。森林活動や河川活動は大人が必要。それ以外の時はあまり大人が多くても子どもの自主性に影響がでると思う。

子どもの育ちや生活の保障をするために配置基準の見直しは必要だと考えます。よろしくお願い致します。

より、個別性が必要な関わりが求められることが多くなり、また、事故予防の観点からも食事や、睡眠時の事故も多くなった近年。保育士側ももちろん細心の注意は払うが、配置基準を見直して人員がいれば防げることもあり、精神的にも余裕をもって保育ができる。あんしん、安全を強化できる。配置基準を見直していだきたい。成り手も減って行くのではと懸念している。

求められていることも　多く　一人ひとりに丁寧な対応　支援が必要な保護者が増えているので　配置基準が増えればいいとおもいます。

クラスの配置基準の見直しも大切だが、園の規模にあわせて、フリー保育士が複数名配置できると良い。職員の旧居の休みや、年度途中での職員の産休・育休などの代替職員に充てられたり、短時間勤務職員の代替、シフトの緩和、研修や休暇の保障など、職員が心や時間にゆとりをもって働くことができる。人員が増えることで職員間や保護者とのコミュニケーションもたくさんとれるようになる。専門職として誇りを持って働けるようになると良い。

日本の保育士の仕事は、多く人手が必要と考えます。保育士一人の対応する子どもの人数が、ヨーロッパの国と比べるとだいぶ多いです。また、難しい保護者が多くなり、保育士の精神的な負担も多いので、人手が必要と考えています。しかし、保育士不足の為、なかなか保育士の数が集まらないのが現状です。

特に0歳児6名クラスの場合配置基準で3：1なので保育士2名が担任になるが、クラス運営上1名は保育活動の準備、ミルクを作ったりオムツ替え等あるので実際には保育士1名で6名の0歳児を見る場面が多いために、心身ともに疲弊していると思う。

無駄に保育士が多い状況も保育の上で困難な環境となることを感じる。

配置基準が絶対ではなく、あくまで基準なので園それぞれで必要な人材を確保すればいいが、財源が必要。

・1日を通して早番、遅番などの当番が入ることで、保育者の手がうすくなってしまう時間が生まれてしまう。そこにも配慮された配置基準の検討をお願いしたい。・保育士の繁忙感と共に、各地で不適切な保育につながっている要因が見られる。保育者の心のゆとりにも視点を当てて欲しい。・子どもたちの質も多様化しているので、この機会に保育の質の改善に取り組めるよう配置基準を見直せる政策にして欲しい。

配置基準も時代に合わせて変わっていくべきであると考える。

配慮が必要なお子さんについてあげられる、丁寧に対応できる。一人ひとりの姿に寄り添う事ができる。

今までの一斉保育から子どもの主体性・人権を尊重した保育に移行していくためには、配置基準を変えることが大前提だと思います。少しずつでも改善するだけで、不適切保育は激減すると思います。

保育指針や教育要領が改訂され、内容が充実し、子どもにも保護者にも丁寧な関わりがもとめられているが、それに追い付くだけのはいちきじゅんになっていない。保育内容の充実を職員の努力や向上心に依存するのは既に限界。追い詰められると、虐待行為にも繋がりかねないのではなかろうかと思う。せめて、日々のノンコンタクトタイムと、休憩をしてあげたい。

現在、保育園は様々な問題が起こります。経験不足等様々な事情から、集団生活が困難な子ども達の個別対応や、育児不安を抱える保護者への丁寧な対応が実現すると思う。そうしたことで、〝保育〟が作業労働とならず、感情労働となっていけるのではと考える。

第一に優先して考るべきは子どもたちのことであり、集団生活が困難な子どもや育児不安を抱えている保護者への支援にはどうしても個別の対応が必要になる。丁寧にかかわっていきたいと保育士を目指す職員も多く、理想とする保育が実現できる、保育士が意欲とやりがいを感じられる仕事、職場となっていってほしいと願っている。

現在、保育園は様々な問題を抱えています。経験不足等様々な事情から、集団生活が困難な子ども達の個別対応や、育児不安を抱える保護者への丁寧な対応が実現すると思う。そうしたことで、〝保育〟が作業労働とならず、感情労働となっていけるのではと考える。

第5章　資料編

実際、今の配置基準で保育をしていく中、1日1日を過ごしていくことは可能であったとしても、子どもたちに対して十分な関わり、環境設定、事務的な事などをしっかりと、時間が取れているか考えてしまいます。雑務が残ってしまい作業が、膨らんでいきます。そのあと残業してと悪循環になってしまいます。　意見を公に聞いていただける事も嬉しく感じます。また、担当者の方々には現場に来て1日の流れを見て感じて欲しいです。子どもたちの素直な笑顔、生き生きとした活動、様々なことを吸収しようとする力を見て、子どもたちへの大事な時間を確保できる改善を作って頂きたいです。社会や家庭からの要望を、取り入れている保育の現場を改めて検討して頂きたいです。　現場の職員の思い、子どもたちへの計らいをして子どもたちの未来をと考慮して頂きたいと思っています。

現場が必要でも運営費との兼ね合いもあり、人件費に当てられない。十分な職員配置ができるように運営費を上げて欲しい。都内と地方の差を無くして欲しい。

大人の・人数が増えることで伝達や人間関係が難しくなるのでは

今までの設問は全て職員の意見を入力しました。大きく定員割れをしているが、日本語が喋れない親子、発達が緩やかな子、子育てが上手くできない保護者が増える中、職員の負担感が強い。園の体質上、昔ながらの保育が行われていて、保育の見直しに負担感を感じている職員が多い。定時で帰り、土曜日出勤は3ヶ月に2回、朝夕方当番は4当番で1ヶ月に一回。自園は配置基準に対して他園に比べて恵まれていると思う。なので、他の園が、家庭で育てきれない部分の発達支援、子どもの主体性や意見表明ができる保育環境、大人との安心した関係作りや人間関係の良好な構築ができるよう、十分なそして様々なハンディを抱えた子に対応できる柔軟な配置をして欲しい。そして狭い園に沢山の子を入園させるのではなく、ゆとりのある環境が望ましい。

海外に比べ、保育園だけでなく学校なども日本の基準がおかしい、古すぎる。一人で見られる人数だと思っていることが不思議でならない。とても大切な時期なのに、ただ怪我がないように見ていくしかない現状が悲しすぎる。もっと一人ひとりを丁寧に見て、接してあげたい。保護者への対応ももっと丁寧になっていけると思う。日々の保育者の人数不足、休憩不足で疲れが全く取れない。これではみんな辞めていってしまうことも共感できる。虐待もやってはいけない当たり前の事だが、そうなってしまう現状を現場の人、上の人、政府の人、みんながしっかりと見ていかなくてはならない。基準が変わってよりよい保育現場になっていくことを、とても期待しています。

個別対応が望まれている現在配置基準の見直しによって保育がより良いものになっていくと考えられる。

以前より気になる子が増えてきているので昔のままの配置基準では保育士が園児を見きれない。保護者の質も変わってきて保育園に求める事が多く、保育士の負担が増しているから配置基準の見直しは必要。ただ保育士不足で保育士を確保するのが困難であるので、保育士の質の向上が先決かもしれない。

有り得ない。大人の都合で子どもを上手く動かす保育前提の配置基準。子どもの主体性を尊重する保育など、絶対にできない。かといって、配置基準を改善すると保育士をさらに採用しなければならない保育園が出てくるので、さらに保育士不足が懸念される。保育の重要性、子どもの育ちへの理解を社会全体に周知する教育をするべき。子どもの育ちを知らない大人がほとんど。それが虐待に繋がる。社会が子どもの育ちを知らなすぎる。軽視しすぎている。小学校、中学校から子どもの育ちについて学ぶ時間が必要。大人本位すぎる。

配置基準は従来のまま（3〜5歳児は高くしてほしい）で、日々の現場状況によっては基準を満たしていない日があっても良いという柔軟な対応を期待したい。基準が高くなった場合、人件費補助の適宜充実を図ってほしい。

保育園の運営は運営費で賄われている為、配置基準による運営費の増額がないと、法人だけの力で職員配置を増やすことは難しいのではないでしょうか。以前に比べ、加配申請以外の園児でも個別対応が必要なお子さんやアレルギーなどで個別支援が必要な園児が増えています。より丁寧に援助をしていくためにも、配置基準の見直しを是非検討して頂きたいです。

加配されるだけではなく保育士の質の向上のためには処遇改善が必須だと強く感じています。

養護を大切に行う上での十分な配置規準に改めてほしい。

近年、要支援児（障害児）という認定はされていないが、個別に対応が必要な児が多くなってきている。また、ここ数年で職員を多く採用したことにより、結婚・出産も多く、復帰後は部分休業や短時間勤務を取得すると、職場内の手薄となる時間帯が発生する。保育の充実や災害時等の安全を考えると、配置基準は不足であると感じている。

家庭保育、地域保育の質の低下により、この基準を定めた時代とは子どもの質が変化している。更に保育指針も改訂され、個性を尊重したり、主体性を育てるといった事に沿っていくには、きめ細やかな保育が必要となり、より多くの保育士の見守りが必要な為、配置基準の見直しは必須。保育の質の向上が言われ、個々に寄り添うよう努力しているが、保育所の基準の見直しだけでなく、小学校の1学級の人数も合わせて見直さないと幼保小が連携できているとはいえない。

現在の配置基準では、安全面を考えても保育士だけでは、対応できないところがあるので改善されることを願っています。特に夏のプールあそびでは、監視に専念する職員を立てる事が難しい状況です。

大人が多ければ良い保育ができるとは思わないが、共有したり考える時間がないと、次の保育につながらない。

保育士基準は、現場を知らない人たちの空論にすぎない。現場は、地域毎に異なる為、国・都で基礎となる基準を作りその基準を下回る事の無いよう、市区町村単位で安全を確保する詳細な基準を設けて、国・都は潤沢な補助金を各市町村に配布し、各々の市町村の責任で配置基準を設けるべきである。

職員に余裕がなくなることで、様々な問題につながってしまうように思うので、今以上の配置基準になることを切実に期待する。

なし

育ちの困難さを抱えている子どもが増えている。1人1人の発達に寄り添い、子も保護者も支援できる余裕のある環境が必要だと思う。1人で抱え込まず、複数で共有することで、直な離職の考えもストップできるのでは。

クラスとしての箱でみていた時代の配置基準で、現在の様々な家庭からのニーズ、子どもへの対応は無理がある。指針でも、【個々】と明記されているのに、対応できない現状があるのであれば理想論になってしまう。「それでもやるんだ」と考えて保育をしている園はたくさんあると思うが、必ず歪みは生まれてしまうと思う。（疲弊からの離職など）

一斉保育が主流だった時代の配置基準であると思う。一人ひとりと丁寧に向き合ったり、子どもたちの思いや考えを実現するためには今の配置基準では叶わないことが多いと感じる。保育内容に関してもみんな同じことを同じように行う時代を経て個々を大切にするところまで進んできているのでこれを継続し発展させるためには配置基準の見直しが必要であると感じている。

子どもの人権を守るために保育士配置基準を見直すことは、大前提です。時代に合わせて必要な環境を皆で考え、健やかな育ちを守りたいです。

何十年も前に定められた基準値、見直しが遅すぎた。時代や家庭事情の変化に応じて柔軟に対応すべき。本来、家庭で行うはずの子育てが、保育園や教育現場に責任の軸が傾いている。保育教育は、とにかく人の手と目が必要。現状の基準でできるのは、監視することのみ。充実した保育、安全な保育など不可能である。

そもそも、保育士の配置基準がこれだけの長い間変わることなく来ているということは、社会構造上おかしい。保護者対応から保育内容、カリキュラムや様々なガイドライン、働き方改革や利用者労働者双方の子育て支援。これら以外にも多くのことが変わってきているにもかかわらず、配置基準が変わらない。何なら、処遇改善手当と称した財源投入さえも、からくりにより実質的な収入増にはなっていない。つまり、業務量や業務内容は大幅に変わっているのに、そこで働く人でも収入も増えていないということ。現場の保育士や高貴で献身的な志とマンパワーにのみ頼って過度な労働を押し付けているとしか言えない。そんなこと、頭のよい官僚の方々ならわかるだろうに。細かい課題は数えきれないほどあるが、そもそもの構造自体が課題であると記載する。

実際に配置基準をされる方々が、もっと保育の現場に入り込み、どうして人が必要なのか？と知っていく必要がある。この国は一番大事にしなければいけない乳幼児保育の分野を後回しにし過ぎたと思う。

今までとは変わり、対応の難しい子どもや保護者が増えてきているので、一つ一つ丁寧に関わって行くには現在の基準では難しくなってきているのではないかと思う。厳しい基準では保育士になりたいという思いが持てなかったり、保育士を続ける気持ちを持てなくなり保育士不足になっていくのではないかと思う。

とにかく基準を見直して欲しいです。

一人一人にかける時間が増えていると思われる為、十分な保育ができているか不安に思う。また保護者対応も保育時間が長くなる家庭が増え、直接顔を合わせて話せない事があり、日中の様子などを伝えられないと保護者の抱える不安も増えると思う。次の活動に移る為の環境設定もぎりぎりの人数の中で行われるので子どもを待たせてしまう事もある。配置基準が増えてくれれば、保育者の抱える業務も分散されるため、よりよい保育の実践につながると思う。

乳児保育だからこそ、丁寧な対応を志しているが、子ども達の日々の発達を支える為の配慮や子ども同士の関わり等、十分に沿えないことを感じる。また、長時間保育の子どもが多く、早・遅番の配置基準や保護者対応等で保育士不足を感じる。保育士の負担軽減の為にも配置基準を緩やかにして欲しいと願う。

定員の人数に合わせての配置では実人数が少ないスタートの場合は職員数にはゆとりがありますが、運営的には厳しい面もあります。

配置基準に対して、思うことがあったとしても、実際現場では保育が行われる。無理を前提に保育をしたら出来ないので、子どもの発達を捉えながら保育の工夫は大事だと思う。

0歳児3:1は緊急時安全な行動をとることが難しい両手で抱えて逃げられる人数が理想

気になるお子さんが多くなり、保育が大変。人数配置ではなく、お子さんたちの様子、発達によって配置基準が調整できると助かる。また、配置人数が少ない事で、保育士の負担が多くストレスに。それを軽減してあげたいと、フォローする管理職。管理職の業務が滞る。悪循環になっている。

保護者や子ども共に、丁寧な対応を要する方が増えている。障害があると認定されていないお子さんも多いので、そのような子ども達も1対1対応をすることで、心が安定するケースも増えている。そのような現状を踏まえた配置をお願いしたい。仕事量が多く、残業も多くストレスとなることもあると感じる。保育士の心と体の健康は、子どもや保護者にとっても良い環境になっていくので、保育士を守るためにも配置基準の見直しをして欲しいと願う。

何十年も同じ状態でいること、話題に上がっているが、一向に変更がないのはおかしいと感じる現場の声をもっと耳を傾け、早急に対応していただきたい働きやすい環境を整備していかないとより良い保育を志す人材は育たないと感じる

保育園を開所している時間に対して配置基準が考えられていない。子どもの保育時間や保護者対応が必要となる時間と職員の勤務時間が合致していない。職員の働く権利が保障される職員数が加味されていない。

保育園が教育保育施設となっている現代では、保護者の要望に応えられるマンパワーが不十分と感じている。

一人一人を大切にする、子供の最善の利益を守るには、特に乳児クラスでは人的、物的環境を整えることが必要である。また、長時間保育の子どもが増える中で、当番数も増え、職員の負担が大きい。朝夕の補助職員の確保も難しく、穴が空いた所に職員が入らなければならない現状がある。

人材不足が常態化している保育業界は危機的状況だと思う。病欠者がでると補っている人がまた病気になるような悪循環に陥っているところもあるかと思う。誰もが安心して働きやすく環境になって初めて子どもにとって安心できる保育園になるのではないかと思う。

保育士と乳児の対数割合が見合っていない。安全管理や人権に配慮した保育と言われる中、今の対数は余裕を持って保育するには程遠い。何かあると保育士がと責められるのが現状。もう少し現場を知っていただきたい。また書類・保護者対応・掃除も多く時間に追われる日々、待遇面も考えていただきたい。

75 年変更出来ない現状の要因と、これからの方策

時代とともに、保護者の育児能力が低下傾向にある。さまざまな年齢で配慮が必要な子どもたちが見受けられ、職員の疲弊が避けられない状況にある。保育園としての役割を充実させるためにも、人的な配置は避けられない条件に思う。

公立は人数も職員に恵まれているので、良い目指すものが変わったことや子どもの育っていく様子も違う　国際化もしているなど以前とは違うので配置基準も考えるべきと思う

0 歳児、1 歳児、2 歳児の配置基準は早急に見直してほしい。また支援の必要な子が増えている中、配置基準だけでは対応しきれない状況もある。職員の働き方改革が進む中ではあるが、制度が利用できない状況がある。また職員に急な休暇が必要になった時にも、安心して休みが取れる人員配置が必要であると考える。

正規職員の配置が数が少ないので正規職員が配置される事が安心につながると思います

長時間保育の子どもが増えている上に保護者対応を必要としている保護者が増えている。

10 年前から職員配置にこだわり 0 才から 5 才までの職員配置を考慮しています。2022 年においては 1 才の噛みつきが 4 件。噛みつきをさせない保育ではなく、結果そうであった。職員配置については、世に発信したい。

待機児解消で、詰込み保育をしていたのではないかと思うことがあります。年齢が低ければ低いほど、少人数での担当制保育を土台に、自立に向かう自己肯定感がたくさん育まれていくべきと思います。実際の公立保育園にも、1 歳児で 24 名などの現状があります。担当制を大事にしながらも、24 名の保育を考えることは難しくもあります。

現在の配置基準は個性を抜きにして考えられている基準、同じ年齢でも発達には個人差があることを考慮した配置基準だとよいと考える。

幼児クラスは様々な子どもや保護者がいる中で対応が必要になる。また 1 歳児クラスにおいても、子どもの主体性、表現の自由をうけとめてあげたいと考えると保育士が子どもをコントロールしないようになるのではないかと感じている

規模等の条件などなく、全国平等であってほしい。

現在の保育士基準では、職員 1 人あたりに対する子どもの人数が多すぎるため、一人ひとりの子と応答的な関わりをする事が難しく感じる。また、職員 1 人あたりに対する子どもの人数が多い事で、保育をする上での安全面に欠けていると感じる。

3・4・5 歳児の配置基準は、子ども一人ひとりの発達を援助できるとは思えない子どもの配置基準を減らせばそれでよいという訳ではなく、保育士の育成と処遇改善も合わせて検討する必要がある＊育成とは：養成校に通えば資格が得られる現状だが、適性を重視した学びが必要だと感じている

保育現場の実態に合わせた見直しが必要。

現在の配置基準の考え方について、子どもの人数で常勤職員の配置になっているが、現在、子どもの保育時間の長時間化（10 〜 13 時間保育）と常勤職員の通常勤務時間（8 時間）や常勤職員の働き方改革による短時間勤務取得者の増加がリンクしていないため、常勤職員の当番のできる職員と当番のできない職員の二極化が目立ち、当番のできる職員の負担が多いことが課題であると考えている。現状、子どもの保育時間での職員配置で、短時間勤務職員の不在時間を非常勤職員で埋めているが、実際の当番業務では、前日からの対応、引継ぎ、保護者への伝達、確認、電話連絡、育児困難家庭対応など、常勤や担任でないと対応できない保護者も多く、短時間勤務職員の不在時間の配置についても配置基準の考え方に載せていただきたいと考える。短時間勤務取得職員が安心して取得して働き、当番のできる常勤職員に負担のない配置を考えていけたら、離職率も減り、潜在保育士の就労にもつながると考える。

4　ヒアリング調査項目

「配置基準の見直し〜見直すことでこんな風に変わっていける！〜」調査
ヒアリング項目（A）

※園独自もしくは自治体独自の増配置がある場合に使用

①園全体の定員及び各年齢の定員、各年齢に対する職員配置状況

②障がい児保育以外で加配を行っている場合、具体的に各年齢どのように配置してるか

③独自配置をすることで、メリット・デメリットはどのようなことが考えられるか

④上記に関連して、集団の適正規模は各年齢で何人ほどだと考えるか

⑤保育を進める中で、職員不足を感じる場面はあるか

⑥限られた人数の中、安全管理面でどのような工夫をしているか（あるいはどのような課題があるか）

⑦職員の急な休みにどのように対応しているか

⑧自治体ごとに加配の内容、有無が異なる中、区市町村加算の中で助かっているものはあるか

⑨日々の保育を進める中で特に重視したいこと、そして配置基準が改善された際にはどのような場面に時間をかけたいか。

⑩気になる子の実態について（増えてきているか）。そしてそれに対してどのような加配を望む（どうあるべきだと考える）か

⑪職員の休憩時間をどのように確保しているか

⑫地域支援事業に力を入れることはできているか（あるいは今後力を入れたいと考えているか）

⑬配置基準が改善されたとして、保護者対応において今より充実したり、あるいは可能になることとして、どのようなことがあると考えるか

第 5 章　資料編

「配置基準の見直し～見直すことでこんな風に変わっていける！～」調査
ヒアリング予定項目（B）

※園独自及び自治体独自の増配置がいずれも無い場合に使用

①園全体の定員及び各年齢の定員、各年齢に対する職員配置状況

②園独自の増配置をしない（できない）理由

③自治体による独自の増配置が無い中、保育においてどのような工夫をしているか

④保育を進める中で、職員不足を感じる場面はあるか

⑤限られた人数の中、安全管理面でどのような工夫をしているか（あるいはどのような課題があるか）

⑥障がい児保育以外で加配を行っている場合、具体的に各年齢どのように配置してるか

⑦独自配置をすることで、メリット・デメリットはどのようなことが考えられるか

⑧上記に関連して、集団の適正規模は各年齢で何人ほどと考えるか

⑨職員の急な休みにどのように対応しているか

⑩自治体ごとに加配の内容、有無が異なる中、区市町村加算の中で助かっているものはあるか

⑪日々の保育を進める中で特に重視したいこと、そして配置基準が改善された際にはどのような場面に時間をかけたいか。

⑫気になる子の実態について（増えてきているか）。そしてそれに対してどのような加配を望む（どうあるべきだと考える）か

⑬職員の休憩時間をどのように確保しているか

⑭地域支援事業に力を入れることはできているか（あるいは今後力を入れたいと考えているか）

⑮配置基準が改善されたとして、保護者対応において今より充実したり、あるいは可能になることとして、どのようなことがあると考えるか

5 東京都社会福祉協議会保育部会 調査研究委員会 委員名簿

任期：令和5年4月1日～令和7年3月31日

No.	区市町村名	所属施設名	氏　名	備　考
1	町田市	すみれ保育園	竹　内　　純	委員長
2	国立市	国立ひまわり保育園	青　野　千　晴	副委員長
3	葛飾区	葛飾区渋江保育園	渡　邉　佳代子	副委員長
4	江東区	森下保育園	鶴　見　喜美子	
5	豊島区	豊島区立高松第二保育園	吉　弘　佳　子	
6	北区	桜田北保育園	上　田　和　美	
7	練馬区	練馬区立貫井保育園	小　泉　幸　恵	
8	品川区	とうかいどう保育園	川　山　登喜子	
9	世田谷区	祖師谷わかば保育園	塚　本　幹　夫	
10	渋谷区	鳩の森保育園	大　竹　幸　子	
11	杉並区	荻窪北保育園	實　方　亮　輔	
12	葛飾区	日の出保育園	松　土　　航	
13	八王子市	多摩小ばと保育園	秦　　　清一郎	
14	青梅市	よしの保育園	増　澤　正　見	
15	昭島市	同援はいじま保育園	小　堀　和　子	
16	昭島市	福島保育園	久保薗　陽　子	
17	武蔵村山市	まどか保育園	嶺　岡　里花子	
18	稲城市	城山保育園	川　村　恵　美	
19	羽村市	かやの実保育園	武　藤　清　美	
20	奥多摩	古里保育園	師　岡　さと子	
21	瑞穂町	東松原保育園	草　壁　千　枝	
22	日の出町	宝光保育園	荒　井　寿美代	

「保育現場における配置基準の見直し～見直すことで、
こんな風に変わっていける！～」調査報告書
＊＊＊＊＊＊＊＊＊＊＊＊＊＊＊＊＊＊＊＊＊＊＊＊＊＊＊＊＊＊
発行日　　令和6年9月
編　集　　社会福祉法人東京都社会福祉協議会
　　　　　　保育部会調査研究委員会
発　行　　社会福祉法人東京都社会福祉協議会
　　　　　　〒162-8953　東京都新宿区神楽河岸1-1
　　　　　　電話　03-3268-7174
　　　　　　FAX　03-3268-0635
印刷・デザイン　株式会社丸井工文社